Maria Beesing / Robert J. Nogosek / Patrick H. O'Leary

Das wahre Selbst entdecken

HERDER / SPEKTRUM

Band 4347

Das Buch

Das Enneagramm ist ein uraltes Modell der Seelenkunde aus der östlichen Weisheitstradition, das heute wiederentdeckt und von vielen Menschen erfolgreich praktiziert wird. Es geht von neun Grundgestalten der menschlichen Persönlichkeit aus, von denen jede sowohl positive als auch negative Züge aufweist. Mit Hilfe der tiefen Weisheit, die in dieser einfachen Neuner-Figur des Enneagramms verborgen ist, können Menschen sich selbst besser kennenlernen. Dieses Buch will helfen, die durch fundamentale Ich-Fixierungen entstellte Selbsteinschätzung in den Blick zu nehmen und persönliche, oftmals zwanghafte Einstellungen und Mechanismen durch spirituelle Einsichten zu identifizieren und zu akzeptieren. Ziel dieser Anleitung, die vor allem auf verborgene psychologische und geistliche Zusammenhänge aufmerksam macht, ist ein vertieftes Selbstverständnis, das zu einer größeren inneren Freiheit und somit zu einem erfüllteren Leben führt. Ein gleichzeitig praktisches und tiefes Buch, das die Seelenkunde der östlichen Weisheitsüberlieferung in fruchtbaren Kontakt mit der christlichen Tradition bringt. Ein echtes Selbsthilfeprogramm für alle, die auf der Suche nach dem geheimen Kern ihres wahren Wesens sind. Ein Schlüssel zur Selbsterkundung.

Die Autoren

Maria Beesing OSB ist als Exerzitienleiterin tätig.
Robert Nogosek lehrte an der Universität Notre-Dame; danach Mitarbeit in einem Team für Gemeindeerneuerung in der Nähe von Indianapolis (USA).
Patrick H. O'Leary ist Leiter eines Exerzitienhauses der Jesuiten in Cleveland (USA).

Maria Beesing / Robert J. Nogosek /
Patrick H. O'Leary

Das wahre Selbst entdecken

Eine spirituelle Einführung in das Enneagramm

Aus dem Amerikanischen übertragen und mit einem Nachwort versehen von Anneliese Heine

Herder
Freiburg · Basel · Wien

Lizenzausgabe mit freundlicher Genehmigung
des Echter Verlags Würzburg
Herstellung: Freiburger Graphische Betriebe 1995
Umschlaggestaltung: Joseph Pölzelbauer
Umschlagmotiv: Josef Geisert
ISBN 3-451-04347-5

Inhalt

Einführung

Das Enneagramm hat eine jahrtausendealte Geschichte. Sein Ursprung liegt auch heute noch weitgehend im dunkeln, obwohl vermutet wird, daß seine Anfänge in Afghanistan, vor mehr als 2000 Jahren, zu suchen sind, möglicherweise im frühen Zeitalter des christlichen Einflusses in Persien. Später soll das Enneagramm in moslemische Kreise gelangt sein, nachdem sich der Islam in Zentralasien und dem indischen Subkontinent ausbreitete. Bis in unser Jahrhundert hinein wurde es streng geheimgehalten und ausschließlich durch mündliche Tradition von Sufi-Meistern weitergegeben. Diese vermittelten ihren Schülern nur jeweils den Teil des Enneagramms, der für ihre Persönlichkeits- und Charakterstruktur zutraf.

Durch Oscar Ichazo erlangte das Enneagramm öffentliche Aufmerksamkeit, zuerst in Chile, dann in den Vereinigten Staaten. Ichazo wuchs in Bolivien und Peru auf. Er wurde mit der Sufi-Tradition des Enneagramms in La Paz/Bolivien, vertraut gemacht durch eine Person, deren Namen er nicht bekanntgeben wollte.[1] Einige Jahre später lenkte Ichazo die Aufmerksamkeit einiger Mitglieder des Esalen-Instituts Big Sur/Kalifornien auf sich, als er in Santiago/Chile seine Vorlesungen für angewandte Psychologie hielt. Unter seinen Zuhörern befand sich Claudio Naranjo vom Esalen-Institut, der seinerseits das Enneagramm an Bob Ochs SJ weitergab.

Im Jahre 1971 hielt Bob Ochs an der Loyola-Universität in Chicago eine Vorlesung über »Religiöse Erfahrungen«. Im Rahmen dieser Vorlesungen wurde Pat O'Leary SJ in das Konzept des Enneagramms eingeführt. Im darauffolgenden Semester nahm O'Leary mit einigen anderen Jesuiten an einem Seminar teil, das sich zum Ziel gesetzt hatte, das Enneagramm im Licht eigener Erfahrungen auszuwerten und

seine Relevanz auf dem Hintergrund der Ignatianischen Spiritualität zu erproben. Aufgrund dieser Reflexionen begann O'Leary, das Enneagramm in Workshops für spirituelle Begleitung zu vermitteln.
Maria Beesing OP wurde 1974 in das Enneagramm eingeführt und arbeitete anschließend mit O'Leary zusammen, um dessen Theorien weiterzuentwickeln. Aufgrund reicher Erfahrungen in Lehr- und Leitungspositionen, als Berater und geistliche Begleiter entwickelten Maria Beesing und Pat O'Leary eine Reihe von Kursen zur Vermittlung und Anwendung des Enneagramms im Exerzitienhaus der Jesuiten in Cleveland/Ohio und an anderen Orten.
Der Beitrag von Robert Nogosek CSC zum vorliegenden Buch basiert auf der Teilnahme an drei dieser Workshops, deren Material er sorgfältig auswertete. So schuf er ein in drei Schritten erfolgendes Konzept zur Entdeckung des Selbst: 1. die Entdeckung der eigenen zwanghaften Fixierung, 2. die Einsicht in deren Ursachen und 3. die Überwindung der Fixierung. Er fügte dem Workshop-Material Reflexionen über die Ursachen der für jede der neun Persönlichkeitsgestalten des Enneagramms typischen Charakterfixierungen hinzu, die er z. T. den Einsichten von Tad Dunne SJ verdankt. Ferner beleuchtete er stärker die Implikationen des Enneagramms für die spirituelle Entwicklung des Menschen, vor allem von den Werten des Evangeliums her.
Dieses Buch will Menschen helfen, sich selbst besser kennenzulernen, und vor allem die durch fundamentale Ich-Fixierungen entstellte Selbsteinschätzung in den Blick nehmen. Diese persönlichen, zwanghaften Einstellungen zu identifizieren und zu akzeptieren, erfordert ein hohes Maß an Offenheit – Offenheit dafür, das eigene Leben umfassender und erfüllender zu verwirklichen; dies wiederum setzt die Bereitschaft voraus, das weitgehend verborgene, im eigenen Verhalten inkarnierte Unheilsein anzuschauen und sich davon heilen zu lassen.
Das Enneagramm ist kein Universalmittel zu höchster

menschlicher Lebensqualität; dennoch ermöglicht sein sorgfältiges Studium, besonders in Verbindung mit Enneagramm-Workshops, ein vertieftes Selbstverständnis und praktische Anleitungen, auf ganzheitliches Heil-sein hinzuwachsen. Das führt zu größerer innerer Freiheit unter der Führung des Geistes Gottes.

Die *wirkliche* Geschichte des Enneagramms ist die, durch die sich der einzelne auf einen lebenslangen Übungsweg einläßt und sich den Einsichten und der tiefen Weisheit öffnet, die in dieser einfachen Neuner-Figur des Enneagramms verborgen sind.

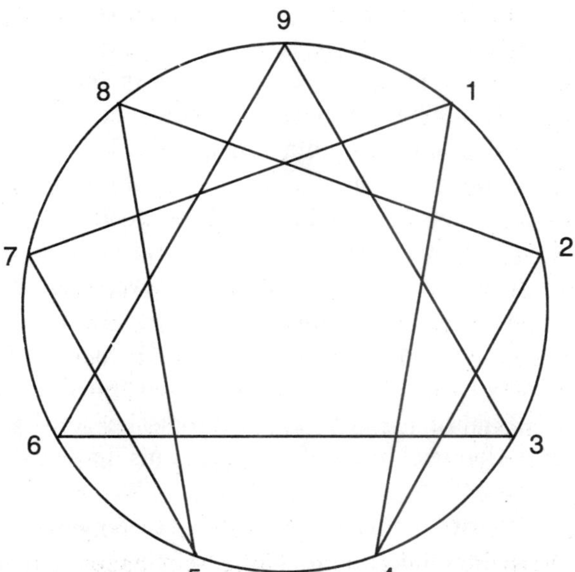

Das Enneagramm[2]

Vorwort der Übersetzerin

Seit altersher ist der Mensch auf der Suche nach geistigen und geistlichen Quellen, die ihm Impulse und Orientierung für die Entfaltung seiner Person und die damit aufs engste verbundene Gestaltung seines Lebens geben können. Unter diesem Gesichtspunkt fasziniert das Enneagramm als ein uraltes spirituelles Modell zur Selbsterkenntnis, zur inneren Heilung und des seelischen Wachstums.
Ich selbst wurde in den frühen 80er Jahren während meines Einsatzes in Papua/Neuguinea durch Patricia Sniders, einer amerikanischen Mitschwester, mit dem Enneagramm vertraut gemacht. Sie vermittelte mir, entsprechend der alten Tradition, nur jene Teile des Enneagramms, die für mich zutrafen. Dann trennten sich unsere Wege wieder.
Es vergingen mehrere Jahre persönlicher Arbeit, Reflexion, Lektüre und Auswertung eigener Erfahrungen mit dem Enneagramm. Es gab zunächst niemanden in meiner Umgebung, mit dem ich Erfahrungen, Erkenntnisse und nicht zuletzt viele Fragen im Zusammenhang mit dem Enneagramm hätte austauschen können. In diesen Jahren wuchs der Wunsch, das, was mir selbst in tiefgreifender Weise auf dem Weg zu mir selbst, zu anderen und zu Gott weitergeholfen hat, auch an andere Menschen weiterzugeben. So entschloß ich mich zur Übersetzung dieses Buches.
Seit 1989 gibt es einen ökumenischen Arbeitskreis Enneagramm e. V., in dem fachgerechte Arbeit mit dem Enneagramm, Erfahrungsaustausch, methodische Aufbereitung und Weiterentwicklung des Enneagramms im deutschsprachigen Raum möglich geworden sind.
Das Enneagramm geht von neun verschiedenen Grundgestalten des Menschseins aus. Jede Persönlichkeitsgestalt hat die Tendenz zu einer spezifischen, zwanghaften Fixierung, die den Menschen am inneren Wachstum hindern und im

Extremfall zerstören kann. Mit Hilfe des Enneagramms lassen sich diese Wachstumsblockaden freilegen. Darüber hinaus – und das ist ein Charakteristikum dieses Konzeptes – wird aufgezeigt, daß sich hinter jeder zwanghaften Fixierung auch eine spezifische Gnadengabe verbirgt, die zur Entdeckung und Entfaltung einlädt. Das Enneagramm ist – wohlgemerkt – nur *ein* Instrument zur Persönlichkeitsfindung unter vielen anderen; und es ist nur ein *Instrument* zur Erreichung eines Zieles, keineswegs ein Garantieschein für vollendetes Menschsein im Schnellverfahren.

Das vorliegende Buch ist in der Originalausgabe eines der ersten gedruckten Werke über das Enneagramm. Das Besondere liegt darin, daß es – wie kein anderes bisher im deutschen Sprachraum erschienenes Buch der Enneagramm-Literatur – knapp und präzise die grundlegenden Informationen sowie die Erläuterung sowohl psychologischer als auch spiritueller Hintergründe und Zusammenhänge vermittelt. Es ist das erste Enneagramm-Buch in deutscher Sprache, in welchem die für die geistliche Begleitung von Menschen unerläßlichen Aspekte des ignatianischen Exerzitienprozesses von kompetenten geistlichen Begleitern aufgearbeitet und dargestellt worden sind. Das geschieht vor allem im dritten Teil des Buches.

Außerdem enthält dieses Buch ein hilfreiches Instrumentarium, sich selbst im Enneagramm wiederzufinden, da es neben der Beschreibung der Menschentypen je eine Zusammenstellung von zwanzig für die jeweilige Persönlichkeitsgestalt charakteristischen Aussagen enthält, die als Identifikationshilfe gedacht sind.

Das Buch verzichtet darauf, noch lebende oder historische Personen einer Enneagramm-Gestalt zuzuordnen. Es läßt sich kaum verhindern, daß das Enneagramm auch dazu benutzt wird, andere auf wenig einfühlsame Weise mit einem Enneagramm-Typ zu belegen. Diese Gefahr ist nicht zu unterschätzen; sie scheint bei der schnellen Weiterverbreitung des Enneagramms noch anzuwachsen. Verständlicherweise widerstrebt es dem Menschen, sich auf irgendeine Weise eingeordnet zu wissen. Ein solches Vorgehen lenkt vom eigentlichen Ziel des Enneagramms ab. Wenn immer das geschieht – sei es in mündlicher oder schriftlicher Form –, sollte man sich darüber im klaren sein, daß ein solches Verhalten nicht der im Enneagramm verborgenen tiefen Weisheit entspricht und – beabsichtigt oder unbeabsichtigt – einem unethischen Gebrauch des Enneagramms bedenklich naherückt.

Möge dieses Buch das persönliche innere Wachstum fördern und dazu ermutigen, diesen lebenslangen, mühevollen, mitunter schmerzlichen, doch in jedem Fall befreienden Weg der Selbsterkenntnis zu gehen und dadurch zu einer größeren inneren Freiheit zu gelangen. In diesem lebenslangen Prozeß ist es im letzten Gott, so sagt unser christlicher Glaube, der mit uns unterwegs ist und ununterbrochen an unserer Heilung und Ganzwerdung wirkt. So kann das Enneagramm zu einer vertieften existentiellen Gottesbeziehung hinführen, obgleich seine Wurzeln wahrscheinlich nicht im christlichen Raum anzusiedeln sind. Es kann für jeden Menschen, ob Christ oder nicht, zu einer Hilfe werden, sich vorbehaltlos und behutsam auf das Geheimnis des Menschseins einzulassen und damit uns selbst und andere tiefer zu verstehen. Auf diesem Weg ist und bleibt für Christen Jesus Christus, der Erstgeborene der neuen Schöpfung (Kol 1, 15), unüberbietbares, wenngleich nie erreichbares Ideal des neuen Menschen, wie er von Gott gedacht ist. Er ist Ursprung und Ziel echten Menschseins.

Mein besonderer Dank gilt Frau Hildegard Ehrtmann, die mir ihre aufgrund jahrelanger Arbeit mit dem Enneagramm entstandenen Skripten zur Verfügung stellte, die mir eine Hilfe bei der Übersetzung des Buches waren, sowie Herrn Dr. Christian Wulf für das Lesen des Manuskriptes und für seine wertvollen Anregungen.

Steyl, Herbst 1991 *Anneliese Heine*

I DIE ENTDECKUNG DER EIGENEN ZWANGHAFTIGKEIT

1. Sich selbst im Enneagramm entdecken

Das Enneagramm weist einen Weg zur Entdeckung des eigenen wahren Selbst. Obgleich man die Persönlichkeitsgestalten des Enneagramms in anderen Menschen, z. B. Freunden, Bekannten und historischen Persönlichkeiten, entdekken kann, ist es das Hauptziel des Enneagramms, sich selbst, d. h. die eigene Persönlichkeit, darin zu entdecken. Es ist ein mühevoller, aber ein lohnender Weg. Auf diese Weise kann sich ein neues Selbstverständnis entwickeln, das sich das ganze Leben hindurch bewährt. Sich selbst im Enneagramm zu entdecken, ist ein erster Schritt zu neuen Einsichten in die eigene Persönlichkeitsstruktur. Dies ist wiederum die Voraussetzung für eine größere personale Freiheit.

Die Bezeichnung »Enneagramm« kommt von dem griechischen »ennea« (neun) und »gramma« (Bild, Figur). Man kann also dieses Wort mit »Neuner-Figur« übersetzen. Dem Enneagramm zufolge gibt es neun Grundgestalten der menschlichen Persönlichkeit. Jede dieser Persönlichkeitsgestalten weist positive, aber natürlich auch negative Züge auf. Letztere rühren von einem je spezifischen persönlichen, scheinbar unwiderstehlichen inneren Drang her, der das Selbstbild durch und durch prägt und einen beträchtlichen Einfluß auf unser Verhalten ausübt. Dieser für jede Persönlichkeitsgestalt charakteristische innere Antrieb wird als die grundlegende Triebkraft erfahren. Dabei handelt es sich keineswegs um eine bloße Einbildung wie z. B. eine fixe Idee oder eine mentale Blockade bzw. eine Voreingenommenheit. Dieser innere Antrieb ist derart beherrschend, daß er die gesamte Lebensenergie steuert, die sich in unserem persönlichen Verhalten niederschlägt. Diese innere Antriebskraft hat einen zwanghaften Charakter, vor allem, wenn sie unerkannt, d. h. dem Bewußtsein unzugänglich bleibt. Dieser unentdeckte innere Drang kann als eine Art »verborgene Sünde« gesehen werden – Sünde verstanden als Lähmung oder Blockade auf dem Weg zu authentischer Selbstwerdung.[3] Eine solche verborgene Fixierung verhindert es, daß wir uns unserer wahren Motive und der ihnen zugrunde liegenden Antriebskräfte bewußt werden. Um diesen charakteristischen Fixierungen bei sich selbst auf die Spur zu kommen, muß man die eigenen verborgenen, aber äußerst hartnäckigen Verteidigungsstrategien entdecken. Sie wurden im Laufe des Lebens entwickelt, um durch sie Sicherheit und Sinnerfüllung zu erreichen. Normalerweise ist man sich dieser Verteidigungsmechanismen nicht bewußt. Daher konnten sie auch nie als das eigentliche »Problem« erkannt werden, sondern die Schuldigen waren immer die anderen. Dieses eigentliche, allen anderen zugrunde liegende Problem gilt es anzugehen, wenn es um das persönliche innere Wachstum und die Erfüllung menschlichen Lebens geht.

Mit Hilfe des Enneagramms ist es möglich, dieses Grundproblem anzugehen. Damit ist der Weg zu einer neuen inneren Freiheit eröffnet. Erst dann kann sich ein Mensch entscheiden, ob er diesem inneren Zwang nachgeben will oder nicht. Solange jedoch der Zwang unbewußt bestehen bleibt, ist eine solche Entscheidung kaum möglich. Wenn man sich nie mit seiner inneren Fixierung konfrontiert, kann sie sich im verborgenen weiterentwickeln und alle übrigen Entscheidungen in beträchtlichem Maße beeinflussen; sie prägt dann unser gesamtes Tun und Lassen, unser Selbstbild und unsere Beziehungen zu anderen Menschen.

Der Weg zum wahren Selbst, den das Enneagramm anbietet, ist nicht leicht. Vielen Menschen wird dieser Weg zu bedrohlich erscheinen; denn es ist unangenehm, sich die eigene Persönlichkeitsgestalt als »Sünden-Typ« vorzustellen. Die innere Fixierung dient dem Schutz des Ich und bietet zudem persönliche Sicherheit. Der Versuch, sie aufzudecken, wird vom Ich als eine Art Sterben erfahren. Das Ich muß nämlich bereit sein, seine Art und Weise, mit dem Leben fertig zu werden, zu verändern bzw. zu korrigieren. Diese Verteidigungsstrategie, mit deren Hilfe wir das Leben zu meistern versuchen, hat sich höchstwahrscheinlich bereits mit dem Abschluß des 6. Lebensjahres voll herausgebildet.[4]

Selbst nachdem die innere Fixierung mit Hilfe des Enneagramms bewußt gemacht worden ist und sich viele Wege zur inneren Heilung und Befreiung auftun, bleibt dennoch die Möglichkeit negativer Auswirkungen grundsätzlich bestehen, obgleich die Zwanghaftigkeit mit der Zeit durchschaut und aufgelöst wird. Am Beginn dieses lebenslangen Übungsweges zu echtem Selbstsein wird die Bereitschaft abverlangt, sich selbst als »unheil« zu erkennen und zu akzeptieren. Zwanghafte Fixierungen sind egoistischen Ursprungs; das ist auch typisch für die Sünde, d. h. für das Unheilsein. Sünde wird hier nicht als einzelne Handlung, sondern als Grundverfassung verstanden. Dies läuft auf die Entstellung dessen hinaus, was jeder von uns eigentlich sein könnte, woran uns aber die Fixierung in einem bestimmten Ich-Zustand hindert, indem sie uns von unserem wahren Selbst trennt.

Alle neun Persönlichkeitsgestalten zeichnen sich durch eine typische »Sünde« aus, von denen keine weniger harmlos ist als die anderen. Um sich der eigenen negativen Fixierung nicht stellen zu müssen, wird oft versucht, sich mit den positiven Eigenschaften der eigenen Persönlichkeitsgestalt zu identifizieren, die jede zweifellos hat. Doch führt ein solches Vorgehen zu größerer Unklarheit, anstatt zu tieferer, wenn auch oft schmerzlicher Einsicht. Es ist eine Flucht vor der eigenen Realität, wodurch das Erkennen der Fixierung, dieser in uns selbst liegenden Unheilsquelle, verhindert wird. Solange das geschieht, ist das Enneagramm von geringem oder gar keinem persönlichen Nutzen. Soll es dem persönlichen inneren Wachstum dienen, kommt man nicht umhin, die negativen Festlegungen der eigenen Persönlichkeit ausfindig zu machen. Erst dann kann eine Befreiung davon erfolgen.

Man kann geteilter Meinung sein, ob man bei der Einführung in das Enneagramm mit den negativen Komponenten der Persönlichkeitsstruktur beginnen sollte; denn jede Persönlichkeitsgestalt hat tatsächlich auch viele positive Gaben, Fähigkeiten und Eigenschaften. Warum dann also nicht mit dem Positiven beginnen? Dies würde allerdings nur den Schmerz hinauszögern, der zur Entfaltung des wahren Selbst unumgänglich ist. Der einzig angemessene Umgang mit dem Enneagramm erfordert daher allen Mut und alle Wahrhaftigkeit vor sich selbst, deren man fähig ist. Nur so kann man sich mit der eigenen Wahrheit auseinandersetzen, einer Wahrheit, die letztendlich darauf angelegt ist, uns zu befreien.[5]

Durch die Entdeckung der eigenen Persönlichkeitsgestalt entwickelt man ein neues Gespür für Selbstkritik. Man sieht sich auf einen Weg gestellt, auf dem man fortschreitend zu einem umfassenden, ganzheitlichen Heilsein gelangen kann. Eine solche Selbstkritik ist in sich bereits ein grundlegender Schritt in eine neue Freiheit. Es ist eine Freiheit, eine Befreiung, die den Einfluß der geheimen, unerkannten, unbewußten dunklen Seiten an uns immer mehr einschränkt. Das Vertrautwerden mit der persönlichen Enneagramm-Gestalt bringt die Erkenntnis mit sich, daß es uns allen auf einer sehr existentiellen Stufe an Glauben mangelt. Die verborgene, unerkannte Fixierung ist im Grunde eine Art der Selbstverteidigung, die sich störend auf die Beziehung zu anderen auswirkt. Dabei handelt es sich um eine eingeschliffene Strategie des Selbstschutzes bzw. der Selbstverteidigung, die – obgleich unbewußt – einer »Selbsterlösung« gleichkommt. Der Mensch hat sich dafür entschieden, auf eine bestimmte Art Sicherheit und Sinnerfüllung im Leben zu finden, und zwar durch eigenes Bemühen. Das ist ein Irrtum.

Mit der Entdeckung der eigenen Persönlichkeitsgestalt entwickelt sich ein neues Gespür für unsere Erlösungsbedürftigkeit. Man verläßt sich dann nicht mehr einfach auf die eigenen Strategien und Hilfsquellen, wenn es um personale Erfüllung geht. Es wurde bereits gesagt, daß jede Persönlichkeitsgestalt durch eine bestimmte Strategie des Selbstschutzes und der Ich-Verteidigung charakterisiert ist, um überhaupt zu überleben. Diese zwanghafte Strategie geht mit einem ganz spezifischen Vermeidungsverhalten einher. Durch dieses Vermeidungsverhalten kann sie die Macht über unser Leben verstärken. Normalerweise wird das gar nicht als problematisch empfunden, im Gegenteil, oft wird es als etwas angesehen, worauf man mit Recht stolz sein kann. Obgleich wir im allgemeinen nicht stolz auf das sind, was wir in christlicher Terminologie Sünde nennen, neigen wir dennoch dazu, auf dieses zwanghafte Vermeidungsverhalten stolz zu sein; es erscheint uns als etwas Besonderes, das uns vor anderen auszeichnet. Zuweilen fühlen wir uns sogar denen überlegen, die unser eigenes Vermeidungsverhalten nicht teilen.

Nach dem bisher Gesagten dürfte deutlich geworden sein, daß dieser Weg zur Selbstfindung durch das Enneagramm ein entscheidender, folgenschwerer Schritt ist. Er hat Konsequenzen hinsichtlich des Selbstbildes, des Menschen- und Gottesbildes. Er öffnet neue, ungeahnte Dimensionen der Selbstwahrnehmung und führt schrittweise zu ganzheitlicher Integration.

1.1 *Ein erster Zugang: Das spezifische Vermeidungsverhalten*

Die Darstellung des Enneagramms beginnt mit der Erläuterung des für jede Persönlichkeitsgestalt charakteristischen *Vermeidungsverhaltens.* Die verschiedenen Persönlichkeitsgestalten sind sternförmig um einen Kreis angeordnet und von 1 bis 9 numeriert; dabei werden die Zahlen auf bestimmte Weise untereinander verbunden. Obwohl sich für die einzelnen Persönlichkeitsgestalten Bezeichnungen verwenden lassen, wie es weiter unten auch geschieht, ist es zunächst ratsam, einfach bei den Zahlen zu bleiben und von der »Eins«, der »Zwei« usw. zu sprechen. Zahlen sind neutral und lassen so zunächst die Möglichkeit, unvoreingenommen jede der neun Persönlichkeitsgestalten zu entdecken.

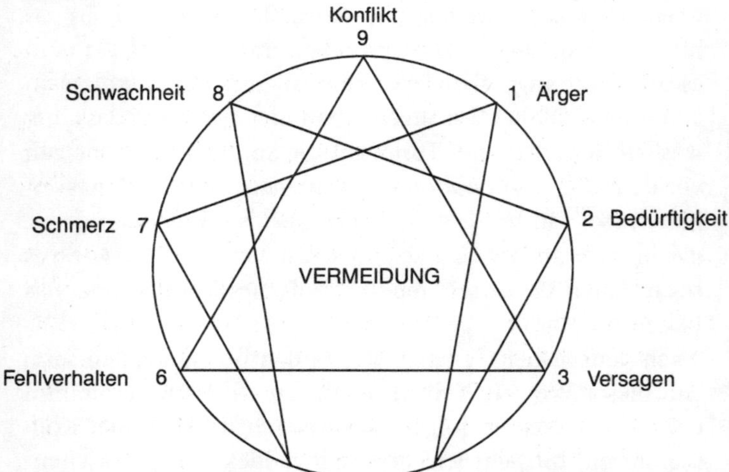

Abb. 1

Die EINS vermeidet *Ärger* und *Zorn.* Sie nimmt vieles wahr, was sie irritiert und ihr erheblichen Verdruß bereitet, aber es ist für sie sehr wichtig, ihren Ärger nicht zu zeigen. Sie legt großen Wert darauf, perfekt zu sein und alles tadellos und fehlerfrei zu tun. Dafür setzt sie sich ein und wendet alle Mühe auf, ihre Aufgaben und Verpflichtungen korrekt zu erfüllen. Sie gerät leicht aus der Fassung, wenn etwas nicht so ist, wie es eigentlich sein sollte, sowohl bei sich selbst als auch bei anderen.

Die ZWEI vermeidet es, sich ihre eigenen *Bedürfnisse* einzugestehen. Sie nimmt blitzschnell die Bedürfnisse anderer wahr und ist ständig darauf bedacht zu sehen, was anderen fehlt, um sich wohl zu fühlen. Sie ist stolz auf ihre Hilfsbereitschaft, vor allem jenen gegenüber, die ihr nahestehen. Sie selbst kann sich nicht eingestehen, daß auch sie Erwartungen an andere hat oder manchmal von anderen Hilfe braucht; selten gesteht sie sich ein, daß auch sie Bedürfnisse hat, denen sie Aufmerksamkeit schenken sollte. Es ist wichtig für sie, »selbstlos« zu sein und niemals eigene Wünsche und Erwartungen zu hegen.

Die DREI vermeidet um jeden Preis *Versagen.* Sie fühlt sich dazu angetrieben, im Leben etwas zu erreichen und auf Erfolg hinzuarbeiten. Sie identifiziert sich sogar gänzlich mit ihrem Erfolg. Daher vermeidet sie alles, was den Anschein von Versagen und Mißerfolg in jeglicher Form hat, selbst auf Kosten der eigenen Integrität und der anderer.

Die VIER vermeidet *Gewöhnlichkeit.* Für sie ist es äußerst wichtig, als etwas Besonderes zu erscheinen. Sie erlebt sich selbst als feinsinnigen, gebildeten Menschen, jedenfalls keineswegs als bloßen Durchschnittsmenschen. Sie glaubt, wegen der Einzigartigkeit ihrer Gefühle von anderen nicht verstanden zu werden, vor allem, was die leidvollen oder tragischen Erfahrungen ihres Lebens angeht.

Die FÜNF vermeidet vor allem *innere* Leere. Sie ist ständig damit beschäftigt, Wissen und Kenntnisse anzusammeln, und sie will dies ausschließlich durch eigene Anstrengungen erreichen. Sie hat ein tiefes Bedürfnis, immer mehr zu wissen, als sie je anderen gegenüber ausdrückt; denn sie meint, das Mitteilen von Wissen und Kenntnissen ließe sie völlig leer zurück. Es ist sehr wichtig für sie, nicht in soziale Beziehungen verwickelt zu werden, die nicht ihrer Wissenserweiterung dienen.

Die SECHS vermeidet ein *Abweichen von der Norm*. Sie betrachtet das Leben als ein System von Gesetzen, Regeln und Normen. Aus Verantwortung gegenüber den Forderungen, die das Leben an sie stellt, sucht sie jegliche Vernachlässigung ihrer Pflichten zu vermeiden. Sie wird von der Sorge aufgerieben, alle Vorschriften einzuhalten, vor allem, wenn sie von einer Autorität erlassen wurden oder schriftlich niedergelegt sind. Sie hält dies für eine Pflicht der Loyalität gegenüber der Gruppe, zu der sie gehört.

Die SIEBEN vermeidet vor allem *Schmerz* und leidvolle Erfahrungen. Sie ist der Ansicht, daß das Leben angenehm und unbeschwert sein sollte. Sie ignoriert daher auch Schmerz und Leid in ihrer Umgebung. Sie entwirft viele Pläne, um das Leben so angenehm wie möglich zu machen; aber es gelingt ihr nicht immer, sie in die Tat umzusetzen, vor allem, wenn sich Schwierigkeiten in den Weg stellen.

Die ACHT vermeidet es, *Schwäche* zu zeigen. Sie gefällt sich darin, stark zu sein. Sie betrachtet das Leben als einen Kampf für die Gerechtigkeit. Die Tatsache, daß die Welt nicht so ist, wie sie sein sollte, bedeutet für sie: Ungerechtigkeit – in welcher Form auch immer – ist zu entlarven und anzuprangern; aller falsche Schein muß demaskiert werden. Nur so kann sie ihr persönliches Selbstwertgefühl aufrechterhalten. Sie legt sich gern mit anderen an und ist auf der Hut, ja nicht von anderen ausgenutzt oder übervorteilt zu werden. Sie will auf keinen Fall unterlegen sein.

Die NEUN vermeidet vor allem *Konflikte*. Sie fühlt sich unwohl bei jeder Art von Spannung oder Disharmonie in zwischenmenschlichen Beziehungen. Für sie gibt es nichts Erstrebenswerteres als Ruhe, Harmonie und Nachgeben. Es liegt ihr viel daran, die eigene innere Ruhe zu pflegen, was ihr noch leichtfällt; aber sie fühlt sich auch gedrängt, Harmonie in ihrer Umgebung zu schaffen. Sie braucht Impulse von außen, um aktiv zu werden, sonst fehlt ihr der Anreiz, etwas in Angriff zu nehmen.

1.2 *Die Beschreibung der einzelnen Persönlichkeitsgestalten*

Es folgt nun eine genauere Darstellung der neun Persönlichkeitsgestalten nach dem Enneagramm – zunächst die negativen, dann die positiven Aspekte. Nach jeder Beschreibung folgt eine Liste mit Aussagen, die für die jeweilige Persönlichkeitsgestalt charakteristisch sind. Sie können als eine Art Selbstprüfung angesehen werden. Diese Aussagen wurden von Jerry Wagner[6] übernommen.

Es ist ratsam, die Beschreibungen der Persönlichkeitsgestalten nicht einfach der Reihe nach zu lesen, sondern nach Möglichkeit mit jenen zu beginnen, mit denen man sich aufgrund des bei sich selbst entdeckten Vermeidungsverhaltens am ehesten identifizieren kann. Wenn es dem Leser gelingt, die Zahl der Identifikationstypen auf zwei oder drei zu beschränken, ist es um so eher möglich, herauszufinden, welche von diesen der zutreffende Typ ist. Erst nachdem man die eigene Persönlichkeitsgestalt identifiziert hat, sollte man die Beschreibung der übrigen Typen lesen.

Die Annahme des eigenen »Unheilstyps« hilft, die zwanghaften Fixierungen anderer zu verstehen und zu tolerieren. So dient die Beschäftigung mit dem Enneagramm auch dazu, das Verständnis für andere zu fördern, weil man erkennt, daß jeder Mensch seine ihm eigene »Sünde« hat. Daher wird die Erkenntnis zwanghafter Antriebe bei anderen nicht etwa Abneigung oder gar Feindschaft ihnen gegenüber auslösen, sondern eher das Gegenteil. Zwanghafte Antriebe kann man aber am ehesten bei sich selbst aufspüren und verstehen lernen. Man kann zwar Motive und Antriebe bei anderen vermuten, was aber keineswegs bedeutet, daß sie von anderen auch tatsächlich so erfahren werden.

e Eins vermeidet es, Ärger zu zeigen, weil sie an sich lbst den Anspruch erhebt, fehlerlos und perfekt zu sein. Sie erlaubt sich selbst nicht die »Unvollkommenheit«, verärgert zu sein. Natürlich erfährt sie oft Ärger, aber sie unterdrückt ihn, bis hin zur Verdrängung, so daß sie den Ärger nicht mehr bewußt erlebt oder fühlt. Zuweilen erkennt man das Vorhandensein von Ärger an ihrem gereizten Tonfall und an ihrem Verhalten. Freunden gegenüber kann sie ihren Groll über die Fehler und Verletzungen durch andere ausdrücken.

Da die Eins von der Erwartungshaltung geprägt ist, alles im Leben sollte vollkommen sein, neigt sie zu der Einstellung, daß es nie so ist, wie es sein sollte. Sie fühlt sich dadurch gekränkt; normalerweise reagiert sie darauf mit vermehrter Anstrengung, alles so gut zu tun, wie es sein sollte. Sie verbringt viel Zeit damit, anstehende Aufgaben gründlich vorzubereiten und bereits erledigte Angelegenheiten gegebenenfalls mehrmals daraufhin zu überprüfen, ob sie recht getan wurden.

Unter den Einsern findet sich die perfekte Hausfrau, der übergenaue Buchhalter, der strenge Lehrer, die allemal darauf bestehen, daß alles mehrfach überprüft wird, weil es beim erstenmal nicht ganz korrekt gewesen sein könnte. Die Eins ist immer bereit, zusätzliche Zeit für eine Aufgabe zu investieren, weil es für sie äußerst wichtig ist, daß diese gut erfüllt wird. Da sie der Überzeugung ist, daß die angestrebte Perfektion auch zu erreichen ist, setzt sie alles daran, sie zu verwirklichen.

Weil die Eins der Perfektion eine so große Bedeutung zumißt, führt das oft zu Frustration und Unzufriedenheit mit sich selbst und mit ihrer Umgebung. Perfektion ist für sie ein bedeutender Wert. Mit menschlichen Begrenztheiten oder irgendwelchen zeitlichen Begrenzungen tut sie sich schwer. Für sie ist es einfach falsch, Unvollkommenheiten

zu tolerieren. Sie erlebt sich als Mensch, der sich immer anstrengt, das Rechte in der rechten Weise zu tun; das gleiche erwartet sie auch von anderen. Es verdrießt sie sehr, wenn andere sich weniger anstrengen als sie selbst, alles möglichst gründlich und perfekt zu tun.
Es ist die Frage, warum der EINS so sehr daran gelegen ist, immer alles aufs perfekteste zu tun. Dies rührt daher, daß sie von sich selbst meint, nur dann liebenswert zu sein, wenn sie tadellos und fehlerfrei ist. Infolge der frühkindlichen Erziehung hat sich in ihr die Auffassung herausgebildet, daß sie nur dann akzeptiert wird, wenn sie perfekt ist. Als Kind war sie vermutlich das »liebe Mädchen«, der »brave Junge«. Die EINS trägt einen »inneren Kritiker« mit sich, der fortwährend nach möglichen Fehlern sucht, ähnlich einer Kontrollvorrichtung bei einem Nachrichtensprecher, der über Kopfhörer mit dem Kontrollraum des Überwachungstechnikers verbunden ist. Der »innere Kritiker« veranlaßt sie oft, sich selbst beim Sprechen zu unterbrechen, um sich zu tadeln oder zu korrigieren. Die EINS hat die Neigung, die Vergangenheit im Detail reflektierend zu überprüfen, vor allem den soeben durchlebten Tag bis hin zur Analyse jedes einzelnen Augenblicks. Sie hat eine Vorliebe fürs Detail in der Vergangenheit und kann sich minuziöse Aufzeichnungen darüber machen, zu welcher Stunde sie aufgestanden oder zu welcher Uhrzeit sie jemand besucht hat. Ein solches Verhalten wurzelt in dem Bedürfnis, ständig zu überprüfen, ob das, was sie getan hat, richtig oder falsch war. Sie neigt dazu, dieses Prinzip auch auf andere anzuwenden. Sie überprüft wiederholt, was gewesen ist, bis ins kleinste, damit nichts übersehen wird, was der Aufmerksamkeit bedarf. Unterdessen sitzen die anderen auf heißen Kohlen und warten darauf, sich anstehenden Entscheidungen widmen zu können.
Beim Analysieren des Vergangenen kommt die EINS immer wieder auf dieselben strittigen Punkte zurück. Dabei bringt sie die gleichen Zweifel und Einwände in die Diskussion

ein, selbst wenn für die anderen diese Streitfrage längst als erledigt gilt. Die EINS tut sich schwer, dem dauernden Fragen nach dem Richtigen und Falschen ein Ende zu setzen, weil der »innere Richter« immer wieder dieselben alten Einsprüche erhebt und nie ganz mit der Qualität einer Handlung oder einer Situation zufrieden ist. Jederzeit kommen ihr Einwände hinsichtlich früherer Verhaltensweisen, auch wenn dies in keinem ersichtlichen Zusammenhang mit dem gegenwärtig Aktuellen steht. Dieser Drang verursacht innere Unruhe und ständige Spannung. Daher erweckt die EINS den Eindruck, sich dauernd in »geladenem« Zustand zu befinden. Diese unterdrückte Frustration erzeugt eine Gereiztheit in der Stimme. Was in der Vergangenheit schiefgelaufen ist, staut sich auf, und neue Fehlhandlungen – sowohl eigene als auch von anderen – kommen hinzu und erweitern den Fehlerkatalog, mit dem man sich oft beschäftigt.

EINSER sind sich freilich nicht bewußt, daß sie ihren Ärger unterdrücken, obschon sie bei allem, was nicht tadellos und fehlerfrei ist, irritiert sind. Sie tun sich schwer, Fehler und Grenzen anderer zu akzeptieren; aber bezeichnenderweise sagen sie den Betreffenden nicht offen und ehrlich, was sie an ihnen stört. Sie erwarten von anderen, daß sie sich selbst ihrer Fehler bewußt sind und sich bemühen, diese abzulegen. Eine solche Einstellung bringt es mit sich, daß EINSER sich nur schwer an ihre Umwelt anpassen können. Sie legen eine ausgesprochene Intoleranz gegenüber den gegenwärtigen Verhältnissen an den Tag, sind sie doch dauernd mit der notwendigen Vervollkommnung bei sich und anderen beschäftigt. Man hat bei diesen Menschen den Eindruck, daß sie immer mit irgend etwas unzufrieden sind.

Die EINS hat eine gewisse Starrsinnigkeit entwickelt, wenn es darum geht, den eigenen Kopf durchzusetzen. Sie neigt zur Ungeduld bei erprobten Routinehandlungen und Arbeitsweisen. Wenn sie eine einfache und direkte Methode entdeckt, tendiert sie dazu, andere dahingehend zu manipulieren, es nach ihrem Willen zu tun. Die methodischen Details sind für sie überaus wichtig. Dies kann zur Blindheit für größere Werte führen. Oft sieht die EINS den Wald vor lauter Bäumen nicht. Sie bleibt in unwesentlichen Einzelheiten stecken und verliert darüber den Blick für Prioritäten. Diese übertriebene Genauigkeit hat zur Folge, daß die EINS sehr zögerlich ist, wenn es um Entscheidungen geht. Sie besteht darauf, daß eine Entscheidung nicht gefällt wird, ehe das letzte Detail einer genauen Prüfung unterzogen wurde.

Wenn man EINSER zur Mitarbeit gewinnen will, empfiehlt es sich, sie nicht zu überrumpeln und auf der Stelle zu einer Entscheidung zu veranlassen; denn ihre Reaktion wird dann aller Wahrscheinlichkeit nach negativ ausfallen. Sie fühlen sich unter Zeitdruck stehend und können nicht in Ruhe bedenken, ob eine solche Entscheidung richtig oder falsch ist.

Als Gruppenleiter/innen werden sie nie mit einer Zusammenkunft beginnen, bevor nicht alle anwesend sind. Ihrer Meinung nach ist die Gruppe nicht handlungsfähig, wenn nicht alle Gruppenmitglieder anwesend sind.

EINSER entschuldigen sich oft bei anderen. Sie betonen, daß sie auf diesem oder jenem Gebiet keine Experten sind oder daß ihnen dieses oder jenes nicht so gelungen ist, wie sie es eigentlich gewünscht hätten; denn es fehlte die Zeit, um es gründlicher zu tun. Darin drückt sich ihre Unzufriedenheit mit sich selbst aus. Nie reicht die Zeit, um alles korrekt zu verrichten, und sie können solche Unordentlichkeit nicht tolerieren. Sie bestehen darauf: Alles hat seinen Platz und sollte an seinem Platz sein. Solange EINSER versuchen, alles nach ihrem eigenen Maßstab der Korrektheit zu tun, sind sie im allgemeinen psychisch gesund. Problematisch wird es, wenn sie durch zu große Arbeitslast überfordert werden. Wenn sie nämlich das Gefühl bekommen, daß sie weder die Zeit noch die Energie haben, eine Aufgabe korrekt zu erfüllen, kann sie das entmutigen und sogar zu Niedergeschlagenheit und Depressionen führen. Das hat zur Folge, daß sie untätig und verdrossen werden. Sie fühlen sich dann von anderen unterdrückt.

Neben diesen zwanghaften Antrieben besitzen EINSER viele liebenswerte Eigenschaften. Bewundernswert ist ihr Bemühen, alles gut und richtig zu machen. Als Kinder waren sie vermutlich sehr gewissenhaft bei ihren Hausaufgaben, möglicherweise sogar auf Kosten des Vergnügens. Kein Opfer ist ihnen zu groß, wenn es darum geht, alles recht zu machen. Sie hängen auch Überstunden an, um sich gründlicher vorzubereiten, und achten in allem auf Ordnung und Sauberkeit.

Sie sind gesellig und unterhaltsam. Sie reden gern und können eine Sache auf einfache und charmante Art auf den Punkt bringen. Sie gestikulieren oft beim Sprechen mit den Händen, vor allem mit dem Zeigefinger. Aufgrund ihrer Vorliebe für Details können sie aus ganz gewöhnlichen Alltagsereignissen interessanten Gesprächsstoff schöpfen, z. B. können sie sich genau an die Uhrzeit erinnern, wann sich etwas ereignet hat. Sie sind stets in enger Tuchfühlung mit den Alltagserlebnissen. Die Tatsache, daß sie sich fortwährend Gedanken darüber machen, was noch alles verbessert werden könnte, fordert andere heraus, sich mehr zu engagieren. Aus ihrer Sorge für Ordnung und Sauberkeit gestalten sie jeden Winkel wohnlicher und anziehender.

Sie legen Wert auf Unparteilichkeit gegenüber jedermann. Obgleich die Menschen sich oft auf die Seite der Stärkeren oder Wohlhabenden schlagen, durchschauen EINSER allen falschen Schein von Überlegenheit und wollen jeden Menschen gleichberechtigt behandelt wissen. Sie helfen ihren Freunden, authentische Persönlichkeiten zu werden; denn das ist genau das, was EINSER von sich und von anderen erwarten.

Eine EINS wird höchstwahrscheinlich den meisten der folgenden Aussagen zustimmen können[7]:

1. Ich strenge mich an, meine Fehler abzulegen.
2. Es beunruhigt mich oft, daß vieles nicht so ist, wie es sein sollte.
3. Ich hasse es, Zeit zu vergeuden.
4. Ich tadle mich oft selbst, daß ich etwas nicht besser gemacht habe.
5. Oft kann mir ein ganz kleiner Fehler bzw. Mangel alles verderben.
6. Es fällt mir schwer, mich zu entspannen und spielerisch übermütig zu sein.
7. Oft schwirren mir kritische Stimmen im Kopf herum, die mich und andere in Frage stellen.
8. Ich mache mir anscheinend mehr Sorgen als andere.
9. Ich fühle mich von innen heraus gezwungen, ehrlich zu sein.
10. Manchmal entdecke ich puritanische Züge an mir.
11. Es ist wichtig für mich, recht zu behalten.
12. Oft habe ich ein bedrängendes Gefühl, daß mir die Zeit davonläuft und es noch so viel zu tun gibt.
13. Ich fühle mich verantwortlich für den Gebrauch meiner Zeit.
14. Es ist gut möglich, daß ich ängstlich und skrupelhaft bin.
15. Wenn es darum geht, einen Kreuzzug gegen das Böse zu führen, bin ich gleich dabei.
16. Wenn etwas Unredliches geschieht, beunruhigt mich das sehr.
17. Ich fühle mich fast gezwungen, ständig zu versuchen, mich selbst und mein Handeln zum Besseren hin zu verändern.
18. Ich meine, ich muß erst perfekt sein, bevor andere mir Liebe und Anerkennung schenken können.
19. Oft bin ich frustriert, weil weder ich noch andere so sind, wie sie eigentlich sein sollten.
20. Ich neige dazu, alles in die Kategorien »richtig« oder »falsch«, »gut« oder »schlecht« einzuordnen.

Zwei

Die Zwei vermeidet es, sich ihre eigenen Bedürfnisse bzw. ihre Hilfsbedürftigkeit einzugestehen. Statt dessen ist sie dauernd damit beschäftigt, auf die Bedürfnisse und Nöte anderer zu achten. Diesem Helfer-Dasein liegt das tief verborgene Verlangen zugrunde, für die eigene Hilfsbereitschaft etwas zurückzuerhalten. Unbewußt erwartet man Liebe und Wertschätzung von denen, deren man sich annimmt, vor allem in der Form von Abhängigkeit. Im Grunde verlangt die Zwei selbst sehr danach, von anderen gebraucht zu werden. Sie möchte durch ihre Sorge für andere deren Aufmerksamkeit erlangen. Das ist ihre Taktik, Liebe zu erhalten. Ihre Blindheit gegenüber dieser »Strategie« rührt daher, daß sie ihre wahren Motive und persönlichen Bedürfnisse nicht kennt und sie sich nicht eingestehen kann, weil sie ausschließlich darauf aus ist, anderen zu helfen. Für die Zwei ist es lebenswichtig, von anderen gebraucht zu werden. Daher ist sie hellwach und sensibel für die Nöte und Bedürfnisse anderer, vor allem den Menschen gegenüber, die ihr viel bedeuten.

Zweier gleichen Menschen, die auf einem nicht umzäunten Tennisplatz alle Bälle zurückholen, die ins »Aus« geschlagen wurden. Die Besorgtheit um die Bedürfnisse anderer ist ihre Art, mit ihnen in Beziehung zu treten. Zweier sind darauf bedacht, herauszufinden, wie sie anderen Freude bereiten können; sie fragen sich z. B., welches deren Lieblingsgericht ist oder welches Kleid sie tragen müssen, damit sie ihren Freunden gefallen. Von diesen wird dann allerdings erwartet, daß sie die besondere Aufmerksamkeit honorieren. Geschieht das nicht, fühlen sich Zweier sehr verletzt. Das kann mitunter befremdend wirken, und zuweilen wird ihnen vorgehalten, daß sie »aus einer Mücke einen Elefanten« machten. Zweier drücken ihren Ärger gewöhnlich nicht direkt aus, sondern indirekt, vielleicht sogar unter Tränen, indem sie anderen vorhalten, was sie al-

les für sie getan haben und wie wenig das geschätzt wird. Mitunter können sie sich auch dafür rächen, indem sie abwertende Bemerkungen gegenüber Dritten machen.
ZWEIER messen den Wert der Zeit daran, wieweit sie für persönliche Beziehungen genutzt werden kann. Bei einem geselligen Beisammensein achten sie darauf, daß jeder alles hat, was er zum Wohlbefinden braucht. Sie messen den Wert einer Versammlung daran, in welchem Maß es ihnen gelungen ist, Beziehungen zu knüpfen. Inwieweit die Punkte der Agenda besprochen wurden, ist für sie zweitrangig.
Sie halten sich für hilfsbereite Menschen und wählen tatsächlich oft einen helfenden Beruf. Dadurch geraten sie in Gefahr, auf die persönlichen Beziehungen zu den ihnen Anvertrauten zu großen Wert zu legen. Sie versuchen möglicherweise, durch ihre Hilfsbereitschaft und ihre Dienste andere zu manipulieren und von sich abhängig zu machen. Dadurch möchten sie die Vertrautheit mit anderen stärken. Trotz allem sind sie insgeheim stolz auf ihre aufopfernde Haltung. In der Beratertätigkeit wollen sie vor allem die Ratsuchenden erfreuen; sie beschränken sich daher auf jene Bedürfnisse ihrer Klienten, die sie kraft ihrer natürlichen Fähigkeiten der Freundlichkeit, Gefälligkeit und durch gute Ratschläge erfüllen können.
Ihr zwanghafter Antrieb, von anderen gebraucht zu werden, bringt sie in Bedrängnis, wenn andere ihre Hilfe nicht benötigen oder sie einfach ablehnen, weil sie sich weigern, in eine Situation der Abhängigkeit hineinmanövriert zu werden. Das spielt bei ZWEIERN nämlich in den meisten Fällen hintergründig mit. Was geschieht, wenn eine ZWEI niemanden findet, dem sie helfen kann? Dann ist sie der Meinung, daß alles vergeblich ist.
Die positiven Eigenschaften der ZWEIER springen direkt ins Auge. Sie sind freundlich, einfühlsam und besorgt um das, was anderen guttut. Sie sind zu großer Opferbereitschaft fähig. Sie schätzen persönliche Beziehungen über alles. Sie sind warme Menschen ohne jegliche Berührungsscheu. Sie

wollen anderen auch körperlich nahe sein, sie bei der Hand nehmen und alles tun, damit sie sich wohl fühlen. Sie sind sehr gastfreundlich. Sie sind nicht in ihre eigene Innenwelt verstrickt, sondern stets auf andere ausgerichtet; dabei wollen sie ihnen das Gefühl vermitteln, willkommen, wertvoll und angenommen zu sein. Sie sprechen oft von den Nöten anderer. Sie sind bereit, jedem zu helfen, sei es in ihrer eigenen Familie, sei es darüber hinaus. Sie zeigen ein beträchtliches Maß an Sympathie und gehen mit Herzlichkeit und offenen Armen auf die Menschen zu. Was Wunder, wenn sie von ihren Mitmenschen oft für »lebendige Heilige« gehalten werden!

ZWEIER sind von Natur aus gewaltlos. Sie können sogar eine Haltung kindlicher Arglosigkeit gegenüber dem tatsächlichen Übel in der Welt einnehmen. Anstatt andere ihrer Fehler und Versagen wegen zu verurteilen, versuchen sie, ihnen zu helfen, die negativen Folgen ihrer Fehler zu beheben. Für ZWEIER ist nur eines wichtig: anderen zu helfen und nicht zu urteilen oder gar zu verurteilen.

Die ZWEI wird vermutlich den meisten der nachfolgenden Aussagen zustimmen[8]:

1. Viele Menschen sind auf meine Hilfe und Großzügigkeit angewiesen.
2. Anderen zu helfen, ist für mich wichtiger als alles andere.
3. Ich brauche das Gefühl, daß ich für andere wichtig bin. Es tut mir gut, wenn ich gebraucht werde.
4. Viele Menschen fühlen sich mir verbunden.
5. Ich lobe andere gern oder mache ihnen Komplimente.
6. Ich helfe anderen gern, aus Schwierigkeiten oder peinlichen Situationen herauszukommen.
7. Ich fühle mich von innen heraus angetrieben, anderen zu helfen, selbst wenn mir gar nicht danach zumute ist.
8. Oft suchen mich Menschen auf, um sich Trost und Rat zu holen.

9. Oft fühle ich mich dadurch überfordert, daß andere so abhängig von mir sind.
10. Ich selbst habe kaum persönliche Bedürfnisse.
11. Manchmal habe ich den Eindruck, daß ich nicht genügend geschätzt werde für das, was ich für andere getan habe.
12. Ich bin anderen Menschen sehr gern nahe.
13. Manchmal fühle ich mich von anderen im Stich gelassen und ausgenutzt.
14. Lieben und geliebt werden, ist für mich das Wichtigste im Leben.
15. Es ist für mich sehr wichtig, Gefühle auszudrücken.
16. Ich verdiene es, im Leben der anderen die wichtigste Person zu sein, habe ich doch so viel für sie getan.
17. Ich sehe mich selbst als sehr fürsorglichen, mütterlichen Menschen.
18. Meine Freizeit verbringe ich häufig damit, anderen zu helfen.
19. Ich nehme mit meinen Freunden häufiger Verbindung auf, als sie mit mir.
20. Ich kümmere mich gern um andere Menschen.

Drei

Die Drei vermeidet alles, was nach Fehlern, Versagen und Mißerfolg aussieht. Sie ist mit der inneren Einstellung aufgewachsen, daß ihr persönlicher Selbstwert identisch ist mit dem, was sie geleistet bzw. erreicht hat. Daher identifiziert sie sich oft mit ihrer Rolle. Sie kann zwar ihre Rollen im Laufe des Lebens wechseln, aber ihr Selbstwert bemißt sich für sie daran, wie erfolgreich und leistungsfähig sie sich in der gegenwärtigen Rolle repräsentiert. Entsprechend ihrem Selbstbild ist es ihr unmöglich, persönliche Versagen und Mißerfolge zuzugeben. Sie wendet alle Anstrengungen auf, um bei ihren Aufgaben und in ihren Funktionen erfolgreich zu sein; dabei nimmt sie aber im allgemeinen nur das in Angriff, was Erfolg verspricht und kein allzu großes Risiko einschließt.

Erfolg heißt für die DREI: Wirkung, Effekt, Leistungsstärke. Sie bemüht sich, alles auf möglichst optimale Weise zu tun. Für sie hängt Erfolg von guter Organisation und Planung ab. Sie besteht darauf, für alle Unternehmungen konkrete Ziele und Zwecke aufzustellen, und alles wird genau und sorgfältig ausgewertet. Da Erfolg und Prestige ungeheuer wichtig für sie sind, ist sie nicht nur bereit, das eigene Leben dem Erfolg unterzuordnen, sondern erwartet dies auch von anderen. Sie fordert von ihren Untergebenen gelungene Arbeit, und es fällt ihr außerordentlich schwer, Unzulänglichkeiten, Leistungsschwäche oder zu geringes Arbeitstempo zu akzeptieren. Sie neigt zur Intoleranz gegenüber jeder Form von Unfähigkeit, Untauglichkeit und Inkompetenz. Von entscheidender Bedeutung ist für sie ihr Image in der Öffentlichkeit.

Als Manager sind DREIER hundertprozentig von dem Produkt überzeugt, für das sie werben. Es kann ihnen sogar entgehen, daß sie dabei etwas vortäuschen, was nicht mit ihrer wahren Überzeugung übereinstimmt. Sie wähnen sich redlich, solange sie ganz davon in Anspruch genommen sind, Wirkung und Erfolg zu erzielen. Entscheidend ist, daß das Erzeugnis guten Absatz findet. Fast unbewußt zeigen sie in der Öffentlichkeit jene Gefühle, die gerade gefragt sind, um erfolgreich zu sein. Als Folge dieses Verhaltens verleugnen sie ihre wahren Gefühle zugunsten ihres Images. Sie führen kaum ein privates, persönliches Leben, sondern werden völlig von der Rolle bzw. der Funktion aufgesogen, die sie ausüben, sowie von dem, was sie erreichen wollen.

Sie sind starker persönlicher Gefühle fähig, dennoch vernachlässigen sie diese und verschieben die Beschäftigung damit auf einen späteren Zeitpunkt; denn ihre Gefühle sollen ihnen auf keinen Fall auf dem Weg zum Erfolg hinderlich sein. Das führt dazu, daß sie sich eine Maske zulegen – die »Persona« nach C. G. Jung –, die zwar ihrer Rolle entspricht, hinter der sich jedoch die wahre Persönlichkeit verbirgt. DREIER tragen diese Maske, ohne sich dessen bewußt zu sein, weil sie sich ganz mit ihrer Rolle identifizieren. Sie wählen oft Berufe, in denen sie selbständig und unabhängig tätig sein können. Sie bevorzugen z. B. eine kaufmännische Laufbahn, werden Manager oder Arzt. Welche Rolle sie auch spielen, sie macht ihr eigentliches Leben aus. Sie identifizieren sich so sehr mit ihrem Unternehmen, daß sie oftmals den Beitrag anderer zu ihrem Erfolg übersehen. Andere werden oft von ihnen manipuliert als bloße Werkzeuge oder als Trittbrett für ihren Erfolg. DREIER können kalt und berechnend sein, wenn es um ihren Profit geht. Sie haben ein ungeheures Bedürfnis, einen Erfolg nach dem anderen zu erstreben, als ob sie nie genug davon bekommen könnten.

Im allgemeinen entwickeln sie eine starke Aktivität. Selbst wenn sie im Moment kein konkretes Ziel verfolgen oder sich noch nicht über den nächsten Schritt im klaren sind, hantieren sie mit irgendwelchen Schriftstücken herum oder schreiten den Korridor auf und ab. Ihr Tatendrang ist so stark, daß es ihnen widernatürlich erscheint, sich – aus welchen Gründen auch immer – für das Nichtstun zu entscheiden.

Viele Werte, die der DREI so viel bedeuten, werden von anderen bewundert und ersehnt. Von ihrem ausgezeichneten Organisationstalent profitieren auch andere. Ihre Ziel- und Erfolgsorientiertheit inspiriert andere zur Zusammenarbeit und fördert den Gemeinschaftsgeist. DREIER halten sich nicht bei Kleinigkeiten auf, sondern legen Wert auf Zweckdienlichkeit und klare Zielvorstellungen. Ihre Entschlossenheit zum Erfolg setzt ungeheure Energien für das Wachstum ihres Unternehmens frei und bringt andere Menschen dazu, sich für das gleiche Ziel einzusetzen. DREIER sind gute Teamarbeiter.

Ihr vitales, aktives Image regt zum Engagement an und vermittelt anderen das Gefühl der Zufriedenheit, weil sie sich für eine lohnende Sache einsetzen. Ihr Enthusiasmus wirkt ansteckend. Sie spornen andere an, größeren Wert auf ihre äußere Erscheinung zu legen. Ihre starke Motivationskraft hält andere zu größerer Einsatzbereitschaft für die gemeinsamen Ziele an.

Sie sind gewöhnlich gute Wortführer. Es mangelt ihnen nie an Gesprächsstoff. Ihre Anwesenheit wirkt auf andere inspirierend, angenehm und unterhaltsam. Sie können aus allem etwas machen. Sie lenken gern die Aufmerksamkeit auf sich und erwecken einen angenehmen Eindruck, auch durch ihre Kleidung. Mit einer DREI zusammenzuarbeiten, kann die besten Kräfte in einem selbst freisetzen.

DREIER sind nicht kleinlich, was die Zeit angeht. Sie regen sich normalerweise nicht über mangelnde Pünktlichkeit oder vorgezogenen Dienstschluß auf, vorausgesetzt, die Arbeit ist zum vereinbarten Termin erledigt. Ihre starke Erfolgsorientiertheit gibt ihren Mitarbeitern ein Gefühl der Sicherheit, auf jeden Fall in ihrem Unternehmen gut aufgehoben zu sein.

DREIER sind qualifizierte Berater oder geistliche Begleiter. Sie sind objektiv und fähig, Menschen zu helfen, ihr Leben zu ordnen und auf erstrebenswerte Ziele hinzulenken. Sie fordern andere dazu heraus, sich über ihren Lebenssinn klarzuwerden und die entsprechenden Entscheidungen zu treffen, damit sie ihr Leben gemäß ihren Erwartungen und Überzeugungen gestalten können.

DREIER werden wahrscheinlich den meisten dieser Aussagen zustimmen können[9]:

1. Ich tue alles, um in Schwung zu bleiben.
2. Ich arbeite gern im Team und bin ein gutes Teammitglied.
3. Ich bin für Genauigkeit und fachliche Kompetenz.
4. Es liegt in meiner Natur, zu organisieren und Aufgaben erfolgreich zu Ende zu führen.
5. Das Wort »Erfolg« bedeutet mir sehr viel.

6. Ich stecke mir klare Ziele ab und möchte auch wissen, wo ich jeweils auf dem Weg zu diesen Zielen stehe.
7. Ich habe eine Vorliebe für Erfolgskurven, gute Noten und andere Auszeichnungen, an denen man ablesen kann, daß ich vorankomme.
8. Andere beneiden mich, weil ich so viel erreiche.
9. Ich lege großen Wert darauf, als eine tüchtige, erfolgreiche Persönlichkeit zu gelten.
10. Entscheidungen zu treffen, fällt mir nicht schwer.
11. Um erfolgreich zu sein, muß man zuweilen Kompromisse eingehen.
12. Wenn ich an meine Vergangenheit zurückdenke, fallen mir eher meine Erfolge ein als das, was mir weniger gut gelungen ist oder sogar falsch war.
13. Ich hasse es, wenn man sagt, daß das, was ich tue, vergeblich ist oder nicht gelingt.
14. Mir liegt es im allgemeinen mehr, Projekte zu initiieren, als sie bis zum Ende durchzuziehen.
15. Ich könnte gut für ein neues Projekt werben.
16. Ich kann mich mit meiner Arbeit oder mit meiner Rolle so sehr identifizieren, daß ich vergesse, wer ich bin.
17. Ich bin überzeugt, daß der äußere Eindruck wichtig ist, daß Auftreten und Erscheinung etwas gelten.
18. Ich glaube, bevor andere Notiz von mir nehmen, muß ich erst eine Menge Leistung und Erfolg vorweisen.
19. Ich bin meistens zuversichtlich und unternehmungslustig.
20. Der erste Eindruck ist für mich entscheidend.

Vier

Die Vier vermeidet es, als gewöhnlicher Durchschnittsmensch zu gelten, d. h., sie fühlt sich ganz anders als alle anderen. Dieses Gefühl des Andersseins rührt vor allem daher, daß sie ihre Lebensgeschichte in gewisser Weise als tragisch empfindet. Das kann möglicherweise durch das Gefühl ausgelöst worden sein, als Kind von einem Elternteil oder einer Bezugsperson im Stich gelassen worden zu sein. VIERER meinen, daß andere kein Verständnis für ihre Einsamkeit und das durchlittene Schwere haben. Dieses Gefühl, ein tragisches Schicksal erlitten zu haben, führt sie dazu, sich für etwas Besonderes zu halten.

Es fällt ihnen schwer, sich spontan und natürlich zu geben. Sie üben ihr Verhalten anderen gegenüber ein, ähnlich wie ein Schauspieler auf der Bühne. Sie haben das Empfinden, sich nie so ungezwungen geben zu können, wie sie es eigentlich gern möchten. Sie wirken auf andere wie Menschen mit »einstudiertem Charme«. Oft sind sie sich schmerzlich bewußt, daß sie eine aufgesetzte Rolle spielen, anstatt einfach unbeschwert sie selbst zu sein. Sie sehnen sich nach authentischem, unkompliziertem Verhalten, aber es scheint ihnen nicht zu gelingen.

Sie haben eine Schwäche für die Bühnenkunst. Besuchen sie z. B. eine Oper, können sie sich mit dem Geschehen auf der Bühne völlig identifizieren und vergessen dabei, daß das Stück eigentlich als Schlüssel zur eigenen vertieften Lebenseinsicht dienen will.

VIERER tragen ein Lächeln zur Schau, welches signalisiert, daß sie etwas Besonderes sind und sie bestimmte Dinge besser verstehen als andere. Das erweckt den Eindruck von Überlegenheit oder Reserviertheit, obgleich sie als warme und freundliche Persönlichkeiten erscheinen. Es ist nicht leicht, sie wirklich kennenzulernen. Sie pflegen sich mit bemerkenswertem Geschmack zu kleiden. Sogar ihre Körpersprache verrät eine Exklusivität, die anderen abgeht, z. B. Vornehmheit, eleganter Lebensstil, kultiviertes Benehmen oder die Fähigkeit zu intensiven Gefühlen.

Die VIER sieht den Beginn ihres eigentlichen Lebens immer in der Zukunft. Sie beneidet andere, die sich natürlicher und unbeschwerter geben können; aber sie glaubt, daß dann, wenn einmal das wirkliche Leben für sie begonnen hat, es ihr möglich sein wird, sich natürlich und ursprünglich zu geben. Sie hat das Gefühl, daß sie das Leben noch nie in vollen Zügen genießen konnte. Nur intensive Emotionen vermitteln ihr das Empfinden, wirklich zu leben, seien es Gefühle der Freude oder der Traurigkeit. Sie hat ein starkes Verlangen nach extremem Gefühlserleben. Eine ausgeglichene Gefühlslage bedeutet für sie, nur zur Hälfte zu leben. Es fällt ihr schwer, von jemandem Abschied zu nehmen, weil sie sich ganz vom Trennungsschmerz fortreißen läßt. Gefühle der Trauer, des Schmerzes oder andere Mißgeschicke halten ihre Aufmerksamkeit gefangen. VIERER neigen dazu, sich immer wieder die negativen Aspekte ihrer Vergangenheit zu vergegenwärtigen, verpaßten Chancen nachzutrauern, z. B. einer unglücklichen Kindheit oder anderen leidvollen Erfahrungen der Einsamkeit oder Verlassenheit. Das kann sie derart deprimieren, daß sie alle Hoffnung und allen Lebensmut verlieren.

Ihre Einzigartigkeit, auf die sie so stolz sind, erschwert es ihnen, engere Beziehungen einzugehen. Da sie dazu neigen, sich mißverstanden zu fühlen, machen sie zwar andere auf sich aufmerksam, lassen diese jedoch nicht wirklich an ihrer Innenwelt teilhaben. Man könnte meinen, daß sie sich darin gefallen, von einem tragischen Schicksal überwältigt zu sein. Wenn sie mitteilen, wieviel Schweres sie erlitten haben, versuchen sie damit auszudrücken, welch ungewöhnliches Lebensschicksal ihnen beschieden ist.

VIERER sind anziehende Persönlichkeiten, die viele bemerkenswerte Vorzüge haben. Sie sind sehr einfühlsam und sensibel, da sie Schmerz, Unverstandensein und Einsamkeit aus eigener Erfahrung kennen. Infolge ihrer hohen Sensibilität sind sie überaus leicht verletzbar, wo andere gar nichts spüren oder leicht über etwas hinweggehen können.

Eine weitere Eigenschaft der VIER ist ihre natürliche Fähigkeit, Symbole zu verstehen und sich durch Symbole auszudrücken, die oft mehr sagen können als alle Worte. In der Nähe einer VIER zu leben bedeutet, ein wachsendes Gespür für das Schöne, Geschmackvolle, Elegante und Kunstvolle zu entwickeln. Unter den VIERERN befinden sich in der Tat viele Dichter, Musiker, Schauspieler oder Künstler aller Art. Sie sind sehr kreativ, nicht nur im Ausdruck ihrer Gefühle, sondern auch in der Art, wie sie ihren Lebensraum gestalten. Ihre selbstverständlich wirkende Originalität, z. B. in der Art, wie sie ihre Wohnung gestalten, ermutigt andere, Sinn für die eigene persönliche Note zu entfalten, anstatt einfach dem Trend der Mehrheit zu folgen.

VIERER sind charmante Persönlichkeiten mit gepflegtem Auftreten und taktvollem Benehmen. Niemals sind sie grob oder ungehobelt. Es ist nicht leicht, sie wirklich im tiefsten kennenzulernen; dennoch macht ihre Einzigartigkeit und Originalität sie durch ihre bloße Anwesenheit zu einem Geschenk für die, mit denen sie zu tun haben.

VIERER werden sich mit den allermeisten der folgenden Aussagen identifizieren können[10]:

1. Die meisten Menschen wissen die wahre Schönheit des Lebens nicht zu schätzen.
2. Ich habe einen Hang zur Nostalgie und beschäftige mich oft mit meiner Vergangenheit.
3. Ich bemühe mich, zwanglos und natürlich zu erscheinen.
4. Ich habe einen besonderen Sinn für Symbole.
5. Andere Menschen können keine so intensiven Gefühle haben wie ich.
6. Anderen geht oft die Fähigkeit ab, zu verstehen, wie ich fühle.
7. Ich liebe es, Dinge auf besondere Art zu tun.
8. Die Umwelt und alles, was mich umgibt, ist sehr wichtig für mich.
9. Ich mag Theater sehr gern und stelle mir vor, selbst auf der Bühne zu stehen.
10. Gepflegte Umgangsformen und erlesener Geschmack sind für mich von großer Wichtigkeit.
11. Ich mag nicht als bloßer Durchschnittsmensch gelten.

12. Gedanken an Leiden, Verlust und Tod können mich ganz in Beschlag nehmen.
13. Manchmal fürchte ich, daß meine Gefühle und Empfindungen noch nicht tief genug sind.
14. Ich kann sehr leicht die emotionale Atmosphäre in einer Gruppe wahrnehmen, so daß ich oft nicht merke, wo meine eigenen Gefühle aufhören und die der anderen anfangen.
15. Es macht mir mehr als anderen zu schaffen, wenn Beziehungen in die Brüche gehen.
16. Ich kann mich gut in die Rolle des »tragischen Clowns«, der unter Tränen lächelt, hineinversetzen.
17. Man sagt mir nach, ich sei reserviert und zurückhaltend.
18. Entweder fühle ich mich himmelhoch jauchzend oder zu Tode betrübt. In der Mitte fühle ich mich nicht sehr lebendig.
19. Man wirft mir vor, ich würde alles zu sehr dramatisieren; aber diese Menschen verstehen im Grunde nicht, was ich empfinde.
20. Kunst und künstlerischer Ausdruck sind für mich unverzichtbare Möglichkeiten, meine Gefühle und Empfindungen angemessen auszudrücken.

Fünf

Die Fünf sucht auf jeden Fall innere Leere zu vermeiden. Oft projiziert sie ihre Gefühle der inneren Leere nach außen und hält dann andere Menschen für seicht und oberflächlich. Um diese bedrohliche innere Leere mit Wissen und Erkenntnissen auszufüllen, zieht sie sich von anderen zurück – physisch oder innerlich – und denkt nach, um die erlebte Wirklichkeit zu rekonstruieren und Zusammenhänge zu entdecken, damit sie allem einen Sinn abgewinnen kann. Fünfer sind eher Beobachter des Lebens als Teilnehmer. Selbst wenn sie versuchen, aus ihrer Zurückgezogenheit herauszukommen, scheinen sie doch eher am Rande der Ereignisse zu stehen, als daß sie selbst in das Geschehen verwickelt sind. Sie wollen genau wissen, was vor sich geht, ohne sich direkt darauf einzulassen.

Ihre Schweigsamkeit wirkt oft irritierend auf andere. Sie scheinen viel mehr zu wissen, als sie je preisgeben. Oft warten sie bis zum Schluß einer Sitzung oder Versammlung, ehe sie mit einer brillanten Zusammenfassung alles bisher Gesagten herausrücken. Wenn sie ihre Gedanken und Ideen anderen mitteilen, wirkt das oft wie eine hochgestochene Abhandlung. Sie geben ein systematisches Resümee und bemühen sich, jeden einzelnen Punkt hinreichend zu erläutern. Da diese Form der Kommunikation z. B. bei einem Tischgespräch oder einer lockeren Unterhaltung ungeeignet ist, verursacht es bei den Gesprächspartnern oft Langeweile. Das bestätigt wiederum die FÜNF in ihrem Gefühl, andere seien zu seicht und oberflächlich, um sich für das zu interessieren, was sie zu sagen hat. Das verstärkt den Hang, sich in Schweigen zurückzuziehen. Auf jeden Fall werden FÜNFER immer nur einen geringen Teil dessen preisgeben, was sie wissen. Alles zu sagen, würde sie mit einem Gefühl der inneren Leere zurücklassen.

Als eifrige Beobachter der Außenwelt nehmen sie alles in sich auf und sammeln es im Innern an. Sie legen großen Wert darauf, nicht für dumm gehalten zu werden. Sie wollen erst einen Gegenstand eingehend studieren, ehe sie sich zutrauen, etwas darüber zu sagen. Da solches Nachsinnen und Reflektieren viel Zeit erfordert, ist Zeit sehr kostbar für sie. Nur ungern lassen sie sich von anderen stören. Sie hüten ihr Privatleben wie einen Schatz. Sie brauchen ihren Privatraum, um die Wirklichkeit in den Griff zu bekommen. »Realität« bedeutet für sie das korrekte Urteil über das äußerlich Wahrgenommene. Ohne innere Gewißheit bei einem solchen Urteil fühlen sie sich unwissend. Um zu dem rechten Urteil zu gelangen, meinen sie, alles ganz allein für sich durchdenken zu müssen.

Das Verhalten, die innere Leere mit Wissen auszufüllen, hat sich oft bereits in der frühen Kindheit herausgebildet, etwa weil das Kind von den Eltern alleingelassen wurde oder einen unzureichenden Kontakt zur Mutter hatte. Wahrscheinlich haben Fünfer sich schon als Kind anders als alle übrigen Familienmitglieder gefühlt und hatten manchmal sogar heimliche Zweifel, wirklich das Kind ihrer Eltern zu sein. Aus welchen Gründen auch immer haben sie sehr früh gelernt, mit ihren Gefühlen der Einsamkeit fertig zu werden, indem sie sich in ihre Innenwelt zurückzogen, die voll von angesammelten Informationen über die Außenwelt war. Sie hielten stets Ausschau nach Möglichkeiten, sich von anderen abzusondern und sich mit ihrer eigenen Gedankenwelt zu beschäftigen. Auf diese Weise bildete sich die Auffassung heraus, daß das Leben eher in Reflexion und Einsicht besteht als in Interaktion und Engagement. Sie ziehen sich zurück, um Wissen zu erwerben; das gibt ihnen ein Gefühl der Erfüllung. Da es sehr lange dauert, bis ein Mensch Weisheit erlangt, sind Fünfer ständig darum bemüht, sich selbst darauf vorzubereiten, was sie vielleicht eines Tages von sich geben werden, damit es wohl durchdacht, mithin hieb- und stichfest ist.
Ihre Zurückgezogenheit und Unverbindlichkeit kann anderen auf die Nerven gehen. Zuweilen machen sie den Eindruck, ganz und gar in Gedanken versunken zu sein. Sie haben einen ziemlich unterentwickelten Sinn für die Gegenwart und verfügen über ein schlechtes Namensgedächtnis. Manchmal erkennen sie Personen nicht wieder, mit denen sie erst kürzlich zusammen waren. Es fällt ihnen schwer, in Gesellschaft eine lockere, belanglose Unterhaltung zu führen. Um der Langeweile zu entgehen, verschwinden sie einfach ohne jede Erklärung und ohne sich zu verabschieden. Ebenso unauffällig können sie zu einer Gesellschaft hinzustoßen, ohne daß jemand Notiz von ihnen nimmt.
Zeit ist für die Fünf überaus kostbar, und wenn ihnen etwas unnütz erscheint, sehen sie keinen Grund, ihre Zeit da-

mit zu vergeuden. Durch den Rückzug in die eigene Gedankenwelt haben sie natürlich auch das Gefühl, im Abseits zu stehen. Sie wollen zwar dazugehören, aber nicht ihre Zurückgezogenheit aufgeben. Sie gehen nicht gern soziale Verpflichtungen ein; denn das würde bedeuten, kostbare Zeit und den eigenen Privatraum einzubüßen. Sie brauchen das Alleinsein, um sich nicht leer und ausgelaugt zu fühlen. Sie bitten daher andere nur ungern um Hilfe. Zu ihren Eigenarten gehört es, alles allein zu erforschen und erst danach mit anderen über ihre Schlußfolgerungen zu reden. Sie meinen, nur auf diese Weise das Leben angemessen in den Blick bekommen zu können.

FÜNFER neigen zum Geiz, sowohl hinsichtlich ihrer Zeit als auch hinsichtlich ihres Wissens. Es fällt ihnen nicht ein, das, was ihnen an Wissen und Kenntnissen zuteil geworden ist, mit anderen auszutauschen. Für sie ist Wissen ein Selbstzweck, d. h. um die eigene innere Leere auszufüllen, unabhängig davon, ob es anderen mitgeteilt wird oder nicht. Sie betrachten ihr eigenes Wissen als Privatbesitz. Bewundern andere sie wegen ihrer Kenntnisse und Belesenheit, werden sie vermutlich beteuern, daß ihnen die Zeit fehlt, sich eingehend mit diesem oder jenem Gegenstand zu befassen. Das ist keineswegs falsche Bescheidenheit, sondern sie empfinden es wirklich so. Ihnen reicht die Zeit nie aus, sich über irgend etwas gründlich und umfassend zu informieren; dennoch halten sie dies für unbedingt notwendig, um kompetenterweise etwas sagen zu können.

Wenn sie gefragt werden, wie sie sich fühlen, antworten sie wahrscheinlich mit dem, was sie denken. Sie nehmen die Realität in den Kategorien des Sinn- bzw. Bedeutungsvollen wahr und nicht mit dem Gefühl. Zwar sind sie durchaus tiefer Gefühle fähig, aber sie messen ihnen kaum einen Wert bei, verglichen mit dem, was sie an Sinn zu erkennen vermögen.

Es fällt ihnen nicht leicht, sich auf ihre Gefühle einzulassen, weil sie normalerweise nicht auf der Gefühlsebene leben. Oft wollen sie auch einfach nicht ihre Gefühle ausdrücken. Sie neigen zu einer unemotionalen, monotonen Ausdrucksweise. Das hängt damit zusammen, daß bei FÜNFERN die unterschiedlichen Bereiche ihres Lebens kaum harmonisch miteinander verbunden sind.

Doch haben FÜNFER auch viele anziehende Eigenschaften. Sie sind sehr aufmerksame Zuhörer. Als Eltern haben sie die Fähigkeit, das innerste Wesen ihrer Kinder herauszulokken, und sie nehmen an allen Erfahrungen ihrer Kinder regen Anteil. Sie delegieren gern Verantwortung und ermutigen andere zu eigenen Entscheidungen und zur Selbständigkeit. Sie sind sanfte, freundliche Menschen.

Eine weitere anziehende Eigenschaft der FÜNF ist es, daß für sie das Leben voller Sinn und Bedeutung ist. Diese Menschen suchen die tiefen Zusammenhänge selbst des Gewöhnlichen und Alltäglichen zu ergründen. Sie wenden alle Mühe auf, anderen diese Zusammenhänge zu verdeutlichen, und zwar in einer Sprache, die auch einfache Leute verstehen. Sie legen Wert darauf, daß alles klar und deutlich und somit verstanden werden kann.

FÜNFER sind geistig weite, kritische Menschen. Ihre Einstellung dem Leben gegenüber erwächst nicht aus dem Urteil darüber, ob etwas richtig oder falsch, gut oder schlecht ist. Für sie ist zunächst einmal alles interessant, was immer man kennenlernen und wahrnehmen kann. Es ist ihnen klar, daß es lange Zeit braucht, um über einen Sachbereich genügend Bescheid zu wissen; denn es sind so viele Aspekte zu berücksichtigen, ehe man sich ein kompetentes Urteil erlauben kann. Eine solche nichtverurteilende Einstellung dem Leben gegenüber verleiht eine besondere Art von Intelligenz, die bis zum Sinn für das Absurde reichen kann. Da die FÜNF einen Sinn für Humor hat, vermag sie in allem etwas Komisches zu entdecken. Das schätzen andere, zumal es oft völlig unerwartet kommt.

FÜNFER-Persönlichkeiten werden aller Wahrscheinlichkeit nach den meisten der folgenden Aussagen zustimmen[11]:

1. Ich behalte meine Gefühle eher für mich.
2. Ich halte an dem fest, was ich besitze und sammle, was ich vielleicht einmal brauchen könnte.
3. Es ist mir fast unmöglich, eine belanglose Unterhaltung zu führen.
4. Im intellektuellen Bereich fasse ich gern verschiedene Ideen zu einem Ganzen zusammen.
5. Wenn mich jemand fragt, wie ich mich gerade fühle, dann bin ich verlegen und finde keine Worte.
6. Ich brauche viel Zeit und Privatraum für mich.
7. Ich lasse lieber andere die Initiative ergreifen.
8. Ich nehme mich oft zurück und beobachte die anderen eher aus der Distanz, als daß ich mich unmittelbar auf sie einlasse.
9. Ich neige ein bißchen zum Einzelgänger.
10. Ich bin schweigsamer als die meisten anderen Menschen und werde oft gefragt, was ich gerade denke.
11. Es fällt mir schwer, andere um etwas zu bitten.
12. Wenn ein Problem auftaucht, setze ich mich gern zuerst allein damit auseinander, und erst danach diskutiere ich es mit anderen.
13. Es fällt mir nicht leicht, mich zu behaupten und durchzusetzen.
14. Meine Probleme suche ich durch Nachdenken zu lösen.
15. Ich möchte gern alles im richtigen Verhältnis zueinander sehen, Abstand nehmen und alle Eventualitäten berücksichtigen. Wenn ich etwas übersehen habe, mache ich mir Vorhaltungen, die Angelegenheit zu simpel oder zu naiv gesehen zu haben.
16. Ich gehe mit meiner Zeit, meinem Geld und mit mir selbst eher knauserig um.
17. Ich vertrage es nicht, wenn ich für mein gutes Geld nicht den angemessenen Gegenwert bekomme.
18. Wenn ich mich über mich selbst oder über andere ärgere, bezeichne ich mich oder sie oft als »Dummkopf«, »Idiot«, »blöd« usw.

19. Ich habe eine leise Stimme, und man bittet mich oft, lauter zu sprechen. Das irritiert mich.
20. Ich neige eher dazu, zu nehmen als zu geben.

Sechs

Die Sechs erfährt das Leben als etwas Vorgegebenes, das fortdauernd Erwartungen und Forderungen stellt, Forderungen von seiten anderer, vor allem von der Gruppe, der man angehört. Daher lebt die Sechs in ständiger Besorgnis und Ängstlichkeit.

Als Kind haben Sechser vermutlich ihren Vater oder die Vaterfigur als sehr streng erlebt. In der Schule mußten sie sich ebenfalls den Forderungen und selbst den Anregungen der Lehrer anpassen. Sie wuchsen mit der Einstellung auf, daß alle Entscheidungen von äußeren Autoritäten getroffen werden. Sie wollen auf jeden Fall allen Anordnungen gewissenhaft nachkommen.

Sechser haben ein ausgeprägtes Bedürfnis, Vorschriften und Richtlinien zu befolgen; daran bemessen sie, was richtig oder falsch ist. Daher berufen sie sich gern auf Regeln und Verlautbarungen von Institutionen. Losgelöst von Autoritäten oder Legitimationen, mangelt es ihnen an Selbstvertrauen, ihre eigenen Entscheidungen zu treffen. Dieses Sichklammern an Autoritäten geschieht um der eigenen Sicherheit willen. Die Autorität ordnet an, was zu tun und zu lassen ist. Innerhalb dieses Spielraumes von Regeln und Gesetzen bewegen Sechser sich relativ frei und sicher. Gegenüber allem, was über die angeordnete Norm hinausgeht, verhalten sie sich jedoch unnachgiebig und hartnäckig. Sie wenden dann ein, daß das »zu weit geht«, jenseits des Herkömmlichen und Gewohnten sei.

Da Sechser sich vollständig mit den Normen ihrer sozialen Gruppe identifizieren, haben sie ein starkes Verlangen, zu einer bestimmten Gruppe zu gehören. Sie wollen genau wissen, wer zu ihrer Gruppe gehört und wer nicht. Sie tendieren dahin, die Welt aufzuteilen in »wir hier« und »ihr da drüben«. Sie neigen zu fast krankhafter Ängstlichkeit gegenüber möglichen Bedrohungen ihrer Gruppe von außen. Sehr wachsam achten sie darauf, daß niemand von den vorgeschriebenen Normen der Gruppe abweicht. Jegliche Abweichung erfahren sie als Verrat, und sie zögern nicht, vernehmbar herauszustellen, wer oder was von der Norm abweicht. Sie sind sich ihrer selbst sehr sicher in der Forderung, daß alle in der Gruppe sich den Vorschriften entsprechend zu verhalten haben. Obgleich sie selbst sich zuweilen über die Regeln und Normen hinwegsetzen können, geben sie dies nicht zu, nicht einmal vor sich selbst.

Es fällt ihnen schwer, ihre Freizeit persönlich zu gestalten. Für sie ist Zeit eine Vorgegebenheit, die dazu da ist, irgendwelche von der Autorität auferlegten Verantwortungen wahrzunehmen. Sie wollen ihre Zeit gewissenhaft ausnützen; wenn ihnen jedoch niemand klar sagt, was man von ihnen erwartet, sind sie verunsichert und wissen nicht recht, was sie tun sollen. Sogar beim Einkaufen zögern sie, was sie wählen sollen, und haben den Wunsch, jemanden zu fragen, und sei es eine fremde Person. Ihre Handlungsunsicherheit überspielen sie meist durch übersteigerte Aktivität, die allerdings nicht viel bringt.

Sechser sind keine Initiatoren. Wohl sind sie bereit, hart anzupacken, aber sie brauchen Direktiven von außen. Am meisten fürchten sie, falsche Entscheidungen zu treffen. Daher gehen sie in allem äußerst vorsichtig zu Werke. Manchmal umgehen sie auch Entscheidungen, selbst wenn sie wissen, daß eine nicht getroffene Entscheidung auch eine Entscheidung ist. Sie suchen jeglichem Risiko aus dem Weg zu gehen und leiden folglich an vielen verpaßten Chancen ihres Lebens.

Eines ihrer Hauptprobleme ist die Unsicherheit. Sie erleben viel Furcht und Angst. Immer gibt es etwas, was ihnen Anlaß zur Besorgnis gibt. Dabei ist das, was man befürchtet, oft einfach nur die unbekannte, unsichere Zukunft. Sie fühlen sich sicherer mit dem Altbewährten und Erprobten der Vergangenheit, als etwas Neues zu wagen. Was für andere eine verlockende Herausforderung oder ein Abenteuer bedeutet, kann für SECHSER eine Bedrohung sein. Es mangelt ihnen an Vertrauen in ihre Fähigkeiten, die sie tatsächlich besitzen, aber nie eingesetzt haben, zumindest nicht in einer neuen, kreativen Weise. Sie haben Angst vor Veränderungen aus ihrem tiefen Mangel an Vertrauen in ihre Fähigkeiten, selbst die richtige Entscheidung zu treffen und Neues zu wagen. Sie sehen das Leben voller Gefahren und Forderungen. Sie befürchten Unannehmlichkeiten, wenn sie nicht tun, was von ihnen erwartet wird; daher ist stets größte Vorsicht geboten.

Selbst das Lesen ernster Lektüre bedeutet eine Gefahr für sie. Irgendwie fühlen sie eine Verpflichtung, alles Gelesene auch zu behalten. Jedes gedruckte Wort ist von Bedeutung und stellt in irgendeiner Art Forderungen an sie. Ein solch unwiderstehlicher Drang zur Verantwortung gegenüber allem Gelesenen stellt eine ungeheure mentale Blockade dar, die sie manchmal vom Lesen überhaupt abhält.

Zuweilen meinen SECHSER, die beste Verteidigung gegenüber einer Gefahr sei ein massiver Angriff. Von Gefühlen der Unsicherheit erfüllt, neigen sie dazu, jegliche Opposition gegen sich selbst oder ihre Gruppe als etwas Gefährliches und Bösartiges zu interpretieren. Um sich davor zu schützen, bekämpfen sie energisch jeden Kritiker, indem sie Argumente in Form von Warnungen anführen oder auf das Gesetz verweisen. Eine andere Art, die Offensive zu ergreifen, ist das Wort »niemals«. Sie beteuern z. B. »Niemals werde ich das erlauben«, oder »Niemals werde ich meine Meinung ändern.«

Die Unsicherheit, die aus den durch das Leben gestellten Forderungen erwächst, führt bei der SECHS zu vermehrtem Ernst und zu Humorlosigkeit. Zwar wünschen sie sich oft, daß sie nicht alles so bitter ernst nähmen, aber ihre zwanghafte Verantwortlichkeit läßt das nicht zu. Selbst wenn sie aufgrund persönlicher Erfahrungen wissen, daß viele ihrer Ängste unbegründet waren und alles gut ausging, lassen dennoch aufsteigende Sorgen und Befürchtungen sie um die Zukunft bangen.

Zu den liebenswerten Eigenschaften der Sechs gehört ihre aufrichtige Gastfreundschaft. Sie ist sehr zuverlässig und rückhaltlos der Gruppe ergeben, zu der sie gehört. Ihre Zuverlässigkeit ist mit einer warmen Zuneigung und Mitmenschlichkeit gepaart. Die Zugehörigkeit zu einer Gruppe ist für sie lebenswichtig; dafür bringt sie große Opfer. Sie ist sehr wohl fähig, Leitungspositionen zu übernehmen aufgrund ihres ausgeprägten Verantwortungsgefühls und ihrer Treue gegenüber der Gruppe. Um ein Amt ausüben zu können, braucht sie wiederum klare und eindeutige Richtlinien. Wenn sie einmal weiß, was von ihr erwartet wird, setzt sie sich voll und ganz dafür ein. Andere bewundern oft ihre Wendigkeit, ihre Genauigkeit und die Resultate ihres Engagements. Als Untergebene legen Sechser großen Wert auf Pünktlichkeit. Sie machen auch bereitwillig Überstunden, sofern die zuständige Autorität darum weiß.

Sechser können sich mit den meisten dieser Aussagen identifizieren[12]:

1. Ich mag nicht gegen den Strom schwimmen.
2. Loyalität gegenüber meiner Gruppe ist mir sehr wichtig.
3. Es fällt mir schwer, nicht mit der Autorität übereinzustimmen.
4. Ehe ich einen Entschluß fasse, hole ich zusätzliche Informationen ein, um sicher zu gehen.
5. Ich brauche viel Zeit, um mich zu entschließen, da ich alle Möglichkeiten gut abwägen muß.
6. Ich frage mich gelegentlich, ob ich den nötigen Mut aufbringe zu tun, was nun einmal getan werden muß.
7. Ich werde häufig von Zweifeln geplagt.
8. Ich muß einer Sache erst ganz sicher sein, ehe ich zu Werke gehe.

9. Man weiß nie, was die Menschen ohne strenge Gesetze tun würden.
10. Ich neige dazu, aus Pflicht- und Verantwortungsgefühl zu handeln.
11. Ich brauche klar abgesteckte Grenzen, innerhalb derer ich leben und arbeiten kann.
12. Ich scheine Gefahr und Bedrohung eher zu wittern als andere Menschen.
13. Ich neige dazu, für eine Sache Partei zu ergreifen und möchte genau wissen, auf welcher Seite die anderen stehen.
14. Ich bemerke sehr schnell Widersprüche und reagiere empfindlich darauf.
15. Ich ziehe es vor, meine Zeit genau einzuteilen und nicht einfach alles auf mich zukommen zu lassen.
16. Manchmal entdecke ich mich dabei, daß ich andere Menschen danach einstufe, ob sie bedrohlich für mich sind oder nicht.
17. »Vorsicht« ist ein ganz wichtiger Wert für mich.
18. Mir scheint, daß ich fortwährend gegen meine Ängste angehe oder sie unterdrücke.
19. Ich bin anscheinend mehr als andere darauf bedacht, mich selbst oder meine Position zu verteidigen.
20. Ich stelle mir oft vor, in einer Heldenrolle oder einer ähnlichen Position zu sein.

Sieben

Die Sieben fühlt sich gedrängt, jeglichen Schmerz und alles Leid im Leben auszuklammern, sei es physischer, sei es psychischer Art. Ihr ist ausgesprochen unwohl in der Nähe von Menschen oder in Situationen, die ernst, problematisch oder konfliktgeladen sind. Ihrer Auffassung nach sollte das Leben voller Freude und Vergnügen sein, und sie versucht, es sich so angenehm wie möglich zu machen. Sie bringt es sogar fertig, aus an sich mühevollen Angelegenheiten noch

ein Vergnügen zu machen. Mitten in einer familiären Auseinandersetzung können SIEBENER plötzlich vorschlagen, ein Eis essen zu gehen.
Um alles Schmerzliche aus dem Leben zu verbannen, sucht die SIEBEN Pläne zu schmieden, die eine frohe, schmerzfreie Zukunft in Aussicht stellen. Sie ist ein geborener Optimist und übersieht geflissentlich alles, was enttäuschend oder schwierig ist. Sie will einfach nur die hellen Seiten des Lebens sehen. Andere erfahren die SIEBEN als jederzeit fröhlich und unbeschwert, aber eben auch als oberflächlich.
SIEBENER haben den Drang, allem Unangenehmen zu entfliehen, obgleich eine Konfrontation ihrem Leben mehr Tiefgang verleihen würde. Die Flucht vor dem Schmerz kann zu verschiedenen Formen der Genußsucht führen. Es fällt ihnen schwer, auf das zu verzichten, was ihnen Vergnügen bereitet. Sie wollen pausenlos weiter genießen, was gut schmeckt. Sie sind der Ansicht: »Etwas ist gut – aber mehr davon ist noch besser.« Vermutlich konnte sich diese Einstellung entwickeln, weil sie in der Geborgenheit einer glücklichen Familie aufgewachsen sind, die jedoch zu irgendeinem Zeitpunkt empfindlich gestört wurde. So scheinen sie ein Leben lang auf der Suche nach der verlorenen Behaglichkeit zu sein.
Für SIEBENER heißt »Realität« soviel wie »Zukunftspläne haben«. Sie schauen froh in die Zukunft wegen der Pläne, die sie zu verwirklichen gedenken. Die gegenwärtige Situation hingegen kann ihnen durchaus Schwierigkeiten bereiten, denen sie am liebsten ausweichen würden. Anstatt allen Ernstes die Verwirklichung ihrer Pläne anzugehen, auch wenn es mühevolle Kleinarbeit erfordert, schmieden sie immer neue Pläne oder suchen unangenehmen Situationen durch irgendein Vergnügen zu entkommen. Da sie bei allem, was sie tun, Freude erfahren können, neigen sie dazu, Schwierigkeiten zu umgehen. Nur wenn sie von einem Projekt völlig in Anspruch genommen sind, werden sie es vermutlich zu Ende bringen. Sie arbeiten in kurzfristigen Schü-

ben. Wenn sie sich einmal für etwas begeistert haben, schaffen sie viel und finden Erfüllung in dem, was sie erreicht haben.
Andere mögen zuweilen darüber verärgert sein, daß SIEBENER Unangenehmes immer erst auf die lange Bank schieben; sie gelten daher als unzuverlässig. Sie neigen auch dazu, häufig zu spät zu kommen.
Unter den positiven Zügen fällt zuerst ihre Fähigkeit auf, das Leben zu genießen. Sie strahlen Unbeschwertheit aus. Sie besitzen die Gabe, jeder Situation eine frohe Seite abzugewinnen, und stecken andere durch ihre gute Laune an. Ihr angeborener Optimismus kann in anderen die Zuversicht stärken, daß alles zu einem guten Ende führt.
SIEBENER erzählen gern Geschichten über andere, auch wenn das manchmal haarscharf an der Grenze zum Tratsch liegt; sie erzählen, um andere interessant und angenehm zu unterhalten, weniger, um Dritte dadurch zu verletzen. Sie wollen, daß alle glücklich und zufrieden sind; selbst in Trübsal und Bedrängnis finden sie noch etwas, worüber sie sich freuen können. Ihrer Meinung nach gibt es eigentlich sehr wenig im Leben, was man nicht genießen kann. Sie lachen viel und sind fröhliche Menschen. Auf eine nahezu kindliche Weise neigen sie dazu, in allem und jedem etwas Positives zu entdecken. Einige ihrer Lieblingswörter sind »nett«, »hübsch«, »herrlich«. So wünschen sie es sich. Es fällt ihnen leicht, alle, denen sie begegnen, gern zu haben, und sie versuchen ihrerseits, zu allen nett zu sein.
SIEBENER können wohl folgenden Aussagen zustimmen[13]:

1. Ich glaube, ich bin gegenüber Menschen und Motiven weniger mißtrauisch als andere.
2. Es gibt wenig im Leben, an dem ich mich nicht erfreuen kann.
3. Alles führt zu einem guten Ende.
4. Ich wünschte, andere Menschen würden das Leben nicht so schwer nehmen.

5. Ich mag es, wenn andere in mir den stets frohen Menschen sehen.
6. Gewöhnlich sehe ich die helle Seite an allem und beschäftige mich nicht mit den dunklen Seiten des Daseins.
7. Ich mag fast jeden Menschen, der mir begegnet.
8. Ich erzähle gern Geschichten.
9. Ich bin ein froher, relativ unbeschwerter Mensch.
10. Andere sagen, ich brächte oft erst Leben in eine Gesellschaft.
11. Ich betrachte gern die kosmischen Dimensionen von Ereignissen und versuche, hinter die universale Bedeutung von allem, was geschieht, zu kommen.
12. Mein Grundsatz lautet: Wenn etwas gut ist, ist mehr davon noch besser.
13. Ich halte es nicht für gut, lange traurig zu sein.
14. Ich verstehe es, das Leben schön und angenehm zu gestalten.
15. Ich kann das Leben genießen.
16. Ich denke mit Begeisterung an die Zukunft.
17. Ich versuche nach Möglichkeit, andere Menschen aufzuheitern.
18. Meistens versuche ich, mich aus wirklich schwierigen Situationen herauszuhalten.
19. Ich neige eher dazu, mich mehreren Vorhaben zuzuwenden, als daß ich mich auf eine Sache konzentriere und mich gründlich damit beschäftige.
20. Ich erinnere mich an eine glückliche Kindheit.

Acht

Die Acht will auf keinen Fall zeigen, daß sie schwach ist. Sie betrachtet das Leben als Machtkampf und will ihn unbedingt gewinnen. Sie wirkt auf andere oft einschüchternd und scheint die Auseinandersetzung zu suchen. Ihr Lieblingswort ist »nein«. Manche sind befremdet darüber, daß Achter kein

Mitgefühl zeigen, wenn sie jemanden abgekanzelt haben. ACHTER sehen das anders. In ihren Augen gibt es viele streitsüchtige, angriffslustige und scheinheilige Leute, und auf solche wollen sie nicht hereinfallen. Sie sind immer zur Konfrontation mit anderen bereit. Sie machen es sich zur Aufgabe, falschen Schein und jedwede Ungerechtigkeit, die sie bei anderen wahrnehmen, zu entlarven. Dabei können sie in ihrer Wortwahl ziemlich kräftig bis vulgär werden. Sie haben ein scharfes Gespür für die Schwachpunkte bei anderen; und sie sind jederzeit bereit, sie dort empfindlich zu treffen, sollten sie dazu herausgefordert werden.

ACHTER haben ein unwiderstehliches Bedürfnis, alle herunterzumachen, die sich in irgendeiner Weise für überlegen halten. Sofort durchschauen sie jede Verteidigung von Machtpositionen bei anderen. Sie selbst haben keine Hemmungen, anderen ihre Wünsche und Erwartungen zu sagen. Für sie ist das Leben befriedigender in der Konfrontation mit anderen, weil für sie »Leben« soviel heißt wie »alles im Griff haben«, »alles unter Kontrolle bringen«. Sie genießen es, stark und einflußreich zu sein; dabei respektieren sie andere, die ebenfalls stark sind. Weil sie stolz auf ihr ungestümes Wesen sind, verachten sie jene, die behutsamer und zaghafter sind. Solche Menschen sind in ihren Augen saft- und kraftlos. Sie halten viele Leute für schwächlich, einfältig und zaghaft und fühlen sich verpflichtet, sie zurechtzuweisen.

ACHTER sind Kämpfer für alles, was ihrer Meinung nach richtig ist, und sind Gegner von allem, was sie als falsch ansehen. Sie verbinden sich nur mit solchen Menschen, die ihren Standpunkt behaupten können. Sie warnen ihre Freunde davor, sich ausnützen zu lassen. ACHTER sind davon überzeugt, daß die Machtstrukturen dringend einer Veränderung bedürfen, und sie sind auf der Stelle bereit, ihrerseits Macht und Einfluß auszuüben.

Infolge ihrer Aggressivität treten ihre liebenswerten Eigenschaften nicht immer gleich deutlich hervor. Mut ist eine ihrer starken Seiten. Sie setzen sich für andere ein, ganz gleich, was oder wer sich ihnen entgegenstellt. Sie durchschauen sofort jeglichen Eigennutz bei Vorgesetzten, sei es in der Kirche, sei es in der Gesellschaft. Obgleich sie andere oft brüskieren, sind sie überzeugt, allen Grund dazu zu haben, und sie haben keine Angst davor, ihrerseits Nachteile dafür zu erleiden. Ihr forsches Auftreten kann Menschen mit weniger Durchsetzungsvermögen ermutigen, die eigenen Gefühle auszudrücken, anstatt sie aus Furcht vor Zurückweisung zu verbergen. ACHTER fürchten sich im allgemeinen nicht vor Zurückweisung oder Ablehnung, auch kümmert sie nicht, was andere von ihnen denken. Sie kleiden sich, wie es ihnen paßt. Sie sagen, was sie denken, ganz gleich, ob es anderen gefällt oder nicht.

Ihre Fähigkeit, durchzusetzen, was sie wollen, oder wenigstens die Aufmerksamkeit auf das zu lenken, was ihnen wichtig erscheint, kann sehr nützlich für die Gesellschaft oder die Gruppe sein, zu der sie gehören. Sie beanspruchen die Aufmerksamkeit anderer und drängen darauf, das von ihnen als notwendig Erkannte zu tun. Wenn sie über etwas unzufrieden sind oder ihnen etwas nicht paßt, äußern sie das lautstark, so daß man nicht umhin kommt, sich auf irgendeine Weise damit zu befassen.

ACHTER sind zu bewundern für den Enthusiasmus, mit dem sie an alles herangehen, was sie tun. Sie sind sehr vital und voller Energie, sei es bei der Arbeit, beim Spiel oder auch wenn es darum geht, sich neuen Herausforderungen zu stellen. Sie engagieren sich bereitwillig und stellen hohe Erwartungen an sich und andere. In ihrer Nähe wird das Leben nie langweilig.

ACHTER können der überwiegenden Mehrheit der folgenden Aussagen zustimmen[14]:

1. Es macht mir nichts aus, für das zu kämpfen, was ich will.
2. Ich finde die Schwachpunkte anderer schnell heraus

und vermag sie dort auch zu treffen, wenn sie mich provozieren.
3. Es fällt mir nicht schwer, meine Unzufriedenheit auszudrücken.
4. Ich scheue nicht die Konfrontation mit anderen.
5. Es macht mir Freude, Macht auszuüben.
6. Ich spüre sofort, wer in der Gruppe die Macht hat.
7. Ich kann mich durchsetzen und aggressiv sein.
8. Ich weiß, wie man etwas anpackt und durchzieht.
9. Ich habe Schwierigkeiten, meine zarte, sanfte »weibliche« Seite zuzulassen.
10. Ich bin leicht gelangweilt und möchte lieber in Schwung bleiben.
11. Gerechtigkeit und Ungerechtigkeit sind Schlüsselworte für mich.
12. Ich beschütze die Menschen, die mir unterstellt sind.
13. Ich bin ein Mensch, der mit beiden Beinen auf dem Boden steht.
14. Im allgemeinen mache ich mir nichts aus zu viel Selbstbetrachtung und Selbstanalyse.
15. Ich halte mich für einen Nonkonformisten.
16. Ich lasse mich nicht gern in die Enge treiben.
17. Ich mag es nicht, wenn man mir sagt, ich solle mich anpassen.
18. Ich halte mich für einen tüchtigen Arbeiter.
19. Es fällt mir schwer, die Dinge einfach laufen zu lassen.
20. Ich bin der Ansicht, andere Leute schaffen sich ihre Probleme selbst.

Neun

Die Neun vermeidet um jeden Preis Konflikte. Sie hat wenig Energie und daher das Bedürfnis, Spannungen auf jeden Fall zu vermeiden. Im allgemeinen fühlt sie sich innerlich zufrieden; aber es ist ihr auch wichtig, daß in ihrer Umgebung ebenfalls Frieden und Harmonie herrschen. Für sie besteht die Realität in der Harmonie. Sollten dennoch Konflikte entstehen, werden sie heruntergespielt, indem ihr Anlaß für unbedeutend erklärt wird. Die NEUN sagt dann: »Warum sich so aufregen? Was ist das denn schon?« Ihrer Meinung nach sind die meisten Dinge im Leben kaum der Rede wert.

Wahrscheinlich hat diese Einstellung der NEUNER ihre Ursache in der mangelnden Zuneigung ihrer Eltern, vor allem der Mutter. Möglicherweise waren die Eltern nicht sehr zärtlich, oder sie wollten ihre Kinder nicht zu sehr verwöhnen. Um mit diesem Mangel fertig zu werden, entwickelten NEUNER sehr früh die Einstellung, daß alles im Leben gar nicht so wichtig zu nehmen ist. Sie neigen dazu, ihren Selbstwert zu verleugnen. Sogar ihre Körpersprache drückt die Einstellung aus: Ich bin unwichtig.

Ihr Gesichtsausdruck ist oft energielos und ihre Stimme monoton. Sie bedienen sich einer wenig plastischen Ausdrucksweise und haben entweder eine eintönige oder aber eine schrille Stimme. Ihre Körpersprache verrät wenig Wärme und Ausdruckskraft. NEUNER sind vielfach träge und nachlässig. Sie wünschen sich, lebhafter zu sein, sind dabei aber auf äußere Impulse und Stimuli angewiesen. Wenn sie aktiv werden, haben sie wenig Gespür für Wesentliches und Nebensächliches. Sie können mitunter sehr geschäftig sein und erreichen doch nichts. Viele ihrer Aktivitäten sind ohne Ziel und Zweck.

Viele NEUNER sind Fernseh-Liebhaber. Sie legen Wert darauf, daß das gewohnte Programm nicht gewechselt wird. Eine nicht planmäßig erfolgende Nachrichtensendung kann sie mitunter aus der Fassung bringen, weil dies die eingeschliffene Gewohnheit durchbricht. Ihre Reaktion darauf kann sein, daß sie einschlafen. Oft interessieren sie sich für Sport, Kartenspiele oder sammeln wertlosen Schnickschnack. Sie lieben ein ruhiges Leben und halten am Gewohnten und Vertrauten fest. Sie vermeiden neue und vielseitige Kontakte, da dies Spannungen mit sich bringen

könnte. NEUNER fühlen sich bei ihren alten Freunden wohl und hoffen, daß diese sie am Leben teilhaben lassen.
NEUNER regen sich nicht gern auf. Daher schieben sie oft Dinge auf und bringen dafür zweifelhafte Entschuldigungen vor. Sie neigen zur Unpünktlichkeit und vergessen Termine. Für sie geht die Zeit einfach vorüber, ohne daß sie wissen, wohin und wozu. Es ist für sie wichtig, daß die Zeit festgelegt ist. NEUNER fühlen sich wohl bei Routinearbeiten, da dies weniger Probleme und keine Entscheidungssituationen mit sich bringt. Sie sind bereit, etwas über den gewohnten Rahmen hinaus zu tun, werden jedoch erst ihre üblichen Aufgaben erledigen.
NEUNER haben bewundernswerte Züge. Allein ihre Anwesenheit kann schon beruhigend wirken. Ihr in keiner Weise bedrohliches Verhalten hilft anderen, zur Ruhe zu kommen und innerlich ruhig zu werden. Frieden und Harmonie sind ihre höchsten Werte, was für das Gruppenleben von nicht zu unterschätzender Bedeutung ist. Ihre erstaunliche Bereitschaft zum Zuhören kann Ruhe in eine turbulente Situation bringen. Die Probleme, die man ihnen anvertraut, können sie nicht so leicht erschüttern. Nur selten geben sie Ratschläge; aber sie helfen anderen, ihre Probleme in die rechte Perspektive zu rücken; dabei weisen sie auf überzogene Reaktionen in der jeweils gegebenen Situation hin.
NEUNER sind geborene Friedensstifter bei Familienzwistigkeiten und bringen es fertig, widerstreitende Parteien zur Versöhnung zu bewegen. Sie plädieren dafür, daß man sich erst einmal zusammensetzt und über die Streitpunkte diskutiert. In solchen Situationen können sie eine bemerkenswerte Unparteilichkeit an den Tag legen. Am meisten ist ihnen an Frieden und Harmonie im zwischenmenschlichen Bereich gelegen. Diese Werte dürfen durch nichts und niemanden beeinträchtigt werden. Für sie ist Friede immer möglich.
Für NEUNER werden die meisten der folgenden Aussagen zutreffen[15]:

1. Die meisten Menschen regen sich viel zu viel auf.
2. Die meisten Dinge im Leben sind keiner Aufregung wert.
3. Ich bin fast immer ruhig und friedfertig.
4. Ich liebe es, einfach mal nichts zu tun.
5. Ich bin ein ausgesprochen gutmütiger Mensch, mit dem man leicht umgehen kann.
6. Ich kann mich nicht erinnern, wann ich das letzte Mal eine schlaflose Nacht hatte.
7. Trotz einiger Unterschiede meine ich doch, daß die Menschen im Grunde alle gleich sind.
8. Normalerweise reagiere ich nicht mit allzu großem Enthusiasmus.
9. Es ist nichts so wichtig, als daß es nicht bis morgen warten könnte.
10. Ich brauche Anstöße, Impulse und Anregungen von außen, um mich engagieren zu können.
11. Ich hasse es, meine Energie für etwas zu verschwenden, und sehe immer zu, daß ich alles mit dem geringsten Kraftaufwand erreiche.
12. Meine Einstellung ist: Ich lasse mich nicht aus der Fassung bringen.
13. Ich kann gut ein neutraler Schiedsrichter sein; denn die eine Seite hat genauso viel für sich wie die andere.
14. Ich hasse Unruhe und Aufregung.
15. Normalerweise folge ich dem Weg des geringsten Widerstandes.
16. Ich bin stolz darauf, beständig zu sein.
17. Ich neige dazu, Dinge herunterzuspielen, um andere zu beruhigen.
18. Ich nehme mich selbst nicht zu wichtig.
19. Ich habe keine Schwierigkeiten, aufmerksam zuzuhören.
20. Ich sage mir: Warum soll ich stehen, wenn ich sitzen kann, und warum soll ich sitzen, wenn ich mich hinlegen kann?

2. Jesus im Spiegel des Enneagramms

Das vorausgegangene Kapitel ist als Hilfe zur Selbstfindung gedacht; möglicherweise sind Sie dabei auch auf manches Unangenehme gestoßen. Zugegeben, die Tatsache, daß jede der neun Persönlichkeitsgestalten fast ausschließlich unter dem Aspekt der für sie charakteristischen Fixierung beschrieben wurde, erweckt eher den Eindruck, als handele es sich um Stereotypen oder sogar um Karikaturen und nicht um wirkliche Personen. Es war jedoch die Absicht, jeden der typischen Zwänge als eine sich blind durchsetzende Macht darzustellen, die sie ja auch tatsächlich ist, um dadurch eine neue Entscheidungsfreiheit zu ermöglichen. Andererseits kann eine zu einseitige Konzentration auf den eigenen »Unheils-Typ« das innere Wachstum auch lähmen, indem sie ein negatives Selbstgefühl verstärkt oder Mißtrauen gegenüber den Typisierungen des Enneagramms hervorruft.

Um eine etwaige Einseitigkeit wieder auszugleichen, soll in diesem Kapitel die Persönlichkeit Jesu im Spiegel der neun Enneagramm-Typen dargestellt werden. Jesus, wie er uns im Neuen Testament begegnet, vereint alle positiven menschlichen Züge in seiner Person. Unter dieser Rücksicht werden auch die Schwachpunkte akzeptabler; sie sind gewissermaßen die Kehrseite der positiven Eigenschaften.

Warum sollte auch Jesus diese Typen des Menschseins in sich getragen haben? Die christliche Theologie stellt Jesus dar als den, der in seiner Person all das vereinigt hat, was zur Erlösung der Menschheit notwendig ist. Johannes von Damaskus (ca. 675–749) sagt: »Gäbe es irgend etwas in mir, das nicht aufgenommen wäre (durch das lebendige Wort Gottes), dann wäre es unerlöst.«[16] Konkreter Glaube an die Menschwerdung als Grundvoraussetzung der Erlösung bzw. des menschlichen Heils wird daran festhalten, daß Jesus wirklich ganz Mensch war wie wir, einschließlich der

Versuchungen und Schwächen, die damit gegeben sind, ausgenommen die Sünde.

Es stellt sich eine zweite Frage: Warum sollten in der Person Jesu alle neun Typen vereint sein? Hier gibt das Modell des Enneagramms selbst die treffendste Antwort: Jede Persönlichkeitsgestalt ist durch eine Fixierung charakterisiert, die in gewissem Sinn einen mißglückten Versuch darstellt, die positiven Eigenschaften oder das »Wesen des Menschseins« zu verwirklichen. Jede Persönlichkeitsgestalt hat nämlich einen positiven Aspekt des Menschseins in eine Fixierung verwandelt, indem dieser positive Aspekt ins Extrem getrieben wurde. Was eigentlich einen Teilaspekt des Menschseins darstellt, hat sich so zum einzigen, alles beherrschenden, letztgültigen Wert entwickelt. So etwas geschieht immer auf Kosten der ganzheitlichen Integration des Menschen. Die Fixierung ist insofern eine Sünde gegen die ganzheitliche Integration der menschlichen Persönlichkeit. Ein Teilaspekt, der zur Ganzheit des Menschseins beitragen soll, wird für die Essenz des gesamten Daseins gehalten.

In Jesus waren alle neun Gestalten des Menschseins vereint, aber er war ohne Sünde und daher ohne inneren Zwang, ohne Fixierung. Anstatt nur einen Teilaspekt der Lebensfülle für das umfassende Ganze zu halten, akzeptierte und verwirklichte Jesus alle Qualitäten des Menschseins. Er vermied es, *eine* positive Seite des Menschseins ins Extrem zu treiben, so daß sie nicht zu einem Zwang werden konnte. Deshalb konnten sich in seiner Person alle menschlichen Qualitäten voll entfalten. Weil er alle neun Weisen des Menschseins akzeptiert und ohne ihre zwanghaften Fixierungen in sich verwirklicht hat, wurde er zum Inbegriff wahren Menschseins, zum ersten »neuen Menschen« und für uns zum Vorbild auf dem Weg zur wahren inneren Freiheit.

Um die Persönlichkeit Jesu, wie sie im Neuen Testament dargestellt ist, im Licht des Enneagramms zu beleuchten, werden wir zu jeder der neun Persönlichkeitsgestalten des Enneagramms drei Fragen stellen:

1. Wie zeigen sich die positiven Züge dieses Enneagramm-Typs in Jesus?
2. Wie sieht die Entstellung dieser positiven Züge (die »Falle«) aus, die in der typischen Fixierung zur Auswirkung kommt?
3. Wie vermied Jesus diese »Falle», so daß er frei von innerem Zwang blieb?

Diese drei Fragen führen uns in einen für dialektisches Denken charakteristischen Prozeß von These, Antithese und Synthese. Diese drei Fragen sind ein Weg, dem Wesen Jesu ein wenig mehr auf die Spur zu kommen. Dazu werden nicht nur die neutestamentlichen Aussagen über Jesus und sein Verhalten herangezogen, sondern die gesamten Aussagen des Neuen Testamentes mit einbezogen.
Dieses Kapitel kann als eine Reihe von Meditationen des Christusbildes gelesen werden. Es soll ein Verbindungsglied zwischen dem Enneagramm und christlicher Spiritualität sein.

2.1 EINS: *Jesus hat Ideale*

Die positiven Eigenschaften der EINS können in der idealistischen Gesinnung Jesu gesehen werden. Er verstand sich als Erneuerer. Für ihn war die Welt noch nicht so, wie sie von Gott her gedacht war. Daher lag Jesus an ihrer Veränderung. Er faßte seine Erwartungen in dem Wort zusammen: »Ihr sollt also vollkommen sein, wie es auch euer himmlischer Vater ist« (Mt 5,48). Jesus selbst ist der Inbegriff aller Vollkommenheit. Er konnte von sich sagen, daß niemand ihm eine Sünde nachweisen könne (vgl. Joh 8,46). Er setzte sich für die rechte Ordnung der Dinge ein und bemühte sich darum, allen Menschen, die auf ihn hörten, seine Lehre zu verdeutlichen. Er war offen und direkt im Umgang mit Menschen. Jede Art der Täuschung oder des Betrugs war für ihn böse. Zu seinen Anklägern sagte er: »Ich habe offen vor aller Welt gesprochen ... Nichts habe ich im geheimen gesprochen» (Joh 18,20).

Jesus machte keine Unterschiede, sondern behandelte alle Menschen mit gleicher Wertschätzung. Die Geschichte von der Ehebrecherin (Joh 8,1–11) ist hierfür ein treffendes Beispiel. Die religiösen Führer suchten nach einem Grund, um Jesus zum Tod zu verurteilen. Sie wußten, daß er immer Vergebung und Erbarmen gepredigt hatte. Daher schleppen sie eine Frau zu ihm, von der sie behaupten, sie auf frischer Tat beim Ehebruch ertappt zu haben. Sie weisen darauf hin, daß Mose angeordnet hat, solche Frauen zu Tode zu steinigen (Dtn 22,22–24), und fragen Jesus nach seiner Meinung angesichts dieses Tatbestands. Jesus ist nicht an theologischen und exegetischen Diskussionen interessiert. Er fühlt vor allem mit dieser gedemütigten Frau. Sie hat falsch gehandelt; aber es ist nicht fair, sie deshalb auf diese Weise in der Öffentlichkeit bloßzustellen. Jesus spürt, daß den Anklägern gar nichts an der Frau liegt. Sie gebrauchen sie nur, um Jesus in eine Falle zu locken, wenn er gegen die Anordnungen des Mose Stellung bezieht. Eigentlich sind sie schlimmer als diese Frau; denn sie sind dabei, einen Mord an einem unschuldigen Menschen – nämlich Jesus – zu planen. Jesus sagt: »Wer von euch ohne Sünde ist, der werfe den ersten Stein.« Da gehen sie fort, einer nach dem anderen. Als er mit der Frau allein ist, sagt er zu ihr: »Frau, wo sind sie? Hat niemand dich verurteilt?» Sie antwortet: »Keiner, Herr!« Darauf sagt er zu ihr: »Auch ich verurteile dich nicht ...; geh, und sündige nicht mehr.«

Aufgrund ihrer charakteristischen Haltung der Fairneß und ihres Strebens nach Gleichbehandlung werden EINSER sich mit dem Verhalten Jesu in dieser Geschichte leicht identifizieren können. Gerade weil die Ankläger der Frau einflußreicher waren und öffentliches Ansehen genossen, sollten sie deswegen nicht auch noch über sie verfügen können. Obgleich die Frau moralisch versagt hat, hat sie Anspruch auf Respekt vor ihrer menschlichen Würde. Sie hat das gleiche Recht auf menschenwürdige Behandlung wie jeder andere, und es steht im Widerspruch zu diesem Recht, einen Menschen auf solche Weise zu gebrauchen.

Die Falle des Idealismus

Wenn jemand sich selbst als Idealist sieht, kann das eine Fülle von Energien in ihm binden und zu begründeter Selbstachtung führen. Einser strengen sich an, achten aufs Detail und haben ein waches Gespür für gut und böse. Sie streben nach Vollkommenheit und bereiten sich lange auf Entscheidungen vor, damit sie das Rechte tun. Solcher Idealismus kann mitunter zu einer fixen Idee werden; sie führt dann zur Intoleranz gegenüber den Fehlern und dem Versagen anderer und zur Ungeduld mit sich selbst.
In ihrem Bestreben, immer fehlerfrei zu sein, bemühen sich Einser, jeden Ärger zu verbergen. Innerlich bleibt er jedoch bestehen und wird mehr und mehr ins Unbewußte abgedrängt, wo er ungehindert weiterschwelt. Gelegentlich kann er sich in gereiztem Tonfall Luft machen. Einser sind dauernd mit der Tatsache beschäftigt, daß andere nicht so sind, wie sie sein sollten, und daß alles viel besser, idealer zu sein hätte. Da sie die gleiche idealistische Einstellung auch sich selbst gegenüber haben, stachelt ein »innerer Kritiker« sie ständig dazu an, an sich selbst herumzunörgeln. Sie versuchen, sich selbst zu vervollkommnen, anstatt sich zunächst einmal als unvollkommene Wesen zu akzeptieren. Ebensowenig können sie die Unvollkommenheiten anderer hinnehmen; sie halten es vielmehr für deren Pflicht, diese zu überwinden, damit ihr Verhalten als akzeptabel gelten kann.
Manchmal werden Einser so von ihren eigenen Fehlern und Schwächen niedergedrückt, daß sie verzagen. Das kann von der Einsicht herrühren, daß sie niemals genügend Zeit und Energie haben werden, um alles so zu tun, wie es eigentlich sein sollte. Sie wollen immer und überall Ordnung

haben, jede Störung der Ordnung und Sauberkeit bereitet ihnen Verdruß. Daher kann ihr Idealismus dazu führen, daß sie pedantisch werden und ständig gereizt sind. Mitunter sind sie überängstlich. All das erschwert den Umgang mit ihnen; vor allem aber machen sie sich dadurch selbst das Leben schwerer als nötig.

Mehr Optimismus zulassen

Die Falle der idealistisch gesinnten Eins liegt in der Überbetonung der Perfektion. Diese Falle des Perfektionismus hat Jesus vermieden; obwohl er ein Idealist war, hat er andere Menschen angenommen, wie sie sind. Die Vollkommenheit des himmlischen Vaters, die Jesus allen Menschen als Vorbild aufgezeigt hat, besteht im Erbarmen. So heißt es in der lukanischen Fassung der Bergpredigt: »Seid barmherzig, wie es auch euer himmlischer Vater ist« (Lk 6,36). Um etwas in der Welt zum Besseren zu bewegen, braucht es zuallererst Geduld und Toleranz gegenüber dem Unvollkommenen. Es braucht Menschen, die »die andere Wange hinhalten« (Lk 6,29), solche, die »noch eine Meile weiter mitgehen» (Mt 5,41), Menschen, »die Böses mit Gutem vergelten« (Lk 6,35; Röm 12,17). Diese Haltung des Erbarmens ist charakteristisch für Gott, »denn er läßt seine Sonne aufgehen über Bösen und Guten, und er läßt es regnen über Gerechte und Ungerechte» (Mt 5,45). Mitgefühl kann den Optimismus stärken, und zwar aus der einfachen Erwartung heraus, daß das Gute sich zuletzt doch durchsetzen wird, selbst wenn es in winzigen Schritten geschieht. Begegnet man einem wenig einfühlsamen, ungestümen Menschen sanft und freundlich, kann dieser davon betroffen werden und der Wunsch nach einer Verhaltensänderung in ihm wachgerufen werden. Menschen mit Erbarmen und Mitgefühl haben erkannt, daß der erste Schritt, einen Menschen zum Besseren zu bewegen, der ist, ihn zu lieben und anzunehmen, so wie er ist.

EINSER brauchen mehr Optimismus bei ihrem Streben nach Vollkommenheit. Als Menschen sind sie wie alle anderen den menschlichen Wachstumsgesetzen unterworfen, die man grundsätzlich annehmen muß. Sie müssen fähig werden zu sagen: »Ich brauche gar nicht fehlerfrei zu sein, um liebenswert zu sein. Gott hat mich geschaffen, und er hat keine Ausschußware produziert.« Jeder Mensch ist von Gott aus Liebe ins Leben gerufen, und er ist in einer bestimmten Zeitspanne der Geschichte ein einzigartiges Geschenk Gottes an diese Welt. Niemand gelangt zur Vollkommenheit durch vermehrte Eigenanstrengung. Jedes wirkliche Wachstum hängt von der Entfaltung der von Gott geschenkten Kräfte ab. Diese werden vor allem durch die Erfahrung aktiviert, daß ich bedingungslos geliebt bin; das zeigt sich an den Gaben, die ich und andere Menschen von Gott empfangen haben.

Durch diese positive Einstellung, wie Jesus sie gelehrt und gelebt hat, finden EINSER zu innerem Frieden. Trotz allem, was unvollkommen und schlecht in unserer Welt ist, gibt es viel Gutes, das es zu erhalten gilt und worüber man sich freuen kann. Es gibt sogar Anzeichen dafür, daß die Menschen auf dem Weg zum Besseren sind: Viele setzen sich heutzutage für Gerechtigkeit, Frieden und Bewahrung der Schöpfung ein. Daran wird deutlich, daß Gott in den Herzen der Menschen am Werk ist. Der auferstandene Christus ist in der Welt gegenwärtig, um alle Unordnung, Ungerechtigkeit und alles, was das Heil der Menschen bedroht, zu überwinden. Er ist das Haupt der Menschheitsfamilie und macht alle ihre Nöte zu seinen eigenen.

Im Leben und Schaffen des Alltags können EINSER durch Jesu Worte und Taten inspiriert werden, das Ganze im Blick zu behalten, anstatt sich in Einzelheiten zu verlieren.

Was immer sie zu einer menschenwürdigen und schönen Gestaltung ihrer Umgebung beizutragen vermögen, fügt sich in Gottes Plan für das Universum ein. Jesus identifiziert sich mit seinen Jüngern und Jüngerinnen und ihrem

Einsatz für das Gute. Seine Gegenwart ist jedoch kaum in der ängstlichen Stimme des »inneren Kritikers« zu erfahren, die EINSER oft mit der Stimme des Gewissens gleichsetzen. Statt auf diesen inneren Kritiker sollten sie mehr auf Gottes Wort in der Heiligen Schrift hören, auf Gottes Botschaft durch andere Menschen, denen sie begegnen, und auf die tiefen Sehnsüchte im eigenen Herzen.

EINSER müssen lernen, Gott auch in den Wünschen anderer Menschen am Werk zu sehen. Diese werden bemerkenswerterweise oft mit ihren eigenen Idealen übereinstimmen. Solche Wünsche oder Sehnsüchte des Herzens werden als eine Art »untergründiger Lebensstrom« erfahren, dem man durch die Kontemplation näherkommen kann. Solche kontemplativen Erfahrungen setzen die Fähigkeit zum Mitfühlen voraus; es befähigt einen Menschen, sowohl die eigenen Fehler und Schwächen als auch die der anderen anzunehmen und zu verzeihen.

EINSER erfahren mehr Lebensfreude, wenn sie sich die glücklichen Fügungen ihres Lebens immer wieder vor Augen halten. Sie müssen sich stets neu vergegenwärtigen, wie oft in ihrem Leben alles zu ihrem Besten ausgegangen ist. Das war keineswegs immer nur von ihren eigenen Anstrengungen, sondern von vielen anderen, verborgenen Faktoren abhängig. Was wir »göttliche Vorsehung« nennen, ist nicht immer nur ehrfurchtgebietend, sondern auch oft zum Schmunzeln. Dies wahrzunehmen und sich so oft wie möglich daran zu erinnern, hilft der EINS, ihre Ängste und Befürchtungen loszulassen und auf konkrete und praktische Weise auf Gott zu vertrauen.

2.2 ZWEI: *Jesus dient den anderen*

ZWEIER können in Jesus ohne Schwierigkeiten ein Vorbild für ihre starke Motivation zur Hilfsbereitschaft sehen. Jesus wußte sich von Gott gesandt, um anderen zu dienen; er sagte seinen Jüngern, daß wer der Erste unter ihnen sein wolle, zum Diener aller werden müsse (Mk 10,44). Solche Hingabe an andere schließt Herzlichkeit, Zeichen der Zuneigung und alle Formen der Gastfreundschaft ein, wie wir es an Jesus sehen, wenn er z. B. die Kinder in seine Arme schließt (Mk 10,16). Vor allem schließt der Dienst für andere das Eingehen auf die konkreten Nöte der Menschen ein.

Jesu Lehren über echten Bruderdienst sind in der Parabel vom barmherzigen Samariter zusammengefaßt (Lk 10, 30–37). Die Jesus nachfolgen, müssen sich selbst für ihre Mitmenschen zum Nächsten machen, indem sie die Initiative ergreifen und der Not abhelfen. Die Kirchenväter sahen in Jesus selbst den barmherzigen Samariter, weil er alle Menschen in Not als Nächste betrachtete. So wird Jesus in allen vier Evangelien dargestellt. Sein Herz reagiert unmittelbar auf die Nöte der Menschen. Manchmal ergreift Jesus auch ungebeten die Initiative und hilft den Menschen, z. B. bei der Hochzeit zu Kana (Joh 2,1–11) und bei der Erwekkung des jungen Mannes von Nain (Lk 7,11–15).

Jesus setzt sich sogar über die religiösen Vorschriften der Juden hinweg, wenn sie in einer konkreten Situation verhindern, den Menschen in Not zu helfen. Er sagt: »Der Sabbat ist für den Menschen da, nicht der Mensch für den Sabbat« (Mk 2,27). Ziel und Funktion aller religiösen Vorschriften, wie eigentlich aller Gesetze, ist es, den Menschen in ihren wirklichen Nöten zu dienen. Da es die vornehmste moralische Pflicht ist, die tiefsten Nöte der Menschen lindern zu helfen, müssen Gesetze so beschaffen sein, daß sie den Menschen dienen.

ZWEIER können sich leicht mit Jesu Einstellung zum Dienen identifizieren, weil sie von sich selbst das Bild eines helfenden Menschen haben. Ihre Hauptsorge gilt den Bedürfnissen anderer, und sie tun alles, um ihnen zu helfen. Sie können sich gut in andere einfühlen und sind sensibel gegenüber jedem, der ihnen begegnet. ZWEIERN ist es ein Anliegen, wo und wann immer sie mit anderen Menschen zusammen sind – selbst bei dienstlichen Versammlungen – Beziehungen und Kontakte zu knüpfen und andere zu erfreuen.

Die Falle der Abhängigkeit

In ihrem Bestreben zu helfen, handeln Zweier unbewußt aus dem inneren Drang heraus, eine Beziehung aufzubauen, die den anderen in Abhängigkeit bringt. Ihre Hilfsbereitschaft ist ihre bevorzugte Art, sich an andere zu klammern und die Aufmerksamkeit auf sich zu lenken. Unbemerkt schleicht sich Egoismus in ihre Hilfsbereitschaft ein. Die Zwei verlangt danach, für andere unentbehrlich zu sein, von ihnen beachtet und geschätzt zu werden. Deshalb kann sie mitunter zornig werden, wenn jemand keine Notiz davon nimmt, was sie alles für andere getan hat. Hand in Hand mit diesem starken Verlangen nach Anerkennung geht das Verleugnen und Verdrängen der eigenen Bedürfnisse. Zweier sagen und meinen tatsächlich auch, daß es ihnen nur darum geht, andere glücklich zu machen. In Wirklichkeit handelt es sich um eine tiefe Abhängigkeit von jenen Menschen, die auf sie angewiesen sind, sowie von deren Nöten, die sie zu beheben suchen. Sollte jemals ein Mensch, der einer Zwei viel bedeutet, zu sagen wagen, daß er ganz gut ohne ihre Hilfe zurechtkommt, dann können Zweier ziemlich verärgert und frustriert reagieren. Ihre Identität und ihr Selbstwertgefühl hängen nämlich davon ab, daß sie von anderen gebraucht werden.
Da allgemein menschliche Idealvorstellungen und vor allem die Werte des Neuen Testamentes die Sorge für den Nächsten stark betonen, werden Zweier ihren inneren Drang, anderen zu helfen, kaum für eine Untugend halten; um eine solche handelt es sich in diesem Fall nämlich. Sie sind von ihrer guten Absicht so fest überzeugt und werden deshalb weiterhin andere manipulieren, damit sie helfen

können und Aufmerksamkeit für ihre Fürsorge erhalten. In Wirklichkeit binden ZWEIER andere an sich, was sicher keine angemessene Motivation der Nächstenliebe ist.

DIE NÖTE DER ANDEREN ERKENNEN

Es zeugt von Weisheit, sich dessen bewußt zu sein, daß Liebe nicht »verdient« werden kann, weder die Liebe Gottes noch die anderer Menschen. Liebe ist ihrem Wesen nach freies Geschenk. Echte Liebe hängt weder davon ab, ob die anderen den eigenen Bedürfnissen entgegenkommen oder nicht, noch davon, ob man von anderen gebraucht wird. Menschen entscheiden sich in Freiheit, zu lieben oder nicht.

Unserem christlichen Glauben zufolge hat Gott sich frei entschieden, alle Menschen als seine Söhne und Töchter zu lieben. Die Menschen können seine Liebe durch keine noch so großen Leistungen verdienen. Die Erkenntnis, daß göttliche Liebe ein Gnadengeschenk ist, bedeutet: Wir sind liebenswert aufgrund dessen, was wir sind, und nicht aufgrund dessen, was wir für andere tun. ZWEIER tun gut daran, diese Wahrheit tief in sich eindringen zu lassen. Es ist für sie förderlich, anzuerkennen, daß auch sie selbst Wünsche und Bedürfnisse haben, die Gott erfüllen will, weil er sie liebt. Sie müssen sich selbst mehr lieben, um zu der Einsicht zu kommen, daß sie sich nicht ausschließlich auf die Bedürfnisse anderer konzentrieren können; dann gehen sie nämlich selbst in die Falle und benutzen ihre Hilfs- und Opferbereitschaft, um wiedergeliebt zu werden. Durch echte Selbstliebe, die die eigenen Bedürfnisse nicht verdrängen muß, werden sie mehr und mehr von Egozentriertheit befreit; diese besteht bei der ZWEI darin, sich selbst vorzutäuschen, ausschließlich für andere dazusein.

Eines der Bedürfnisse, denen ZWEIER unbedingt Rechnung tragen sollten, ist die Besinnung auf sich selbst. Nur so können sie ihre Beziehungen ohne Selbsttäuschung reflektieren und Gott erlauben, ihr Leben mit seinem Licht zu durchdringen. Sie neigen nämlich dazu, solches reflektierende Beten zu umgehen, weil sie ihre Zeit damit ausfüllen wollen, etwas für andere zu tun; das schließt auch Gott ein. Sie weigern sich, andere oder selbst Gott etwas für sie tun zu lassen. Meditatives Beten bedeutet für sie: nichts tun, und dabei fühlen sie sich nicht wohl. Im Mittelpunkt des christlichen Glaubens steht jedoch die Erkenntnis, daß Gott für uns sorgt. Die ganze Heilsgeschichte handelt davon, was Gott für die Menschen getan hat und noch tut. Es tut ZWEIERN gut, oft darüber nachzusinnen, was Erlösung für sie persönlich bedeutet, vor allem wie sie sich auf ihr Selbstverständnis auswirkt.

Indem sie auf Jesus als Vorbild der Hingabe schauen, sollten ZWEIER darüber nachdenken, wie oft Jesus die Menschen nach Hause entließ, nachdem er sie geheilt hatte. Er fesselte sie nicht durch seine Dienste an sich. Als z. B. der geheilte Besessene ihn bat, bei ihm bleiben und sein Jünger werden zu dürfen, verweigerte Jesus es ihm (Mk 5, 18 f.). Viele andere heilte Jesus und schickte sie anschließend nach Hause.

Andererseits gibt es im Neuen Testament nur wenige Wunder Jesu, die sich auf die physische Heilung beschränken. Es geht ihm eher darum, Mut und Vertrauen in den Geheilten zu stärken, damit sie zu Zeugen seiner Botschaft werden können. Er möchte sie in seine innige Beziehung zum Vater und zum Heiligen Geist hineinnehmen.

Dennoch will Jesus mehr, als nur seine Jünger für die Teilnahme an seiner Sendung vorbereiten. Er investiert viel Zeit, um ihnen persönlich nahe zu sein, und zeigt ihnen immer wieder, wie sehr er sie liebt. Er sagt ihnen sogar, daß auch er ein Bedürfnis nach ihrer Zuneigung hat. Sehr eindrucksvoll zeigt sich Jesu Sehnsucht nach Liebe, als er Petrus dreimal fragt: »Liebst du mich ...?« (Joh 21, 15–17). Seine Liebe gründet nicht in dem Verlangen, wiedergeliebt zu werden für das, was er ihm an Gutem erwiesen hat, sie gründet vielmehr in inniger Zuneigung. Jesus macht sich selbst zum Geschenk für seine Jünger. Das ist etwas anderes, als nur für ihre Nöte zu sorgen. Zuerst will er ihr Freund sein. »Vielmehr habe ich euch Freunde genannt; denn ich habe euch alles mitgeteilt, was ich von meinem Vater gehört habe« (Joh 15, 15). Auch die Jünger verlangen nach Jesu Nähe. Ihr Bedürfnis nach inniger Gemeinschaft mit ihm findet seinen Ausdruck darin, daß sie nach seiner Auferstehung ganz intensiv seine besondere Nähe erfahren, wenn sie sich in seinem Namen versammeln (Mt 18, 20). Um seine Gegenwart zu erfahren, verbringen sie Zeiten des Gebetes, der Erinnerung an Jesu Erdenleben, gemeinsame Mahlzeiten und Zeiten der Geselligkeit miteinander. Aus dieser Erfahrung inniger Gemeinschaft mit dem Auferstandenen erwächst Begeisterung. Man möchte mit anderen das teilen, was man durch den Geist Jesu empfangen hat. All dies kann ZWEIERN helfen, der tiefen Wahrheit innezuwerden, daß echte Liebe letztlich in der innigen Gemeinschaft besteht und nicht primär aufgrund von Dienstleistungen erlangt wird.

2.3 DREI: *Jesus ist kein Feind des Erfolges*

Jesus setzte um seiner Sendung willen alle Kräfte und Energien ein. Er wählte Mitarbeiter aus, die seinen Auftrag fortsetzen sollten, übertrug ihnen Autorität und Verantwortung und erwartete von ihnen uneingeschränktes Engagement. Für Jesus gab es nur ein Ziel: das Reich seines Vaters erfahrbar zu machen. Er überließ es nicht dem Zufall, sondern berief Jünger, um ihm dabei zu helfen. Er sandte sie zu zweit voraus in die Orte, wohin er selbst kommen wollte (Lk 10, 1 f.). Sie sollten die Menschen auf sein Kommen vorbereiten, damit sie ihn voll Sehnsucht erwarteten.
Jesus war eine kraftvolle Führungspersönlichkeit; er ermutigte und inspirierte seine Jünger, sich ihm ganz anzuvertrauen. Jesus verstand es ausgezeichnet, auf Männer und

Frauen gleichermaßen unvoreingenommen zuzugehen. Lukas betont, daß Frauen ihm folgten und ihn und seine Jünger mit dem unterstützten, was sie besaßen (Lk 8,3). Jesus hatte eine hohe Sensibilität für seine Wirkung auf andere. Er erweckte Staunen und Verwunderung und konnte Menschen für sich gewinnen. Er nahm auf vielerlei Weise Kontakt mit den Menschen auf.

Trotz seiner ungeheuren Popularität während seines öffentlichen Wirkens war Jesus darauf bedacht, dem Beisammensein mit seinen Jüngern viel Raum zu geben. Er hatte sie persönlich erwählt. Sie brauchten eine solide Grundlage, damit sie seine Sendung weiterführen konnten. Jesus wollte nicht, daß die Begeisterung für ihn nur ein Strohfeuer blieb. Er bereitete die Zwölf auf ihre Sendung vor. Sie sollten von der gleichen Gesinnung beseelt sein wie er. Jesus schränkte den Bereich seiner Mission auf das relativ kleine Gebiet Israels ein. Seine Jünger bereitete er jedoch darauf vor, in die ganze Welt hinauszugehen. Alle Völker sollten von seiner frohen Botschaft erfahren.

Als zielorientierte Menschen werden DREIER diese Züge in Jesu Verhalten als inspirierend für ihr eigenes Leben ansehen. Wenn sie gelegentlich darauf aufmerksam gemacht werden, daß das Leben mehr ist als aller Erfolg, können sie sich in diesem Punkt auf Jesus berufen, der seine Mission zum Inhalt seines Lebens gemacht hat, ja sogar Heimat und Familie dafür aufgegeben hat. Er ruhte nicht bis zu seinem letzten Atemzug, damit alles, was der Vater ihm aufgetragen hatte, erfüllt wurde. Und so konnte er am Kreuz ausrufen: »Es ist vollbracht« (Joh 19,30).

DIE FALLE EINSEITIG ERFOLGSORIENTIERTER

Sein Leben einseitig auf Erfolg auszurichten, birgt Gefahren in sich; denn es kann dazu führen, daß man diesem einen Wert alle übrigen unterordnet, z. B. auch das eigene Leben und das anderer. Das Leben bekommt dann so viel Wert wie die eigenen Erfolge, nicht mehr und nicht weniger. Familie, tiefere menschliche Beziehungen und kulturelle Werte sowie zweckfreie Muße werden vernachlässigt. Da DREIER primär auf Erfolg ausgerichtet sind, benutzen sie andere Menschen oft als Mittel zum Zweck. Wenn sich diese dagegen wehren, werden sie einfach ignoriert. Erweist sich eine Unterhaltung oder eine Versammlung als unnütz im Hinblick auf einen angestrebten Erfolg, fühlen sich DREIER gelangweilt; denn an sozialen Beziehungen an sich, an Interessen- und Erfahrungsaustausch liegt ihnen nicht viel.

Ohne sich recht darüber im klaren zu sein, wie sich das auf ihre Persönlichkeit auswirkt, neigen DREIER zu einem Roboter-Dasein. Sie blenden ihre Ängste, Zuneigungen und überhaupt alle Gefühle aus, um sich vital und enthusiastisch zu präsentieren, wenn es um erfolgversprechende Geschäfte geht. Als Folge davon kann ihnen der Kontakt mit dem normalen menschlichen Leben verlorengehen. Sie werden blind für das Leid um sich herum oder für die Erfahrungen anderer Menschen, weil sie zu sehr auf ihre eigenen Ziele konzentriert sind. Sie können auch ziemlich intolerant werden, wenn ihre Mitarbeiter Zeit mit Unterhaltung vergeuden, wenn sie unvorbereitet zu einer Sitzung erscheinen oder auf andere Weise erkennen lassen, daß ihr Herz nicht einzig und allein für die Ziele des Unternehmens schlägt.

Wenn Erfolg und Leistung im Leben eines Menschen zum ein und alles werden, kreisen alle Gedanken und Gefühle um diesen Mittelpunkt. Es bleibt dann wenig Raum für etwas, das nicht unmittelbar auf Erfolg ausgerichtet ist. Viele Talente bleiben ungenutzt, z. B. die Fähigkeit, andere zu unterhalten oder Gefühle auf kreative Weise auszudrücken. Das läuft schließlich darauf hinaus, daß sich DREIER vollständig mit dem identifizieren, was sie leisten. Sie sagen sich: »Ich bin ein Geschäftsmann, ein Beamter, ein Manager ...«. Zu anderen Menschen möchten sie einzig aufgrund ihrer Rolle bzw. ihrer Funktion in Beziehung treten und nicht aufgrund ihres einzigartigen Wertes als Mensch. Wenn ein solcher Mensch aus Krankheitsgründen frühzeitig in Pension gehen muß, wird er in seinem Leben keinen Sinn mehr sehen, nichts mehr, für das zu leben sich noch lohnte. Mißerfolg und Leistungsunfähigkeit können sie völlig zerstören.

Mißerfolge akzeptieren können

Jesus war ein hochmotivierter Mensch, von Gott gesandt, ein großes Werk zu vollbringen, aber er hatte auch viel Leid und Mißerfolg auf sich zu nehmen. Das Scheitern seiner Sendung wurde bei der Speisung der Fünftausend offenbar. Als Reaktion auf das Speisungswunder versuchte das Volk, Jesus zum politischen Führer zu machen (Joh 6, 15). Daran wurde nur zu deutlich, daß sie trotz seiner Unterweisungen noch immer nicht verstanden hatten, worum es ihm eigentlich ging. Das war ein Mißerfolgserlebnis für Jesus. Darauf, so heißt es, verließ er Galiläa und verbrachte den Rest seines öffentlichen Lebens in Judäa, vor allem in Jerusalem, wo er sich mit den etablierten religiösen Führern öffentlich auseinandersetzte. Sein Mißerfolg in Galiläa hatte ihn keineswegs entmutigt, sondern er setzte sich von da an noch mehr in der Öffentlichkeit ein. Er hatte gelernt, bei dem Bemühen, Menschen für seine Werte zu begeistern, auch Mißerfolge hinzunehmen.
Jesus kann für Dreier ein Vorbild sein, sich dem zu stellen, was sie am allermeisten fürchten, nämlich einem Mißerfolg. Nicht Erfolg um jeden Preis lernen sie von ihm, sondern sich so zu geben, wie sie sind, selbst wenn andere sich deswegen von ihnen zurückziehen. In ihrer Entschlossenheit zum Erfolg sind Dreier leicht versucht, nicht nur mit sich selbst, sondern auch mit anderen faule Kompromisse zu schließen.
An Jesus wird deutlich, wie wichtig es ist, nicht um seiner Ziele willen seine persönliche Integrität aufs Spiel zu set-

zen. Jesus hätte anders handeln können. Er hätte sich zum König von Israel machen lassen können. Er hätte dies noch mit dem Argument rechtfertigen können, daß mit der Übernahme des Königtums seine Macht und sein Einfluß viel größer wären, was schließlich der Verwirklichung des Reiches Gottes zugute käme. Damit hätte er der Versuchung des Bösen nachgegeben, dem er jedoch mit aller Entschiedenheit widerstand, wie die Versuchungsperikope zeigt. Ein Abweichen von seiner Sendung hätte für ihn das gleiche bedeutet wie die Verehrung des Bösen (Lk 4, 1–12). Darüber hinaus wäre dies ein Mißbrauch jener Macht gewesen, die Gott ihm als Messias gegeben hatte.

Dreier müssen sich stets vor Augen halten, daß der Zweck nicht die Mittel heiligt. Die Tatsache, daß unsere heutige Gesellschaft dem Erfolg sehr großen Wert zumißt, untergräbt vielfach dieses moralische Prinzip. Wie oft gilt kalter Krieg als Mittel zum Frieden, wird Gewalt angewandt zur Verteidigung der Menschenrechte, und wieviel Betrug und Spionage gibt es im Dienste der nationalen Sicherheit!

Jesus lehrte die Menschen, nicht ihre wahren Absichten durch trügerische Taktiken zu verschleiern. Er bestand auf Wahrhaftigkeit, sogar mit dem Risiko, seine Ziele und Pläne nicht zu erreichen. Sein Tod am Kreuz zeigt, daß er bis zuletzt lebte, was er lehrte. Als er, am Kreuz hängend, sah, daß nahezu alles, wofür er sich eingesetzt hatte, erfolglos geblieben war, empfahl er seinen Geist in die Hände des Vaters (Lk 23, 46). Noch in seinem Sterben bezeugte er, daß er keinen seiner Werte preisgab, nur um in den Augen anderer als erfolgreich zu gelten.

2.4 Vier: *Jesus ist einfühlsam*

Vierer sehen in Jesus den Anwalt aller mißverstandenen Menschen. Er klagte seinen Jüngern wiederholt, daß selbst sie ihn nicht begriffen. Ursache dieses Gefühls, mißverstan-

den zu werden, war seine hohe Sensibilität. Er spürte die Tragik und das Elend der Menschen im eigenen Herzen.
Im Neuen Testament gibt es viele Beispiele, die uns Jesus als einen Menschen von außergewöhnlichem Mitgefühl zeigen. Er hatte Mitleid beim Anblick der Witwe von Nain, die ihren einzigen Sohn zu Grabe trug (Lk 7, 13). Er weinte mit denen, die um seinen Freund Lazarus trauerten (Joh 11, 35). Nach der Heilung der gekrümmten Frau, die schon achtzehn Jahre an ihrer Krankheit litt (Lk 13, 10–17), wird Jesus von den religiösen Autoritäten getadelt, weil er sie am Sabbat geheilt hatte. Jesus hielt ihnen entgegen, daß sie größeres Einfühlungsvermögen für einen in die Grube gefallenen Ochsen hätten als für diese arme Frau.
Infolge seiner hohen Sensibilität hatte er ein waches Gespür für die symbolische Ausdruckskraft, wie es für VIERER charakteristisch ist. In beeindruckender Weise konnte er die Erfüllung der Schriften erklären, indem er z. B. darauf hinwies, daß seine Kreuzigung der Errichtung der ehernen Schlange in der Wüste gleiche (Joh 3, 14 f.). Als er in Jerusalem einzog, ritt er auf einem Eselsfüllen, um als Sohn Davids erkannt zu werden (Mt 21, 1–11). Er durchschaute die Hohlheit der Religion seiner Zeit, in der er aufgewachsen war, das starre Haften am Gesetz, um Gott durch Verdienste zu manipulieren. Er kämpfte gegen die Verachtung für »unrein« erklärter Mitmenschen, nur weil sie an Aussatz litten oder Prostituierte waren. Er setzte sich für die ein, die in der Gesellschaft nichts galten, besonders immer wieder für Frauen. Jesus ging einfühlsam mit den Menschen um, z. B. mit der Sünderin im Haus Simons, des Pharisäers (Lk 7, 36–50), oder mit der heidnischen Frau, die ihn bat, ihre besessene Tochter zu heilen (Mk 7, 24–30). Jesus fürchtete sich nicht, durch seinen Kontakt mit Sündern und solchen, die sich nicht an das Gesetz hielten, sein öffentliches Ansehen zu riskieren. Auch sie waren für ihn Menschen mit gleicher Würde, und er war immer bereit, auf sie zuzugehen.
Die Jünger waren in der traditionellen Gesetzesreligion auf-

gewachsen, nicht in einer Religion der Liebe. Gottes Wort bedeutete für sie eher Gesetz als Liebe. So mißverstanden sie Jesus oft; denn was er lehrte, gründete in einfühlender Liebe. Ein Beispiel für ihre mangelnde Einfühlung ist die lieblose Kritik an der Frau von Bethanien, die das kostbare Öl über Jesu Haupt ausgoß (Mt 26,6–13). Sie nannten das Verschwendung. Hätte man nicht statt dessen das Öl teuer verkaufen und den Erlös den Armen geben können? Wieder einmal war Jesus mißverstanden worden. Die Jünger hatten nicht das geringste Verständnis dafür, wie ihm zumute war so unmittelbar vor seinem Tod; sie gönnten ihm nicht diese Geste mitfühlender Liebe. Jesus hingegen verteidigte diese Frau und ihr Handeln, indem er sagte, daß sie es für ihn getan habe und deshalb ihrer gedacht werde, wo immer das Evangelium verkündet wird, bis zum Ende der Zeiten.
Während seiner Passion war Jesus zutiefst betrübt darüber, daß seine Jünger so wenig mit ihm fühlen konnten, was es für ihn bedeutete, nicht nur sein gesamtes Lebenswerk scheitern zu sehen, sondern auch dem entsetzlichen Haß der Soldaten und derer, die ihn gefangenhielten, ausgesetzt zu sein. Er zeigte ihnen beim Letzten Abendmahl, wie sehr er darunter litt, daß er von ihnen fortgehen mußte. Später, in der Stunde der Todesangst in Gethsemani, schliefen seine liebsten Freunde Petrus, Jakobus und Johannes ein, einen Steinwurf weit von ihm entfernt, während er in Todesangst Blut schwitzte (Mt 26,36–40).

Die Falle der Melancholie

Die Falle der Vierer ist die Melancholie. Sie sind nicht nur äußerst sensibel gegenüber allen Verletzungen und allem Mißgeschick, sondern rufen sich solche negativen Erfahrungen auch immer wieder ins Gedächtnis zurück. Ihre Lebensgeschichte mit all den tragischen Erfahrungen sehen sie als ungeheuer bedeutsam an. Sie fühlen sich als etwas Besonderes, gerade weil sie von anderen vernachlässigt und

im Stich gelassen wurden oder nicht genügend Wertschätzung erfahren haben.
Sie neigen zur Arroganz und bilden sich etwas ein auf ihre Exklusivität und ihre tiefgründige Art, Freude und Trauer zu empfinden. Sie kultivieren einen persönlichen Stil, der manchmal gekünstelt wirkt. Gegebenenfalls können sie ihr Verhalten und ihre Reaktionen daheim vor dem Spiegel einüben, um so ihre Einzigartigkeit zur Geltung zu bringen. Sie neigen dazu, anderen Eleganz, Gepflegtheit und Anstand abzusprechen. Das macht sie oft eingebildet und erweckt den Eindruck, daß sie mehr Sensibilität vortäuschen, als sie besitzen.
VIERER haben einen Hang zum Selbstmitleid, um die Aufmerksamkeit auf sich zu ziehen, da sie von tragischen Ereignissen heimgesucht wurden. Sie meinen, andere würden niemals verstehen, was und wieviel sie im Leben mitgemacht haben. Trotz aller Melancholie werden sie sich nie jemandem anvertrauen aus Angst, nicht verstanden zu werden. Das erschwert es erheblich, einer VIER wirklich nahezukommen und eine intensive Freundschaft aufzubauen.

SELBSTMITLEID VERMEIDEN

Wie alle VIERER war Jesus »ein Mann der Schmerzen«; aber er verfiel nicht der Melancholie und dem Selbstmitleid. Er sah sich nicht als tragische Figur, sondern wußte sich auf dem Weg in die Herrlichkeit des Vaters. Er erzählte seinen Jüngern von seiner bevorstehenden Passion und seinem Tod, und gleichzeitig sprach er von seiner Auferstehung von den Toten (Mk 8,31 f.). Er deutete seinen Tod als »Taufe«, die ihm neue Lebenskraft zur Erlösung der Menschen verlieh und die er an seine Jünger weitergeben wollte. Er ging für andere in sein Leiden und Sterben. Obgleich der »Fürst dieser Welt« zu triumphieren schien (Joh 14,30), würde er nur einen kurzlebigen Sieg erringen. Im letzten war es Jesus, der den Sieg über Sünde und Tod davontrug.

Seine Jünger verstanden ihn nicht, wenn er ihnen seine Gedanken über sein bevorstehendes Leiden und seinen Tod, durch den er in seine Herrlichkeit eingehen würde, anvertraute. Sie begriffen nicht, daß das Reich Gottes durch Jesu Tod kommen sollte. Petrus nahm Jesus beiseite und sagte zu ihm: »Das darf dir nicht geschehen!« (Mt 16,22), als ob die Jünger ihn vor seinen Feinden hätten schützen können. Jesus reagierte sehr schroff auf den Protest des Petrus; denn was Petrus da sagte, stand dem entgegen, was Gott von ihm wollte. Daher wandte er sich an die übrigen Jünger und sagte ihnen, daß auch sie bereit sein müßten zu leiden wie er (Mt 16,24–27). Jesus vermied es, sich als einsame tragische Gestalt darzustellen. Seine Jünger müssen sich ihm angleichen in der Bereitschaft zu leiden und ihr Leben hinzugeben für das Reich Gottes.
Jesus sah die Verschwörung gegen sich wachsen; dennoch floh er nicht, um sich und seine Jünger in Sicherheit zu bringen. Er ging seinen Verschwörern entgegen, indem er nach Jerusalem zog und sich ihnen stellte. Er führte mit ihnen Streitgespräche und gab sich ihnen persönlich zu erkennen. Er begann nicht zu grübeln, weil andere gegen ihn waren, ihn haßten und seine Unschuld und Güte nicht sahen; vielmehr suchte er Kontakt mit Menschen, solange sich die Möglichkeit dazu bot. Wenn er schon nicht ihre Herzen durch das Wunder der Heilung erreichen konnte, versuchte er doch ihre Vernunft durch Logik zu überzeugen. Jesus war kein weichlicher Mensch, sondern ein Mann, der sich den Realitäten stellte.
Neben seinen vielen anderen Qualitäten verfügte er über den klaren Verstand eines Gelehrten, obgleich er nie eine Eliteschule besucht hatte.
Als seine Feinde sich gegen ihn zusammenrotteten, setzte er unbeirrt seine Aktivitäten in der religiös-politischen Metropole Jerusalem fort.
Traurigkeit und Selbstmitleid verleiten VIERER oft zu Passivität und einem verzweifelten Festklammern an andere,

um verstanden und geschützt zu werden. Jesus tat das Gegenteil. Er wurde aktiver und löste sich von seinen Jüngern. Anstatt sich in seinen letzten Tagen vor seiner Gefangennahme an sie zu klammern, versuchte er, sich vorzubereiten und zu stärken für das, was auf ihn und damit auch auf sie zukam. Er sah sich selbst als Hirten, dessen Schafe sich zerstreuten (Mk 14, 27 f.). Er hielt die Jünger an, einander zu bestärken, vor allem indem sie einander liebten, wie er sie geliebt hatte (Joh 13, 33–35).

Jesus gab seinen Jüngern die Macht, zu vergeben und in anderen Menschen Heil und neues Leben zu wecken. Sie sollten diese Macht durch symbolische Gesten und Worte, ähnlich den seinen, ausüben, etwa als er seine Finger in taube Ohren legte (Mk 7, 33), einen Brei aus Speichel und Erde rührte und damit blinde Augen sehend machte (Joh 9, 6) oder seine Energie von sich aus auf die blutflüssige Frau überströmen ließ, die nur sein Gewand berührt hatte (Lk 8, 49 f.) Er inspirierte die Jünger, seinem Beispiel zu folgen, indem sie die erstarrte Religion mit Leben erfüllten. So konnte die Kraft seines Herzens in die Welt hineinwirken, die oft so herzlos und ohne Erbarmen ist.

2.5 Fünf: *Jesus liebt die Weisheit*

Fünfer können sich mit Jesus identifizieren, insofern er den Sinn des Lebens darin sieht, wirkliche Weisheit zu erlangen. Sie würden vermutlich Sokrates' Ausspruch zustimmen: »Unbewußtes Leben ist nicht lebenswert.« Jesus war ein Mensch, der viel nachdachte im Licht des Geistes, den Gott in sein Herz gegeben hatte. Er verbrachte viele Stunden allein im Gebet und teilte seine Erfahrungen mit seinen Freunden (Joh 15, 15). Er entdeckte die Wahrheit mitten im konkreten Leben in den »Zeichen der Zeit« (Lk 12, 56) und lud andere dazu ein, das ebenfalls zu tun. Er lehrte, daß es keineswegs genügt, die tradierte Lehre anzunehmen, um ins

Reich Gottes einzugehen; man muß vielmehr die Bedeutung und die Zusammenhänge der Ereignisse erkennen.
Jesus durchschaute alle Ungereimtheiten, alle Verstellung und Falschheit der Menschen. Er sah, daß sie in ihrer religiösen Praxis dringend Kriterien brauchten, um unterscheiden zu können, was in Gottes Augen mehr und was weniger wichtig ist. Einige dieser Kriterien sind in der Bergpredigt bei Matthäus zusammengefaßt (Mt 5–7). Sie bildet eine solide Grundlage der Weisheit, auf die die Jünger ihr Leben aufbauen können (Mt 7,24). Die auf ihn hörten, fanden in seiner Lehre eine belebende Frische, weil er aus eigenen Erfahrungen und Überzeugungen sprach, mit »göttlicher Vollmacht« und nicht wie ihre religiösen Führer, die immer nur fremde Autoritäten und Meinungen zitierten (Mt 7,29). Er forderte seine Gegner heraus, sich von ihm in die Wahrheit einführen zu lassen, eine Wahrheit, die sie frei machen würde (Joh 8,31 f.).
Jesus hatte Eigenschaften einer FÜNF, wenn er seine Einsichten in kurzen und prägnanten Aussagen zusammenzufassen wußte: »Richtet nicht, dann werdet ihr nicht gerichtet« (Mt 7,1), »Viele aber, die jetzt die Ersten sind, werden dann die Letzten sein« (Mk 10,31); »Mein Joch drückt nicht, und meine Last ist leicht« (Mt 11,30). Er hatte eine Vorliebe für Symbole und Vergleiche; er lehrte die Menschen mit Hilfe von Bildern, z. B. als er sie vor dem »Sauerteig« der Pharisäer warnte (Mk 8,15) oder sie aufforderte, ihre »Lenden umgürtet« zu halten, um für die Ankunft des Herrn bereit zu sein (Lk 12,35), oder als er ihnen sagte, daß seine »Speise« darin bestehe, den Willen Gottes zu erfüllen (Joh 4,34). Jesus war kreativ im Vermitteln der Wahrheit, die er in seinem Leben entdeckt hatte, und er verhieß seinen Jüngern, daß auch in ihnen eine Quelle lebensfördernder Kreativität hervorsprudeln würde zum Segen der Menschen (Joh 7,37). Jesus war wirklich ein Mann der Weisheit, der seine Jünger in eine Weisheit einführte, durch die Gott selbst sie in ihren Herzen erreichen konnte.

Die Falle der Zurückgezogenheit

In ihrem Bestreben, durch privates Studium und Reflexion Wissen zu erlangen, neigen Fünfer dazu, in die Falle der Zurückgezogenheit zu gehen. Sie scheuen davor zurück, sich Gruppen oder sozialen Einrichtungen anzuschließen, und verhalten sich mitunter zynisch gegenüber Menschen, die ihrer Meinung nach bloße Allgemeinplätze vertreten und nie eine Sache gründlich studieren. Um Weisheit zu erlangen, ist viel Zeit zur Entfaltung von Ideen nötig. Fünfer geizen daher mit ihrer Zeit und wollen sie nicht mit anderen teilen. Sie behaupten, daß ihnen an Festen und Feiern nichts liege, da sie oberflächlich und langweilig seien. Selbst in Gesellschaften sind sie oft mit ihren eigenen Gedanken beschäftigt und wirken infolgedessen nach außen hin unbeteiligt oder kühl. Sie erwecken den Eindruck, daß sie mehr wissen, als sie sagen, und irritieren andere zuweilen durch ihr Schweigen und ihre Reserviertheit.

Fünfer sind jedoch nicht immer schweigsam. Wenn sich ihnen eine Gelegenheit bietet, geben sie eine ausführliche Darlegung dessen, womit sie sich in Gedanken beschäftigen. Sie lieben es, ihren Gegenstand in Form einer Abhandlung mit sorgfältig gegliederten Punkten zu präsentieren und in höchster Klarheit zu entfalten. Dabei finden sie oftmals kein Ende, so daß andere nervös werden oder einfach abschalten. Sobald Fünfer merken, daß nicht angemessen gewürdigt wird, was sie zu sagen haben, ziehen sie sich um so mehr in ihre Gedankenwelt zurück, wo sie sich ohnehin am meisten zu Hause fühlen.

Jesus – ein Mensch, der sich für andere einsetzt

Obgleich Jesus ein Mensch war, der viel nachdachte, vermied er die Falle der Fünfer. Er begann sein öffentliches Leben mit einer kleinen Gruppe enger Freunde, mit denen er alles teilte, was Gott ihm in seinem Herzen offenbarte (Joh

15, 15). Er zog sich oft an einsame Orte zurück, wurde aber nie ungehalten, wenn die Jünger ihn in seiner Einsamkeit aufsuchten (Mk 1, 35–38).

Er teilte ihnen nicht alles auf einmal mit, sondern eher, wie ein guter Pädagoge, schrittweise. Das wird deutlich in seinen Jüngerunterweisungen über die Nächstenliebe, dem Herzstück seiner Botschaft. Zuerst stellte Jesus heraus, daß schon im Alten Testament alle Gebote auf das Doppelgebot der Gottes- und Nächstenliebe zurückgehen (Lk 10, 25–28). Dann sagte er, daß das Gebot der Liebe zum Mitmenschen gleichrangig ist dem Gebot der Gottesliebe. Danach zeigt Jesus seinen Jüngern, wer eigentlich der Nächste ist, den sie lieben sollen, und er macht ihnen deutlich, daß der Nächste jeder Mensch in Not ist. Er sagt ihnen, daß sie sich selbst zum Nächsten machen müssen für die notleidenden Menschen (Lk 10, 30–37). Schließlich zeigt er seinen Jüngern, daß sie ihn selbst lieben, wenn sie Menschen in Not helfen; und dieses Kriterium entscheidet darüber, ob sie am letzten Tag unter die Gerechten gezählt werden (Mt 25, 31–46). Unmittelbar vor seinem Tod fügte Jesus seinen Lehren über die Liebe zum Nächsten noch »das neue Gebot« hinzu, daß sie einander lieben sollen, wie er sie geliebt habe, und daß man sie daran als seine Jünger erkennen werde (Joh 13, 34 f). Jesus betet für seine Jünger, damit sie eins seien, wie er mit dem Vater eins ist. Durch diese Einheit aller an ihn Glaubenden in Wahrheit und Liebe würde die Welt zum Glauben kommen, daß er der von Gott Gesandte ist (Joh 17, 20–23). Die Jünger beherzigten seine Lehre; denn nach der Auferstehung legte die frühe Kirche vor allem großen Wert auf Jesu Gebot der Liebe zum Nächsten (1 Thess 3, 12 f).

Jesus vermied Abhandlungen über Lehrmeinungen anderer, wenn er die Menschen auf den Straßen und in den Synagogen lehrte. Er erzählte ihnen Geschichten in Form von Gleichnissen. Sicher ist es ihm nicht immer leichtgefallen, es seinen Zuhörern zu überlassen, in welchem Maße sie

verstanden, worauf es ihm ankam, und wieweit sie das Erkannte in ihr Leben umsetzten. Er mußte sie dort abholen, wo sie standen, wenn er sie überhaupt erreichen wollte. Die Zuhörer Jesu von damals haben sicher seine Predigten nicht mitgeschrieben, aber die einfachen Geschichten prägten sich ein, so daß sie später immer mehr der darin verborgenen Weisheit auf die Spur kommen konnten. Und doch erwartete Jesus von seinen Jüngern, daß sie die Bedeutung der Gleichnisse erkannten, sonst konnte er auch über sie enttäuscht sein (Mt 13, 14–16). Jesus war voll tiefer Weisheit, und es lag ihm daran, daß auch seine Jünger zur Weisheit fanden. Doch hatte er immer Geduld mit ihnen. Als hervorragender Lehrer konnte er sehr einfach und volkstümlich sprechen im Unterschied zu Paulus, der einen Brief (Eph 1) mit der theologischen Entfaltung der gesamten Heilsgeschichte bis zum Ende der Zeiten begann.
Jesus war kein Denker im Elfenbeinturm, sondern er bemühte sich ernstlich um die Menschen und liebte sie, so wie sie waren. Er kannte weder Reserviertheit noch Zynismus, in die FÜNFER leicht verfallen. Er war offen für Fragen und nahm diejenigen, die sie stellten, ernst, auch wenn die Fragen wenig geistreich erschienen, z. B. als er vor seiner Himmelfahrt gefragt wurde, ob er nun das Königreich Israel wieder aufrichte (Apg 1, 6). Eine FÜNF hätte bei dieser Gelegenheit vermutlich die Geduld verloren. Jesus jedoch entdeckte in allen Fragen eine Chance, den Menschen etwas zu vermitteln, was ihm wichtig war. Im Gespräch mit der Frau am Jakobsbrunnen führte er deren Fragen jeweils auf eine tiefere Ebene, obgleich manche von ihnen nicht sehr geistreich waren. Trotzdem blieb er mit der Frau im Gespräch, was ihm sicherlich einiges an Geduld abverlangt hat. Schließlich führte er sie dahin, ihren Glauben an den Messias zu bekunden und zu erkennen, daß er selbst es war (Joh 4, 7–26).
Manchmal hat es den Anschein, als konzentriere sich das Neue Testament mehr auf die Wunder Jesu als auf den In-

halt seiner Lehre. Mehrmals heißt es, daß jemand auf ihn zukam, während Jesus lehrte (Mk 1,21 ff; Mt 4,23), und es folgt dann eine Heilungsgeschichte. Eigentlich nimmt in den Heilungs- und Wundererzählungen Jesu Lehre erst konkrete Gestalt an. Gottes Eingriff in ein Menschenleben wird durch Ereignisse entdeckt, die wirklich konkret geschehen. Ein weiser Mann ist nicht einer, der Kenntnisse erwirbt und hortet, sondern einer, der Wahrheit entdeckt. Um weise zu werden, muß sich der Mensch auf das Leben einlassen. Jesus hatte die Gabe, Weisheit konkret zu leben. Durch diese Weisheit werden Menschen fähig, in wachsendem Maße Neues zu entdecken und ihr Leben zu gestalten. Weise leben heißt, ganz präsent zu sein im jeweiligen Augenblick, bereit und offen zu bleiben, Gottes Wahrheit und Liebe als ein Geschenk im Hier und Jetzt zu entdecken. Das Leben selbst ist der beste Lehrmeister. In allem, was geschieht, streckt Gott seine Hand nach dem Menschen aus in Ereignissen, die auf eine tiefer liegende Wahrheit hin transparent sind. Dann entdeckt man einen »roten Faden« der Gnade Gottes im eigenen Leben. Jede dieser Gnaden eröffnet den Zugang für weitere Dimensionen, in denen Leben in größerer Freiheit und Fülle möglich wird. Ein solches fortschreitendes Eingehen in das Reich Gottes gleicht der Entdeckung einer neuen Welt mitten in der gegenwärtigen. Allerdings fordert es den Menschen heraus, sich voll auf das Geheimnis des Lebens einzulassen und nicht bloß Beobachter zu bleiben.

Echte Weisheit läßt den Menschen mit »gegürteten Hüften« im gegenwärtigen Augenblick bereitstehen, mit einer großen Sehnsucht nach Gott, der uns im Hier und Jetzt mit seiner Gnade berühren will. Durch solche gnadenhafte Berührung wird Einsicht möglich, wird Belebung, Stärkung und Trost erfahren und Staunen bewirkt. Für FÜNFER bedeutet dies, daß sie ihre Reserviertheit aufgeben müssen, wenn sie zu wahrer Weisheit gelangen wollen. Das Reich Gottes ist hier und jetzt nahe. Wer sich nicht auf das konkrete Leben im gegenwärtigen Augenblick voll einläßt und sich nicht engagiert, droht zu einem Sonderling zu werden. Er verfehlt dann auch die Weisheit Gottes, die nur entdeckt werden kann, wenn sich der Mensch auf das konkrete Leben einläßt.

2.6 Sechs: *Jesus ist treu*

Sechser verhalten sich ausgesprochen loyal der Gruppe gegenüber, zu der sie gehören, sei es die Familie, sei es die Kirche, sei es die Firma. Darin kann ihnen Jesus ein Vorbild sein. Er wandte alle Energien auf, um der Religion und dem Leben seines Volkes eine höhere Qualität zu geben. Sein Einsatz kannte keine Grenzen bis zur Hingabe seines Lebens. Kajaphas sagte, nicht ohne Ironie, daß es besser sei, wenn einer für das Volk sterbe, als daß das ganze Volk zugrunde gehe. Der Evangelist erläutert diese Aussage dahingehend, daß Jesus starb, um die versprengten Kinder Gottes zur Einheit zusammenzuführen (Joh 11,49–52). Jesu Hingabe an die Menschen war seine den Menschen zugewandte Hingabe an Gott. Er selbst war die verheißene Gabe Gottes an das auserwählte jüdische Volk. Er akzeptierte sein Leben als »Erfüllung der Schriften« mit allen Konsequenzen, die das mit sich brachte. Er sah sich als den treuen Knecht Jahwes, der nicht gekommen ist, um bedient zu werden, sondern um zu dienen und »sein Leben hinzugeben als Lösegeld für viele« (Mk 10,45). Obwohl er ein Herz für die Menschheit hatte, hielt er sich treu an seine Sendung in Israel. Seinen Aposteln vertraute er die Sendung zu den Heiden (Nichtjuden) an. Als er hörte, daß Griechen daran interessiert waren, mit ihm ins Gespräch zu kommen, dachte er keinen Augenblick daran, zu ihnen zu fliehen und damit der bevorstehenden Gefangennahme zu entgehen; vielmehr sah er es als Zeichen dafür, daß seine Stunde gekommen war, sich selbst in den Tod zu geben (Joh 12,20–33);

denn er wußte aus den Schriften, daß das Heil nur durch seinen Opfertod am Kreuz zu den Heiden kommen würde. Jesus glaubte nicht nur an die Schriften, sondern stand auch zum jüdischen Gesetz. Er sagte von sich, daß niemand ihn einer Übertretung anklagen könne (Joh 8,46). Wie sehr sie es auch versuchten, seine Ankläger konnten keinen hinreichenden Grund finden, ihn vor dem obersten Gericht des Todes für schuldig zu erklären. Sie mußten sich dazu falscher Zeugen bedienen, die Jesu Aussagen verdrehten, indem sie sagten, er wolle den Tempel Gottes abreißen und ihn in drei Tagen wieder aufbauen (Mk 14,58), oder er habe gegen die Steuererhebung des Kaisers opponiert und sich selbst zum Messias und König erklärt (Lk 23,2).
Jesus war vor allem denen gegenüber treu, die ihm am nächsten standen. Er sagte, daß er sein Leben für sie hingeben werde: »Niemand hat eine größere Liebe, als wer sein Leben hingibt für seine Freunde. Ihr seid meine Freunde ...« (Joh 15,13f.). Als er am Kreuz hing und seine Mutter dort stehen sah, bat er seinen Lieblingsjünger Johannes, sich nach seinem Tod ihrer anzunehmen (Joh 19,25–27). Erst als er auch diese letzte Pflicht erfüllt hatte, neigte er sein Haupt und starb (Joh 19,30).

Legalismus und Selbstgerechtigkeit

Aufgrund ihres ausgeprägten Strebens nach Loyalität geraten Sechser oft in die Falle des Legalismus, der Buchstabentreue. Sie haben eine Vorliebe dafür, die Beobachtung der Gesetze zum Selbstzweck zu erheben; denn sie erfahren das Leben als etwas Vorgegebenes, das fortwährend Anforderungen an sie stellt. Sie verstehen Moral und Religion ebenfalls als Erfüllung von Gesetzen und Vorschriften. Selbst die Beziehung zu Gott wird als äußere Erfüllung von Geboten und Vorschriften gesehen.
Der Grund, weshalb sie die Beobachtung von Gesetzen zum Mittelpunkt der Religion machen, ist ein starkes Verlangen

nach Sicherheit. Durch die äußere Beobachtung von Gesetzen kann der Mensch sich unter Gottes Schutz und Segen wähnen und der Rettung sicher sein. Solche Buchstabentreue kann zu einem folgenschweren Irrtum führen, nämlich zur Selbstgerechtigkeit.
Während die äußere Beobachtung von Gesetzen SECHSERN Sicherheit gibt, wird diese durch jegliches Abweichen von bestimmten Verpflichtungen gefährdet. Daher suchen SECHSER jede Nachlässigkeit den Normen und Gesetzen gegenüber zu vermeiden. Wenn man einer SECHS irgendeine Untreue gegenüber den Vorschriften nachsagt, wird sie dies vermutlich zurückweisen oder auf ein noch größeres Versagen anderer aufmerksam machen.
Neben der strengen Beobachtung geschriebener Gesetze finden SECHSER Sicherheit im Gehorsam gegenüber Autoritätspersonen. Wenn es ihnen in einer konkreten Situation nicht möglich ist, zu einer Entscheidung zu kommen, ist es für SECHSER typisch, die Antwort bei einer äußeren Autorität zu suchen. Indem sie deren Entscheidung folgen, fühlen sie, daß es richtig ist, was sie tun. SECHSERN scheint es unmöglich, daß sie irgend etwas falsch machen, solange sie ihren Vorgesetzten gehorchen.

DER GEIST IM BUCHSTABEN

Jesus vermied es, endgültige Sicherheit in der äußeren Erfüllung von Gesetzen zu suchen. Das Neue Testament zeigt deutlich, daß Gesetze nur ein Mittel zur rechten Beziehung zu Gott darstellen. Daher gilt es, dem »Geist des Gesetzes« mehr zu folgen als dem Buchstaben. Diese Unterscheidung war für Paulus von besonderer Bedeutung. Er sagt, Christus hat uns von der Sklaverei des Gesetzes befreit, und es ist sein Wille, daß wir frei sind (Gal 5, 1). Wer die äußere Erfüllung des Gesetzes zum Kriterium für die Gottesbeziehung macht, erhebt es zum Selbstzweck. Eine solche Buchstabentreue kann zu einem ernsten Hindernis für eine echte Gottesbeziehung werden. Es gleicht einer Art Selbsterlösung; man glaubt dann, eher durch die Beobachtung und Erfüllung des Gesetzes gerettet zu werden als durch die Gnade Gottes, wie Paulus sagt: »Wenn wir durch das Gesetz gerecht gemacht wurden, dann ist Christus umsonst gestorben» (Gal 2,21). Was heißt es aber, »aus dem Geist des Gesetzes« zu leben und nicht »nach dem Buchstaben«? Dem »Buchstaben nach« zu leben heißt, die äußere Erfüllung des Gesetzes zum allgemeinen Maßstab der Gottesbeziehung zu machen und sie für wichtiger zu halten als die personale Beziehung zu Gott. Umgekehrt heißt »nach dem Geist des Gesetzes« zu leben, erkennen, daß die Erfüllung der Gesetze, so wichtig sie auch ist, nicht automatisch zu einer innigen Gottesbeziehung führt. SECHSER müssen dies besonders beherzigen, da sie notorisch dem Zwang erliegen, das Leben ausschließlich in Kategorien der Pflicht und Gesetzeserfüllung zu sehen und sich selbst und andere danach zu beurteilen. Es stimmt, daß Paulus alle Mühe hat, den »Grund unserer Rechtfertigung«, also das, was einen Menschen zur Vereinigung mit Gott führt, aufzuzeigen; denn dies ist eine der schwierigsten Fragen des Christentums. Dieses Problem wurde mit verursacht durch die Tatsache, daß viele Christen versucht haben, Religion und Moral aus der Perspektive der SECHSER zu sehen. Legalismus wird als ein plausibles Kriterium gelten für jemanden, der Gott vor allem als Gesetzgeber erfährt. Jesus aber kam, um uns einen Gott zu offenbaren, der »Abba» ist ein guter Vater.

Wer aus dem Geist des Gesetzes und nicht aus dem Buchstaben lebt, bleibt vor zwei Irrtümern bewahrt: einem bezüglich der Moral und einem bezüglich der Religion. Wird das Gesetz zu einem Selbstzweck erhoben, handelt es sich um einen Irrtum bezüglich der Moral, insofern dabei alle Gesetze das gleiche Gewicht erhalten; denn jeder Verstoß gegen irgendein Gesetz wird als ein Akt des Ungehorsams gegenüber dem Gesetzgeber angesehen. Jesus aber lehrte, daß nicht alle Gesetze den gleichen Rang einnehmen. Er bestand auf Prioritäten. Für ihn war die Gottes- und Nächstenliebe das, worauf es zuallererst ankam. Er kritisierte die Pharisäer, weil sie keine Prioritäten bei der Erfüllung ihrer religiösen und moralischen Vorschriften hatten. Er warf ihnen vor, daß sie Wesentliches wie Gerechtigkeit, Barmherzigkeit und Wahrhaftigkeit vernachlässigten und sich stattdessen auf Details, z. B. wie das Verzehnten von Gartengewürzen, konzentrierten. Er sagte nicht, daß sie die Gesetze vernachlässigen sollten, aber sie sollten bei der Beobachtung von Gesetzen den zentralen Geboten größere Beachtung schenken (Mt 23, 23). Jesus wies sie darauf hin, daß sie »Mücken aussieben und Kamele verschlucken« (Mt 23, 24). Paulus betont ebenfalls den Primat der Liebe, wenn er sagt: »Das ganze Gesetz ist in dem einen Gebot zusammengefaßt: Du sollst deinen Nächsten lieben wie dich selbst!» (Gal 5, 14).

Wird die äußere Erfüllung des Gesetzes zum Selbstzweck erklärt, handelt es sich um einen religiösen Irrtum. In der Religion geht es um Heil und Rettung durch eine rechte Beziehung zu Gott; es geht um die Vereinigung mit Gott. Das Wort »Religion« stammt von dem lateinischen »religare» und bedeutet »sich verlassen auf, sich zurückbinden an ...« Religion schließt ein Sich-Verlassen auf Gott ein, also eine Beziehung zum Allmächtigen auf einer Vertrauensbasis. Sich an geschriebene Gesetze klammern, um sich der Beziehung zu Gott zu versichern, heißt eigentlich, die äußere Beobachtung von Gesetzen für absolut zu erklären. Nach dem Neuen Testament darf sich der Mensch auf Gott verlassen, der seine Liebe in Jesus Christus enthüllt hat, und nicht auf die Gesetze, die er so treu erfüllt hat. Durch Jesu Liebe rettet Gott die Menschen und nimmt sie als seine Söhne und Töchter an. Paulus schreibt: »Gott sandte seinen Sohn, geboren von einer Frau und dem Gesetz unterstellt, damit er die freikaufe, die unter dem Gesetz stehen, und damit wir die Sohnschaft erlangen» (Gal 4, 4 f.). Und er fährt fort: »Da-

her bist du nicht mehr Sklave, sondern Sohn; bist du aber Sohn, dann auch Erbe, Erbe durch Gott« (Gal 4,7).
Die befreiende Botschaft Jesu korrigiert den Irrtum der SECHSER bezüglich der Einstellung gegenüber Gesetz und Norm. Erlösung gründet nicht in den wenn auch noch so verantwortungsbewußten Akten eines Menschen. Unsere Erlösung wurzelt in einer Gegebenheit, die all dem vorausliegt, nämlich, daß wir wiedergeboren sind als Söhne und Töchter Gottes. Ein Mensch kann nur dann in rechter Beziehung zu Gott leben, wenn er auf diesen Liebesbund des Vaters mit der Gegenliebe und Hingabe antwortet, wie es einer Vater-Kind-Beziehung entspricht. Er wird dann Gott nachahmen in seiner Einstellung und seinem Verhalten gegenüber den Menschen durch Mitleid, Vergebungsbereitschaft, Redlichkeit und Freundlichkeit. Die Erfüllung der Gesetze bleibt nach wie vor wichtig, ist jedoch als Mittel zu sehen, durch das die Gottes- und Nächstenliebe konkretisiert wird. Der eigentliche Grund unserer Erlösung liegt darin, daß Gott uns als seine Kinder angenommen hat und einen Bund mit uns eingegangen ist.

2.7 SIEBEN: *Jesus ist optimistisch*

SIEBENER schätzen an Jesus besonders die Freude über die Gemeinschaft mit seinen Jüngern (Joh 21). Jesus war gern unter Menschen. Seine Gegner warfen ihm vor, er sei ein Fresser und Weinsäufer und überhaupt nicht so asketisch, wie ein Prophet eigentlich zu sein hat und wie Johannes der Täufer sich verhielt (Mt 11,18f.). Jesus entgegnete, daß seine Anwesenheit der eines Bräutigams auf einem Hochzeitsfest gleiche und es daher nicht der rechte Zeitpunkt zum Trauern und Fasten sei (Mt 9,15). Jesus hatte sich schon einmal ähnlich verhalten – auf der Hochzeit zu Kana. Damals verwandelte er Wasser in Wein, sechs Steinkrüge voll, jeder etwa hundert Liter fassend. Damit deutete er in einem Zeichen darauf hin, daß Freude und Überfülle des Reiches Gottes bereits in seiner Person gegenwärtig sind (Joh 2, 1–11). Das erinnert an die alttestamentliche Prophezeiung, derzufolge es ein Zeichen der messianischen Zeit ist, wenn es Überfluß an feinster Nahrung und erlesenem Wein gibt (Jes 25, 6). Jesus hatte nicht die geringste Schwierigkeit, solche Zeichen des hereinbrechenden Gottesreiches zu genießen. Er steuerte zu der Hochzeitsfeier in Kana ein Übermaß an bestem Wein bei. Er liebte es, das Reich Gottes mit einem Hochzeitsfest zu vergleichen (Mt 22, 2), und er zögerte nicht, an solchen festlichen Anlässen teilzunehmen, die ein Vorgeschmack des Himmels für ihn waren.

Solch messianischer Überfluß wurde auch bei der Speisung der Fünftausend erfahren, als Jesus fünf Brote und zwei Fische vermehrte (Joh 6, 1–15; Mk 6, 35–44) und anschließend zwölf Körbe mit Resten einsammeln ließ (Mk 8, 19–21). Anstatt sich Sorgen zu machen, daß sie nicht genügend zu essen haben, sollten die Jünger dieses Zeichen von Gottes liebender Fürsorge sehen. Es kann ihr Vertrauen stärken, daß sie alles erhalten, was sie brauchen. Diese Überfülle wird auch deutlich bei der Einsetzung der heiligen Eucharistie als Zeichen dafür, was Jesus durch seine liebende Hingabe allen, die ihm nachfolgen, bereiten würde. Darin schenkte er uns ein Zeichen der Überfülle an Lebensnahrung in seiner bleibenden Gegenwart. Dieses Zeichen gibt den Jüngern zugleich die Gewißheit, an der Freude des ewigen Lebens Anteil zu erhalten (Joh 6, 54). Wenn ein Mahl mit Essen und Trinken den vornehmsten Ausdruck des Dankes für das Geschenk der Erlösung in Jesus darstellt, zeigt das, daß die Verehrung Gottes eher in der Freude des gemeinsamen Mahles als im Verzicht besteht.

Siebener wissen sich mit Jesus als einem Menschen verbunden, dessen Herz sich nach den guten Dingen sehnte, als Zeichen der Erfüllung von Gottes Verheißungen. Jesus zeigte in der Tat, daß das Reich Gottes nicht erst in Zukunft kommt, sondern daß es schon da ist auf reale, wenn auch noch nicht vollendete Weise. Das Reich Gottes besteht in der gemeinsamen Freude über die Geschenke Gottes an die, die ihm glauben. Wenn ein Mensch es nicht versteht, das Leben zu genießen, wie kann dann eine derartige Verkündigung des Reiches Gottes anziehend auf die Menschen wirken?

Das Problem des Leidens

Weil Siebener vor allem die guten Seiten des Lebens lieben, haben sie ein echtes Problem mit dem Leid. Jede Art von Unbehagen und Beschwernis erscheint ihnen als Übel, das es zu vermeiden gilt. Um immer alles angenehm und nett zu haben, versuchen sie, das Unangenehme zu umgehen. Sie pflegen Konflikte »unter den Teppich zu kehren«, um den Anschein von Frieden und Harmonie zu erwecken. Anstatt Unangenehmes beherzt anzupacken, schieben sie es immer vor sich her. Anstatt zu Ende zu führen, was sie sich vorgenommen haben, machen sie lieber neue Pläne. Wenn ihre Absichten sich nicht verwirklichen lassen und sich alles vor ihnen auftürmt, sind sie gereizt und schmollen. Um solchen negativen Gefühlen zu entgehen, können sie sich in jedes Vergnügen hineinstürzen.

Sicherheit finden im gegenwärtigen Augenblick

Ein so starkes Bedürfnis nach Freude und Vergnügen bildet eine Falle für Siebener. Sie wollen mehr Sicherheit im Vergnügen finden, als dieses je bewirken kann. Jesu Einstellung dem Problem des Leidens und des Schmerzes gegenüber war realistischer. Ihm war es möglich, im gegenwärtigen Augenblick Sicherheit zu finden, ungeachtet seiner jeweiligen Stimmungen, weil er das Reich Gottes als gegenwärtig erfuhr (Mt 3, 1; 4, 17). Das war die zentrale Botschaft; denn es war seine Kernerfahrung des Reiches Gottes. Wenn auch das Gottesreich erst am Ende der Zeiten in vollkommener

Form erfahren werden kann, so besteht doch die einzige Weise, sich auf diese künftige Freude einzustellen, darin, eine möglichst hohe Sensibilität für das zu entwickeln, was sich davon schon hier und jetzt zeigt.

Jesus verglich das Reich Gottes mit einem wachsenden Saatkorn, im Hier und Jetzt gesät. Es ist durchaus möglich, daß der gegenwärtige Augenblick schmerzlich, dunkel oder bedrohlich ist; aber was auch immer in der Gegenwart Schmerz und Trauer bedeutet, es wird zu einem Zeichen der Ausrichtung auf die von Gott heraufgeführte frohe Zukunft. Der Freude geht oft die Traurigkeit voraus, ähnlich wie ein Saatkorn sterben muß, ehe neues Leben und Frucht hervorbrechen (Joh 12,24), und wie eine Mutter Wehen durchstehen muß, ehe sie voll Freude ihr Kind in den Armen halten kann (Joh 16,21). Wie groß auch das gegenwärtige Leid ist, es ist verschwindend klein im Vergleich zu der Freude, die folgt. Paulus sagt, daß die kleine Last unserer gegenwärtigen Not nichts bedeutet im Vergleich zu unserer ewigen Herrlichkeit (vgl. 2 Kor 4,17).

Es ist unrealistisch, wenn SIEBENER erwarten, daß immer alles Vergnügen bereiten muß. Es ist gewiß nicht das Wichtigste im Leben, alles Unangenehme zu vermeiden. Warum sollte z. B. echte Liebe sich scheuen, Unangenehmes auf sich zu nehmen? Es ist nicht unbedingt lebensfördernd, alles Unangenehme zu umgehen. Wer das Unangenehme als Preis für etwas Gutes sieht, nimmt ihm den Eindruck, ein großes Übel zu sein.

Jesus durchlebte sein Leiden und seinen Tod mit einer unüberwindlichen Hoffnung, die ihm Mut und Geduld verlieh. Er sah Sinn in seinem Leiden. Es war seine Art, die Welt zu neuem Leben zu bringen. Seine Jünger machte er darauf aufmerksam, daß ihre gegenwärtige Trauer einem Geburtsschmerz vergleichbar sei (Joh 16,20–22). Der zwanghafte Versuch, alles Unangenehme zu umgehen, bringt es mit sich, daß man auch nie die aus Mühen erwachsende Freude erfährt.

Paulus sieht die Schöpfung seufzend und in Geburtswehen, voll Sehnsucht nach der Befreiung von der Vergänglichkeit (Röm 8, 18–22). Der auferstandene Herr, der das gesamte Universum erfüllt (Eph 4, 10), ist der Garant für die Geburt einer neuen Schöpfung. Das »Seufzen« ist notwendig; denn die kommende Herrlichkeit erwächst aus dem im Kreuz überwundenen Leiden. Jede geduldig durchgestandene Schwierigkeit ist wie ein Saatkorn, das Teil der reichen Ernte nie endender Freude und Erfüllung sein wird. Die Sehnsucht nach einem glücklichen Leben, alle Gefühle des Mangels und der Leere sind aufgenommen in den kosmischen Entstehungsprozeß des neuen Himmels und der neuen Erde, der durch die Gegenwart des auferstandenen Christus ermöglicht wird; er ist die treibende Kraft dieses Prozesses. Was einst verloren war, wird wiederhergestellt zu dem von Gott erwählten Zeitpunkt durch das Geheimnis des Todes und der Auferstehung Jesu Christi. In der Zwischenzeit sollen die Jünger Jesu immer bereit sein, Rechenschaft zu geben vom Grund ihrer Hoffnung (1 Petr 3, 15).

2.8 Acht: *Jesus kämpft gegen Ungerechtigkeit*

Achter sehen in Jesus vor allem eine starke Persönlichkeit. Ein bemerkenswertes Beispiel persönlicher Stärke kommt in der Tempelreinigung zum Ausdruck, als Jesus die Geldwechsler aus dem Tempel treibt (Joh 2, 13–17).[17] Jesus wies ihr respektloses Verhalten – innerhalb des sakralen Tempelbezirkes übervorteilten sie die Armen – zurück. Ein Strick in seiner Hand genügte, um die Händler das Weite suchen zu lassen. Sie wußten also genau, daß ihr Handeln unrecht war. Natürlich geht es hier um eine prophetische Zeichenhandlung; aber sie zeigt auch, daß Jesus sich ohne Furcht mit den Händlern anlegte. Die Jünger waren erstaunt über seinen Zorn, während er sein Verhalten als Eifer für die Rechte Gottes erklärte.

Eine andere Begebenheit, die Jesus als Propheten zeigt, der die öffentliche Ungerechtigkeit und Heuchelei beim Namen nannte, kommt in den Streitgesprächen mit den Pharisäern und Schriftgelehrten zum Ausdruck (Mt 23). Sie warfen ihm vor, daß er sie beleidige. Jesus nahm kein Blatt vor den Mund, wenn er sie »Heuchler«, »übertünchte Gräber«, »blinde Blindenführer« und »Schlangenbrut« nannte. Es machte ihm keine Angst, sie gegen sich zu haben, wenn er für Gerechtigkeit und Wahrhaftigkeit aufstand. Er scheute nicht die Auseinandersetzung mit seinen Gegnern; denn er verabscheute jede Scheinheiligkeit und fromme Pose. Sie waren schließlich in ihrer Position Vorbilder der jüdischen Religion, die festlegten, was Gott will und wie Gott ist, und dennoch mißbrauchten sie ihre Autorität, um der Erfüllung der Gebote Gottes zu entgehen. Als besondere Schicht, abgesondert vom gewöhnlichen Volk, benutzten sie ihre Bildung und ihren Wohlstand zu ihrem Eigennutz und trachteten danach, Jesus zu beseitigen, den sie – nicht ohne Grund – als eine Bedrohung ansehen mußten. Jesus suchte immer wieder den Kontakt mit ihnen, indem er sie zur Umkehr bewegen wollte. Er richtete bei ihnen nichts aus, ebensowenig wie Johannes der Täufer (Mt 3,7 ff). Diese Menschen waren davon überzeugt, daß sie der Umkehr nicht bedurften, während sie gleichzeitig darauf sannen, Jesus zu töten. Sie gingen sogar so weit, einen seiner Jünger zu benutzen, um ihn gefangennehmen zu können. Sie griffen während seines Verhörs zu falschen Zeugen, um einen Grund für das Todesurteil zu haben.
Die Soldaten, die am Ostermorgen von dem leeren Grab berichteten, wurden bestochen, damit sie sagten, der Leichnam sei gestohlen worden, während sie schliefen (Mt 28,12 f).
Jesus schwieg nicht zu dem Unrecht in der Gesellschaft seiner Zeit. Obwohl er keine politische Macht besaß, um das Unrecht beheben zu können, fürchtete er nicht, getötet zu werden für sein Engagement. Er hielt es für richtig, jene, die

für die Ungerechtigkeit verantwortlich waren, damit zu konfrontieren; andernfalls würden sie mit ihrer Unterdrükkung fortfahren, um ihre eigenen Vorteile zu verfolgen, und vor ihrer Schuld die Augen zu verschließen. Jesus lag sehr daran, daß die Ungerechtigkeit beim Namen genannt wurde. Schweigen hätte bedeutet, die zu unterstützen, die mit dem Bösen sympathisieren. Paulus sagt, daß die Kinder des Lichtes im Licht wandeln müssen; die Übeltäter scheuen das Licht und fliehen es; denn ihr Einfluß und ihre Macht kommen zum großen Teil aus Betrug und Bestechung, Verschlagenheit und Intrigen (Eph 5,11–13).
In seinem ausgeprägten Gerechtigkeitsgefühl und seiner Bereitschaft, die Mächtigen um der Wahrheit willen herauszufordern, ist Jesus ein Vorbild für Achter. Wie die Achter durchschaute Jesus jene, die ihre Macht mißbrauchen, um ihren Einfluß zu vergrößern oder ihre Positionen zu verteidigen. Er erkannte, daß sie eigentlich aus einer inneren Schwäche heraus handeln. Echte Stärke zeigen die, die sich nicht vor denen fürchten, die zwar den Leib töten, der Seele jedoch nichts anhaben können (Mt 10,28). Jesus forderte seine Jünger auf, nicht ihre Integrität aufs Spiel zu setzen, selbst dann nicht, wenn es Leiden und Tod mit sich bringt.

Polemisch, aber nicht rechthaberisch

Achter haben die Gabe, unerschrocken gegen Ungerechtigkeit anzugehen. Ihre Falle besteht in ihrer Vorliebe für Auseinandersetzungen. Sie sind rechthaberisch und behaupten sich selbst auf Kosten anderer. Sie gehen nicht nur gegen andere an, sondern wollen auch über ihnen stehen. Solche Herrschsucht hilft ihnen, die Kontrolle zu behalten. Eine Folge davon ist, daß andere nur ungern mit ihnen Kontakt aufnehmen.
Jesus reagierte auf unrechtes Verhalten und Handeln anderer nicht ausschließlich mit Konfrontation. Er trat für die

Ehebrecherin ein, indem er in den Sand schrieb und denjenigen aufforderte, den ersten Stein zu werfen, der ohne Schuld sei (Joh 8,3–11). Er kehrte beim Zöllner Zachäus ein (Lk 19,1–10) und setzte nach der Enthauptung Johannes des Täufers dessen Konfrontation mit König Herodes fort. Bei den Angriffen gegen die Schriftgelehrten und Pharisäer ging es Jesus sicher nicht um ihre Bloßstellung als Individuen, sondern eher um die Auseinandersetzung mit den Etablierten, die ungerechte Strukturen verfestigen wollen.

Verletzbar sein

Jesu Prophetenrolle ist nicht zu verstehen, ohne zu berücksichtigen, wie verletzbar er sich machte. Vor allem in seiner Passion und seinem Tod wird das deutlich. Er sagte, daß er die Macht habe, seine Gefangennahme und seine Kreuzigung zu verhindern (Mt 26,53). In Gethsemani fielen die Soldaten nieder, die ihn gefangennehmen wollten, als er zu ihnen sagte: »Ich bin es» (Joh 18,6). Es schien, als ob sie von der Ausstrahlung seiner Person wie gebannt waren. Jesus übte gegen ihre Gewalt aber keine Gegengewalt aus. Er wies Petrus zurecht: »Alle, die zum Schwert greifen, werden durch das Schwert umkommen« (Mt 26,52).
Jesu Stärke lag in der Gewaltlosigkeit; denn Gott selbst wirkt durch seine Milde. Jesus brachte diese Wahrheit zum Ausdruck, als er die Geldwechsler aus dem Tempel trieb und sagte, wenn sie den Tempel seines Leibes zerstörten, würde er ihn in drei Tagen wieder aufrichten (Joh 2,19). Er erfuhr die äußerste Schwachheit und Blöße in seiner Kreuzigung als eine Macht, die ihm gegeben war, die Wunden der Welt zu heilen, so wie Mose in der Wüste die eherne Schlange aufrichtete (Joh 3,14f). Der Anblick seines Sterbens am Kreuz brachte viele seiner Gegner zur Einsicht ihres Irrtums.[18] Hätte Jesus seine Macht gebraucht, um sie anzuklagen und sich selbst vor dem Leid zu schützen, wären sie sicher in ihrer Überzeugung, recht zu haben, bestätigt worden.

In seinen Jüngerunterweisungen über das Zeugnisgeben vor der Welt schärfte er sowohl Furchtlosigkeit im Eintreten für das Rechte als auch Bereitschaft zum Leiden als Konsequenz der Gewaltlosigkeit ein. Beim Erwägen der Weisungen Jesu über die Gewaltlosigkeit sollten sich ACHTER fragen, ob sie Ungerechtigkeiten auf eine Weise anprangern, die zur Umkehr der anderen führen kann, oder ob sie sich nur denen gegenüber durchzusetzen suchen, die ihrer Ansicht nach im Unrecht sind.

2.9 NEUN: *Jesus ist geduldig*

NEUNER können so recht die Geduld Jesu gegenüber seinen Jüngern wertschätzen. Wie die Szene vor der Himmelfahrt zeigt (Apg 1,1–11), waren Jesu Jünger darüber ungehalten, daß das Reich Gottes noch immer nicht verwirklicht war, das durch Jesus errichtet werden sollte. Als Jesus im Begriff war, von ihnen zu gehen, fragten sie ihn, ob das nun der Zeitpunkt sei, an dem das Reich Gottes erscheint. Jesu Antwort macht deutlich, daß dies ganz in Gottes Hand liegt. Sie brauchen Geduld; das Reich Gottes wird kommen, wenn Gott den Zeitpunkt für gekommen hält, mit anderen Worten: Seid geduldig, alles liegt in Gottes Händen.
In unserer modernen, schnellebigen Zeit sind wir darauf aus, schnelle Resultate zu erzielen. Das elektrische Licht geht an, wenn man den Schalter bedient. Die Uhren gehen auf die Minute genau. Fernsehprogramme und Gottesdienste müssen pünktlich beginnen und enden. Die Menschen müssen erfolgreich sein, und die Erfolge müssen sich unmittelbar einstellen. Sogar die Überprüfung der Bankkonten erfolgt täglich per Computer.
NEUNER werden die Weisungen Jesu über das Reich Gottes als hilfreich erfahren, weil sie die Hektik des modernen Lebens nicht mitmachen wollen. Jesus zeigte in den Gleichnissen vom Reich Gottes, daß Gott sein eigenes Zeitmaß

hat, um sein Reich heraufzuführen, ähnlich dem Zeitmaß in der Natur. Das Reich Gottes wird allmählich in den Herzen der Menschen heranwachsen. Es ist wie ein Saatkorn, das gesät ist. Es bekommt nur langsam Wurzeln, und erst nach geraumer Zeit wird es reiche Frucht bringen (Mt 13,4–9). Hier wird deutlich, daß ein Leben mit Gott Geduld erfordert.
Wie sich bei der Evolution unseres Planeten zeigt, hat Gott sich Millionen von Jahren Zeit gelassen, um die Bedingungen für das Erscheinen des Menschen zu schaffen. Viele Jahrtausende vergingen, ehe menschliche Wesen die Fähigkeit entwickeln konnten, Ereignisse für die Nachwelt aufzuzeichnen, d. h. der Geschichtsschreibung mächtig waren. Weitere Jahrhunderte vergingen, ehe die Menschen das Bewußtsein von einer Weltgeschichte entwickelten, an der alle Nationen teilhaben. Gottes Pläne brauchen Zeit, um verwirklicht zu werden. In diesen göttlichen Plan mit dem eigenen Leben einzuschwingen, fordert vom Menschen Geduld.

Die Versuchung zur Trägheit

Neuner sind von Natur aus Meister des Warten-könnens. Geduld bedeutet für sie kein Problem. Ihre Falle ist eher die Trägheit. In Übereinstimmung mit Gottes Zeitmaß zu stehen heißt nicht, alles Gott tun zu lassen, während man selbst die Hände in den Schoß legt und auf das göttliche Handeln wartet. Dieses Problem der Trägheit und Untätigkeit zeigte sich bereits bei den frühen Christen; sie waren sich so sicher, daß das Ende der Welt unmittelbar bevorstand. In Thessalonich gab es Christen, die sich sogar weigerten, zu arbeiten und sich selbst den Lebensunterhalt zu verdienen. Paulus mußte sie daran erinnern, daß er nie untätig oder müßig war, während er bei ihnen weilte, oder gar ihre Gastfreundschaft ausgenützt hätte. Er nannte als Grundregel, daß jemand, der nicht zum Arbeiten bereit sei, auch nicht essen solle (2 Thess 3,7–12). In ähnlicher Weise ermahnten die Engel nach der Auferstehung Jesu die Jünger, als sie dastanden und unverwandt zum Himmel schauten (Apg 1,9–11). Sie sollten Jesu Weisungen folgen und sich auf den Empfang der verheißenen Gabe des Geistes vorbereiten, nach dessen Ankunft sie in alle Welt hinausgehen und ihre Kräfte und Fähigkeiten gebrauchen sollten, um die Welt zu verändern.

Seine Talente gebrauchen

Neuner tun gut daran, die Verheißung des Heiligen Geistes ernst zu nehmen. Sie sind geneigt, das Leben leichtzunehmen und sich von ihrer Energielosigkeit beherrschen zu lassen. Sie versäumen zu entdecken, welche Kräfte und Energien eigentlich in ihnen schlummern. Sie suchen Impulse und Antriebe immer außen und warten ständig auf jemanden, der sie mitreißt, anstatt selbst Dynamik und Kreativität zu entwickeln. Ihre Untätigkeit vermittelt ihnen ein unzulängliches Selbstbild und bewirkt, daß sie sich untauglich fühlen. Sie sind eigentlich sehr begabte Menschen, werden es jedoch schwerhaben, solange sie passiv bleiben.
Jesus verheißt seinen Jüngern die Erfahrung, von Gott mit der Kraft des Geistes ausgerüstet zu werden. Es ist derselbe Geist, der in Jesus lebte und ihn zu allen seinen Aktivitäten antrieb. Jesus schenkte den Menschen die Gewißheit, daß Gott sie nicht nur liebt, sondern daß sie in der gleichen Weise von Gott geliebt sind wie er selbst (Joh 17,26). Sie dürfen daran glauben, daß Gott ihnen viel zutraut. Gott vertraut denen, die seinem Sohn folgen, und er vertraut jedem Menschen einzigartige Gaben an und damit verbunden die Führung durch den Geist bei der Entfaltung und dem Gebrauch dieser Gaben. Jeder Mensch ist ein besonderes Geschenk Gottes an die Welt. Sein Leben ist von Gott so gedacht, daß durch ihn eine neue Möglichkeit des Daseins in die Welt kommt und diese positiv verändernd mitgestal-

tet. Dadurch wird sein Leben zu einem Geschenk für andere.
Mit der Gabe des Geistes geht ein innerer Friede einher, der aus der personalen Erfahrung der Liebe Gottes kommt. Diese Erfahrung der Liebe schenkt den Menschen die Gewißheit, von Gott unendlich geliebt und angenommen zu sein; sie befreit ihn dazu, eine Gabe für andere zu werden. Aus Dankbarkeit für diese Liebe Gottes möchte er sich dafür einsetzen, daß auch andere die Erfahrung machen können, geliebt zu sein. Die wirksamste Möglichkeit, dies zu tun, besteht darin, sie einfach zu lieben; denn dadurch ist ihnen Jesu Liebe geschenkt.
Wenn Christen einander lieben, ist Jesus selbst in ihrer Mitte gegenwärtig (Mt 18,20). In der christlichen Gemeinschaft wird das Leben des dreifaltigen Gottes selbst gegenwärtig und erfahrbar. Wer nie eine solche Gemeinschaft unter Menschen erfahren hat, hat das Leben Gottes noch nicht erfahren können (1 Joh 1,6f). Wenn NEUNER aus dieser Wahrheit zu leben beginnen, sind sie auf dem besten Weg, aus ihrer Passivität herauszukommen. Indem sie ihre Isolation durch gegenseitige Liebe und den Dialog mit anderen überwinden, kommen sie mit der Energie des lebendigen Gottes in Berührung. Indem sie anderen durch die Mitteilung ihres Glaubens und ihrer Liebe näherkommen, erfahren sie auf vielfache Weise inneres Wachstum. Ihr Horizont und ihre Interessen weiten sich, und sie können in ihrem Leben mehr Energie entwickeln.
In Gemeinschaft leben heißt nach Wegen suchen, um miteinander in Frieden zu leben. Paulus betont, daß die Liebe geduldig ist, immer bereit, zu verzeihen, zu vertrauen, zu hoffen, allem standzuhalten, was auch kommen mag (vgl. 1 Kor 13,4–7). Die Liebe ist eine Brücke, der einzige Weg zu echter Versöhnung. Da der Geist Gottes die Menschen von innen heraus mit dem Verlangen nach Einheit beseelt, finden NEUNER durch diesen Geist eine neue Quelle, um Menschen zueinander zu führen. Sie haben ohnehin eine natür-

liche Gabe, Gemeinschaft zu stiften. Die Gabe des Geistes bringt Menschen dazu, sich zu öffnen und in Beziehung zu treten. Auf diese Weise können Neuner bei sich die Fähigkeit entdecken, Gemeinschaft zwischen Menschen aufzubauen und ihnen zu helfen, ihre Konflikte und Trennungen zu überwinden. Neuner können andere ermutigen, ihre Verteidigungsstrategien fallenzulassen und einander zu sagen, wie man die Situation sieht und welche Erwartungen oder Bedürfnisse in einem leben. Es müssen Worte gefunden werden, um Gefühle auf eine nicht-anklagende Weise zu benennen, seien sie durch Verletzungen oder aus Angst, durch Begeisterung oder Langeweile ausgelöst. Wenn Menschen einander zuhören, können sie Mißverständnisse beseitigen und den Weg zu Versöhnung und Vergebung öffnen. Neuner haben eine hervorragende Gabe, anderen den Wert der Gemeinschaft nahezubringen und ihnen dabei zu helfen zu entdecken, daß nichts wichtiger ist als zwischenmenschliche und lebensfördernde Beziehungen. Dadurch können sie am Leben des dreifaltigen Gottes teilhaben.

II DIE EIGENEN ZWANGHAFTEN MECHANISMEN VERSTEHEN LERNEN

3. Die eingeschränkte Sicht der Welt aufbrechen

Oscar Ichazo, der die Sufi-Tradition des Enneagramms in die Vereinigten Staaten brachte, sieht das Ich-Bewußtsein als Ergebnis einer Spaltung zwischen dem Selbst und der Welt. Er erklärt dies folgendermaßen:

Es entwickelt sich ein Gegensatz zwischen den inneren Sehnsüchten des Kindes und der äußeren sozialen Wirklichkeit, der sich das Kind anpassen muß. Ich-Bewußtsein ist eine eingeschränkte Art der Wahrnehmung, die durch Einordnung in den sozialen Bezugsrahmen ausgebildet wird. Die Persönlichkeit entwickelt eine »Schutzschicht«, die sich über die essentielle Schicht, d. h. über das wahre Wesen legt. Das hat eine Spaltung zwischen Selbst und Welt zur Folge. Das Ich empfindet die Welt als fremd und bedrohlich, weil sie fortwährend versäumt, die tieferen Bedürfnisse des Selbst zu erfüllen.[19]

Im Alter zwischen vier und sechs Jahren erfährt das Kind, daß seine innersten Wünsche und Sehnsüchte nicht im Einklang mit der Umwelt stehen. Es erfährt die Umwelt als bedrohlich bzw. als eine schwerwiegende Beeinträchtigung. Ursprünglich war das Kind nicht auf einen derartigen Gegensatz zwischen sich selbst und der Außenwelt gefaßt, vielmehr hat es die Harmonie zwischen Selbst und Außen-

welt erwartet, d. h. die Erfüllung der tiefsten Sehnsüchte im Einklang mit der äußeren Wirklichkeit, die den gesamten Kosmos und auch Gott einbezieht. Das Kind wurde frühzeitig in die Entscheidung gedrängt, diese mangelnde Einheit zwischen Ich und Nicht-Ich zu kompensieren, indem es das eigene Wohl und die persönliche Erfüllung selbst herzustellen versuchte. Dazu war jedoch die Wahrnehmung dessen, was ganzheitliche Erfüllung bedeutet, bereits durch das Ich-Bewußtsein eingeschränkt. In dieser Grundentscheidung kompensiert der kleine Mensch den Verlust dadurch, daß er mit der äußeren Realität bricht und sich auf bestimmte Weise der Außenwelt anpaßt, um möglichst unabhängig von der äußeren Wirklichkeit die eigenen Wünsche und Sehnsüchte erfüllen zu können. Eine solche Einstellung kommt einer »Selbsterlösung« gleich; sie besteht im wesentlichen in dem Stolz, nicht von anderen abhängig zu sein, um zu ganzheitlichem, geglücktem Menschsein zu gelangen. In Kapitel 5. und 6. wird noch ausführlicher auf diese Einstellung zur Erlösung eingegangen.
Hier soll zunächst nur das Phänomen des Ich-Bewußtseins der neun Persönlichkeitsgestalten des Enneagramms eingehender behandelt werden. Dies ist aufschlußreich und unerläßlich, um den eigenen zwanghaften Antrieb durchschauen zu können. Zu diesem Zweck erfolgt zunächst eine Darstellung der verschiedenen Möglichkeiten bei der Entwicklung des Ich-Bewußtseins unter dem Thema: Das Ich und seine Beziehung zur Außenwelt.

3.1 *Die Beziehung zwischen Ich und Außenwelt*

Nach Tad Dunne SJ gibt es neun unterschiedliche Arten, mit der Außenwelt in Beziehung zu treten. Sie ergeben sich aus der gegenseitigen Durchdringung des Selbstkonzeptes mit dem jeweils bevorzugten Verhaltensmuster.[20] Unter *Selbstkonzept* versteht man den Entwurf der Selbsteinschätzung einer Person. Die *Verhaltensmuster* sind die Weisen, wie das Ich mit der Außenwelt in Beziehung tritt.

Die drei verschiedenen Selbstkonzepte sind:
a) »Ich bin größer als die Welt.«
b) »Ich muß mich an die Welt anpassen.«
c) »Ich bin kleiner als die Welt.«

Die drei unterschiedlichen Verhaltensmuster sind:
a) Aggressives Verhalten
gegen die Welt angehend.
b) Abhängiges Verhalten
auf die Welt hin ausgerichtet.
c) Zurückgezogenes Verhalten
von der Welt abgewandt.

Die möglichen Kombinationen dieser drei Selbstkonzepte und der drei Verhaltensmuster sind in Tabelle 1 dargestellt.

Tab. 1[21]

	a) Ich bin größer als die Welt	b) Ich muß mich an die Welt anpassen	c) Ich bin kleiner als die Welt
(1) Aggressiv	8	3	1
(2) Abhängig	2	6	7
(3) Zurückgezogen	5	9	4

3.1.1 Aggressive Persönlichkeitsgestalten: 8 – 3 – 1

Die aggressiven Persönlichkeitsgestalten 8 – 3 – 1 gehen offensiv mit ihrer Aggressionskraft um. Sie bevorzugen eine Verhaltensweise, die sich gegen die Umwelt und die Menschen wendet, um sich selbst und den eigenen Wert als Person zu schützen. Jede dieser aggressiven Persönlichkeitsgestalten hat eine spezifische Art, sich anderen gegenüber zu verhalten, weil jede der drei Gestalten von einem unterschiedlichen Selbstkonzept ausgeht:

(a) »Ich bin größer als die Welt« (8)
Da ACHTER die innere Einstellung haben, größer als die Welt zu sein, wenden sie sich mit einem instinktiven Machtgefühl gegen andere. Sie sind ziemlich robust, sagen oft nein, neigen dazu, andere herumzukommandieren, und halten andere oft für heuchlerisch und scheinheilig. Sie schüchtern andere ein, um sie aus der Fassung zu bringen. ACHTER nehmen Beziehung zur Wirklichkeit auf, indem sie gegen diese ankämpfen. Ihre spontane Reaktion auf Furcht oder Angst ist, ja nicht nachzugeben und sich von niemand ausnützen oder übervorteilen zu lassen, sondern sich durchzusetzen und zu behaupten. Für ACHTER bedeutet »sein« soviel wie »stark sein«. So beweisen sie ihren Wert und erhalten ihr Selbstwertgefühl lebendig durch die Stärke ihrer Persönlichkeit.

(b) »Ich muß mich an die Welt anpassen« (3)
Da DREIER die innere Einstellung haben, sie müßten sich an die Welt anpassen, wenden sie ihre Aggressionskraft nicht gegen Menschen, sondern sie wird in Leistungen und Erfolge kanalisiert. Sie beweisen sich selbst und anderen ihren Wert und sichern ihre Würde durch Erfolg. Für sie bedeutet »leben« soviel wie »erfolgreich sein«.

(c) »Ich bin kleiner als die Welt« (1)
EINSER drücken ihr aggressives Verhalten durch Selbstkritik aus. Sie meinen, daß sie sich immer anstrengen, alles fehlerlos meistern müssen, um dadurch als Person wertvoll zu sein. Sie projizieren ihre Kritik auf andere und erwarten von ihnen, daß sie sich genauso anstrengen, tadellos, fehlerfrei und selbstkritisch zu sein. Diese kritische Aggressivität

der EINSER bringt sie in Konflikt mit sich selbst und mit ihrer Umgebung. »Sein« bedeutet für sie »perfekt sein«. Weil sie sich der Welt gegenüber als klein vorkommen und sich zugleich gegen die Welt wenden, brauchen sie viel Energie, um immer obenauf zu sein. Sie erfahren das Leben als ein mühsames Sich-Hocharbeiten.

3.1.2 Abhängige Persönlichkeitsgestalten: 2 – 6 – 7

Die abhängigen Persönlichkeitsgestalten 2 – 6 – 7 haben in sich vorzugsweise das Verhaltensmuster herausgebildet, auf andere zuzugehen. Sie erhalten ihren Selbstwert aufrecht, indem sie sich durch Beziehungen von anderen abhängig machen. Weil diese drei Persönlichkeitsgestalten in einem unterschiedlichen Selbstkonzept gründen, hat jede der drei Gestalten eine spezifische Art der Abhängigkeit entwickelt:

(a) »Ich bin größer als die Welt« (2)
ZWEIER haben das Selbstkonzept entwickelt: Ich bin größer als die Welt. Sie ergreifen die Initiative, indem sie auf andere zugehen und ihnen das Gefühl geben, umsorgt und geliebt zu sein. Dieses Zugehen auf andere aus innerer Abhängigkeit heraus ist verursacht durch ihre Abneigung, sich von anderen helfen und bedienen zu lassen. Ihre bevorzugte Art, Beziehungen aufzunehmen, besteht darin, andere von sich abhängig zu machen. Für sie ist »sein« gleichbedeutend mit »gebraucht werden«.

(b) »Ich muß mich an die Welt anpassen« (6)
Da SECHSER sich entsprechend ihrem Selbstkonzept an die Welt anpassen müssen, um sich selbst als wertvoll zu erfahren, legen sie größten Wert auf Unterordnung unter vorgegebene Normen und Vorschriften. Ihr Selbstwertgefühl hängt davon ab, in welchem Maß sie die ihnen übertragene Verantwortung wahrnehmen. Für sie ist »leben« gleichbedeutend mit »verantwortlich sein«.

(c) »Ich bin kleiner als die Welt« (7)
SIEBENER sind mit dem Selbstbild aufgewachsen, kleiner als die Welt zu sein. Um das Leben als lebenswert zu erfahren, brauchen sie eine Umwelt voll Freude und Annehmlichkeiten. Ihr Selbstwertgefühl hängt von einem frohen, unbeschwerten Leben ab. Daher blenden sie alles aus ihrer Wahrnehmung aus, was schmerzlich oder beschwerlich zu sein scheint. Für sie heißt »sein« »vergnügt sein«.

3.1.3 Zurückgezogene Persönlichkeitsgestalten: 5 – 9 – 4

Die sich zurückziehenden Persönlichkeitsgestalten 5 – 9 – 4 bevorzugen es, auf Distanz zu gehen, um ihr Selbstwertgefühl aufrechtzuerhalten. Diese Strategie des Rückzugs von der Welt drücken sie – übereinstimmend mit ihrem jeweiligen Selbstkonzept – auf verschiedene Art aus:

(a) »Ich bin größer als die Welt« (5)
Da FÜNFER mit dem Selbstkonzept aufgewachsen sind, größer als die Welt zu sein, erleben sie im Rückzug von der Welt und den Menschen, daß sie sich durch ihr intellektuelles Wissen überlegen fühlen können. Um das Leben als lebenswert zu erfahren, meinen sie, sie müßten die Wirklichkeit durch und durch verstehen, und zwar durch eigenes Studium und Reflexion. Für sie heißt »sein« soviel wie »allwissend sein«.

(b) »Ich muß mich an die Welt anpassen« (9)
NEUNER ziehen sich von der Welt zurück, um sich anzupassen, da die Welt ohnehin wenig an Wertschätzung und Liebe zu geben vermag. Dieses Verhaltensmuster ist Ausdruck sowohl der Resignation als auch der Selbstverteidigung zur Vermeidung von Konflikten. Sie sagen sich, daß auf der Welt sowieso nicht viel los sei, und erwarten wenig von sich und anderen. Sie suchen Zufriedenheit in jeder Lebenslage; für sie ist »sein« identisch mit »zufrieden sein«.

(c) »Ich bin kleiner als die Welt« (4)
VIERER sind mit der inneren Einstellung aufgewachsen, daß sie der Welt unterlegen sind, und drücken durch ihr Rückzugsverhalten ihr Grundgefühl aus, von allen mißverstanden zu werden. Sie proben im Rückzug, wie sie mehr Originalität und Echtheit ausdrücken können. Oft erleben sie sich so, als ob die Welt keine Notiz von ihnen nähme, während sie ständig auf die Erfahrung wirklichen Lebens mit anderen hoffen. Ihrer Meinung nach ist »sein« soviel wie »etwas Besonderes sein«.

3.2 *Die verfälschte Sicht der Wirklichkeit*

Nach Tad Dunne ist das Ich-Bewußtsein durch einen verfälschten, d. h. unangemessenen Realitätssinn charakterisiert, mit anderen Worten, es handelt sich um eine nicht der Realität entsprechende Auffassung dessen, was »erfülltes Leben« bedeutet. Jedes der drei Selbstkonzepte stellt, wie wir gesehen haben, eine bestimmte Sichtweise dessen dar, was man unter Erfüllung des Lebens versteht, ähnlich einer »Speziallinse«.

(a) Realität als *innere* Ordnung:
Diejenigen, deren Ich-Bewußtsein von der Überzeugung geprägt ist »Ich bin größer als die Welt« sehen das wirkliche Leben als eine innere Ordnung, d. h. als auf ihr eigenes Selbst bezogen an.

(b) Realität als *Harmonie* zwischen *Innen-* und *Außenwelt:*
Die Menschen, deren Ich-Bewußtsein von der Einstellung geprägt ist »Ich muß mich an die Welt anpassen« erfahren echtes, volles Leben als Harmonie zwischen ihrer Innenwelt und der Außenwelt.

(c) Realität als *äußere* Ordnung:
Diejenigen, die in dem Bewußtsein leben »Ich bin kleiner als die Welt« empfinden wirkliches Leben als etwas außerhalb ihrer Selbst, d. h. in der Außenwelt.
In jedem Fall sieht das Ich die Erfüllung des Lebens als etwas an, das durch eigenes Streben zu erreichen ist. Die Art und Weise des eigenen Strebens ist wiederum unterschiedlich, je nach der bevorzugten Verhaltensweise:

(1) *Offensives* Verhalten:	Die *Aggressiven* Persönlichkeitsgestalten: 8 – 3 – 1,
(2) *Passives* Verhalten:	Die *Abhängigen* Persönlichkeitsgestalten: 2 – 6 – 7,
(3) *Verteidigendes* Verhalten:	Die *Zurückgezogenen* Persönlichkeitsgestalten: 5 – 9 – 4.

Aus den Kombinationen der sechs Kategorien ergibt sich für jede Persönlichkeitsgestalt des Enneagramms ein bestimmtes Schlüsselwort, das andeutet, was jeweils unter »wirklich erfülltem Leben« verstanden wird. Das wird aus Tabelle 2 ersichtlich.

Tab. 2[22]

	(a) Realität als innere Ordnung	(b) Realität als innere-äußere Harmonie	(c) Realität als äußere Ordnung
(1) *Offensives* Verhalten:	8: Kontrolle ausüben	3: Äußerer Eindruck	1: Soll- und Muß-Bestimmungen
(2) *Passives* Verhalten:	2: Akzeptiert werden	6: Besorgt sein	7: Pläne entwerfen

(3) *Verteidi-gendes* Verhalten:	5: Korrekte Urteile	9: Harmonie suchen	4: Originalität demonstrieren

3.2.1 *Aggressive* Persönlichkeitsgestalten: 8 – 3 – 1

Die offensiven Persönlichkeitsgestalten 8 – 3 – 1 versuchen »wirkliches Leben« und Erfüllung dadurch zu erlangen, daß sie sich gegen andere wenden. Ihr Verhalten unterscheidet sich entsprechend ihrer je spezifischen Sicht (»Spezial-linse«), in der sie den Sinn des Lebens erblicken.

(a) Realität als innere Ordnung: 8

Für ACHTER ist das Leben erst dann erfüllend, wenn sie kraft ihrer eigenen Stärke Kontrolle über andere ausüben. Sie sagen sich: »Um wirklich leben zu können, muß ich stärker als andere sein.« Sie erfahren ihren Selbstwert erst, wenn sie über andere Kontrolle behalten. Es gehört für sie zur Würde ihrer Person, sich sagen zu können: »Weil ich stark bin, können andere nicht auf mir herumtreten.« Erst wenn sie alles im Griff haben, stellt sich bei ihnen ein Gefühl des Wohlbefindens ein. Die Ursache hierfür liegt in ihrem Selbstkonzept: »Ich bin größer als die Welt.«

(b) Realität als Harmonie zwischen Innen- und Außenwelt: 3

DREIER sagen sich: »Um Erfüllung und Lebenssinn zu finden, muß ich erfolgreich in den Augen anderer sein.« Den Wert, den sie aggressiv zu verwirklichen versuchen, besteht in der Wahrung des äußeren Scheines. Was sie als Erfolg verstehen, ist eigentlich das persönliche Image, das ihrer Meinung nach durch die positive Reaktion anderer erreicht wird. DREIER erfahren Sinnerfüllung, wenn sie tun, was in den Augen anderer zählt. Damit die eigenen Leistungen als sinnvoll und erfüllend erlebt werden, müssen sie als erfolgreich nach dem Urteil anderer gelten. Erfolg läßt sich für sie an der positiven Reaktion der Menschen ablesen, mit anderen Worten, sie erfahren Sinn vor allem dann, wenn ihnen aufgrund ihrer Leistungen Wertschätzung entgegengebracht wird.

(c) Realität als äußere Ordnung: 1

Einser suchen Sinnerfüllung in der Außenwelt. Sie erfahren wahres, echtes Leben erst dann, wenn die Verhältnisse besser sind als zum gegenwärtigen Zeitpunkt. Sie gehen auf ihre Umwelt zu mit der Einstellung, daß es dort Zustände gibt, die unbedingt verbessert werden müssen. Sie sind kritische Menschen, die Kritik sowohl an sich selbst als auch an anderen üben. Für sie ist »wirkliches Leben« und Erfüllung eine Angelegenheit von Idealen und Maximen. Sie suchen Erfüllung ihres Lebens dadurch, daß sie die Offensive ergreifen in Form von Kritik und ernsthaftem Bemühen. Nur durch die Korrektur der bestehenden Verhältnisse und durch korrektes Handeln erfahren sie das Leben als lebenswert, »so, wie es eigentlich sein sollte«.

3.2.2 *Abhängige* Persönlichkeitsgestalten: 2 – 6 – 7

Die akzeptierenden Persönlichkeitsgestalten 2 – 6 – 7 suchen Sinnerfüllung, indem sie auf andere zugehen. Lebenssinn und Erfüllung ist für sie etwas, das empfangen wird. Die Art und Weise, wie sie auf andere zugehen, um Sinn und Erfüllung zu erfahren, ist bei jeder der drei Persönlichkeitsgestalten unterschiedlich, entsprechend der jeweils eingeschränkten Sichtweise der Wirklichkeit.

(a) Realität als innere Ordnung: 2

Zweier sind der Ansicht, daß sie unbedingt von anderen gebraucht werden müssen, um Sinn und Erfüllung ihres Lebens zu spüren. Sie fühlen sich unwohl und minderwertig, wenn sie kein Lob und keine Anerkennung von anderen bekommen. Sie versuchen, Menschen, die ihnen etwas bedeuten, immer wieder zu erfreuen, um sich Anerkennung und Wertschätzung durch andere zu sichern. Gelingt ihnen das, können sie sich auch selbst als wertvoll akzeptieren. Diese Art der Selbstannahme ist es, die sie am meisten suchen.

(b) Realität als Harmonie zwischen Innen- und Außenwelt: 6

SECHSER sagen sich: »Um Sinn und Erfüllung zu erfahren, muß ich die Erwartungen erfüllen, die andere an mich stellen.« Indem sie diesen Erwartungen von seiten anderer zu entsprechen suchen, erleben sie sich in Harmonie mit der Umwelt. Weil sie das Leben als eine Wirklichkeit erfahren, die ununterbrochen Forderungen an sie stellt, fühlen sie sich erst richtig lebendig, wenn sie besorgt sind um das, was man von ihnen erwartet. Diese Sorge treibt sie an, allen Pflichten nachzukommen und darin ihre Erfüllung zu finden. Wären sie nicht in dieser Weise besorgt, würde das für sie bedeuten, den Anforderungen des Lebens nicht zu entsprechen.

(c) Realität als äußere Ordnung: 7

SIEBENER finden ihre Erfüllung darin, Pläne zu entwerfen. Sie sehen das Leben aus einer optimistischen Perspektive und finden in ihren Zukunftsplänen Erfüllung und Lebenssinn. Für sie besteht das Leben darin, Pläne für die Zukunft zu entwerfen. Die geplanten Vorhaben erscheinen ihnen selbst oft realer und interessanter als das, was tatsächlich geschieht.

3.2.3 *Zurückgezogene* Persönlichkeitsgestalten: 5 – 9 – 4

Die zurückgezogenen Persönlichkeitsgestalten 5 – 9 – 4 suchen Erfüllung und Lebenssinn durch den Rückzug von anderen. Durch Zurückgezogenheit von anderen suchen sie sich selbst und ihre Würde als Person zu verteidigen. Nur so sehen sie sich imstande, wirkliches Leben und Erfüllung zu erfahren. Was sie durch Rückzug und Distanz von anderen zu erreichen hoffen, ist bei jeder dieser drei Persönlichkeitsgestalten verschieden, je nachdem, worin sie ihrer spezifischen Sicht der Wirklichkeit zufolge Sinn und Erfüllung sehen.

(a) Realität als innere Ordnung: 5

Fünfer finden Sinn und Erfüllung in der Stimmigkeit ihrer eigenen Urteile. Es ist viel Zeit und Privatraum für Studium und Reflexionen nötig, um alle Aspekte zu berücksichtigen. Gelingt ihnen das, erfahren sie wahres, echtes Leben. Um diese Fülle des Lebens möglichst oft zu spüren, geizen sie mit ihrer Zeit. Sie zögern, anderen mitzuteilen, womit sie sich gerade beschäftigen, ehe sie selbst den Durchblick haben, und das ist eine sehr komplexe Angelegenheit. Dafür ist viel Zeit und eingehendes Studium erforderlich. Ist dies nicht gegeben, so glauben sie, sich kein angemessenes Urteil bilden zu können. Ihr entschiedenes Streben nach Sinnerfüllung gilt der Richtigkeit ihres eigenen Urteils aufgrund objektiven Wissens. In ihrem Bemühen um korrekte Urteile schützen und verteidigen sie sich gegen alle Eindringlinge in ihre Privatwelt, in der sie die Fülle des Lebens zu finden hoffen.

(b) Realität als Harmonie zwischen Innen- und Außenwelt: 9

Neuner sind der Meinung: Um wirkliches Leben zu erfahren, muß man in Frieden und Harmonie leben. Friedvolles Leben, das sie im tiefsten suchen, besteht in der Harmonie zwischen ihrer Innenwelt und der Außenwelt. Da sie die Umwelt als konfliktreich und spannungsgeladen erleben, ziehen sie sich von ihr zurück. Obgleich ein solches Leben ziemlich langweilig wird, sind sie dennoch zufrieden, weil sie überzeugt sind, daß man vom Leben nicht mehr erwarten kann.

(c) Realität als äußere Ordnung: 4

VIERER ziehen sich von der Umwelt zurück, um sich mit ihrer Originalität zu befassen, d. h. einzuüben, wie sie authentischer und origineller im Ausdruck ihrer selbst werden können. Sie sehen ihre Erfüllung im authentischen Ausdruck ihrer einzigartigen Gefühle und Empfindungen. Auf ihrer Suche nach Sinn und Erfüllung sind sie bestrebt, ihre Empfindungen auf symbolische Weise auszudrücken.

3.3 *Die Verwechslung von Stärke und Schwäche*

Durch die eingeschränkte Sicht der Wirklichkeit und durch die je spezifische Auffassung dessen, was eigentliches Leben bedeutet, entwickelt jede der neun Persönlichkeitsgestalten eine unterschiedliche Auffassung dessen, was Tugend oder Laster für sie bedeutet.

Tugend/Stärke meint dabei Kräfte, die den Menschen auf mehr Lebensfülle hinlenken; das Laster/Schwäche steht dieser Fülle des Lebens entgegen. Diese unangemessene Sicht der Wirklichkeit bedeutet eine Art Kurzsichtigkeit bezüglich dessen, was echtes, sinnvolles Leben heißt. Damit geht ein verfälschtes Verständnis von Stärke und Schwäche, Tugend und Laster einher. Dadurch wird die Einsicht in die Notwendigkeit einer Verhaltensänderung oder Umkehr erschwert. Da man ausgerechnet die Hauptschwäche als wesentliche Stärke der eigenen Persönlichkeit einschätzt, hat man auch kein schlechtes Gewissen wegen der wirklich lebenszerstörenden Fehler. Diese Verwechslung von Stärke und Schwäche variiert je nach der »Speziallinse«, durch welche die betreffende Person die Wirklichkeit wahrnimmt.

3.3.1 Realität als innere Ordnung: 8 – 2 – 5

Persönlichkeitsgestalten mit dem Selbstkonzept »Ich bin größer als die Welt« beschränken das, was sie als das eigentliche »Leben« erfahren, zu sehr auf die eigene Innenwelt. Worauf sie am meisten stolz sind, ist ihre eigene Person.

8

ACHTER haben das Gefühl, daß sie als Menschen wertvoll sind, weil sie stark gegenüber anderen sind. Nach ihrer Einschätzung fühlen sie sich nur dann als vollwertige Person, wenn sie zur Sicherung ihrer eigenen Würde eine gewisse Kontrolle über andere ausüben. Daher kommt es, daß es ihnen oft gar nicht leid tut, wenn sie andere eingeschüchtert haben. Für sie bedeutet es eine große Stärke, im Umgang mit anderen energisch zu sein, sogar wenn es Arroganz einschließt. Sie halten es daher für einen Mangel (Laster), vor anderen Schwäche zu zeigen oder sich in irgendeiner Weise übervorteilen zu lassen, obgleich ein sanftes Wesen ein Zeichen großer innerer Stärke sein kann.

2

ZWEIER halten sich vor allem für wertvoll, weil sie durch ihren Einsatz unentbehrlich für andere erscheinen. Sie sind überzeugt, daß ihre Hilfsbereitschaft eine große Stärke ist, ungeachtet der Tatsache, daß sie die anderen dadurch von sich abhängig machen. Diese Manipulation kommt dadurch zustande, daß sie ihre eigenen Bedürfnisse nicht zulassen. Das halten sie für die Tugend der Selbstlosigkeit, während es im Grunde die Untugend (Laster) der Manipulation anderer bedeutet. Dementsprechend meinen sie, es handle sich um die Untugend der Selbstsucht, wenn es eigentlich um echte Selbstliebe geht.

5

FÜNFER denken, sie seien als Mensch wertvoll, weil sie sich von anderen zurückziehen, um Weisheit und Einsicht zu erlangen. Sie betrachten es als ihre Hauptstärke, zurückgezogen und mit ihren Gedanken beschäftigt zu sein. Doch ist es eigentlich ein Mangel an Großmut gegenüber anderen, nur in der eigenen Gedankenwelt zu leben. Da sie es für Weisheit halten, alles alleine auszudenken, sehen sie folglich eine Untugend darin, wenn sie andere mit einbeziehen. Dagegen kann der Austausch mit anderen oft produktiver sein und eher zu neuen Einsichten führen und bedeutet somit also eine Stärke. FÜNFER neigen zu der Ansicht, Einzelgänger zu sein, sei eine Tugend (Stärke), während es in Wirklichkeit ihre Untugend (Laster) ist.

3.3.2 Realität als Harmonie zwischen Innen- und Außenwelt: 3 – 6 – 9

Die Persönlichkeitsgestalten mit dem Selbstkonzept »Ich muß mich an die Welt anpassen«, schränken das, was sie als höchsten Lebenswert erfahren, zu sehr darauf ein, alles so hinzunehmen, wie es nun einmal ist, und sich dareinzufügen. Worauf sie am meisten stolz sind, ist ihre Anpassung an die Umwelt und deren Maßstäbe. Wie sie ihre »Welt« erfahren, ist bei jeder der drei Persönlichkeitsgestalten unterschiedlich.

3

DREIER sehen sich als wertvolle Menschen, weil sie aggressiv auf die Welt zugehen und Leistungen erbringen, die von anderen als Erfolge honoriert werden. Für sie liegt ihr Selbstwert in ihren Leistungen. Sie sind stolz darauf, sagen zu können: »Ich bin erfolgreich.« Ihre Blindheit besteht darin, daß sie wirklich meinen, Erfolg und Leistung seien das alleinige Kriterium für den persönlichen Wert des Menschen. Im Grunde ist ihre Auffassung von Erfolg keine Tugend, sondern entspricht eher der Untugend der Eitelkeit. Sie können sich schuldig fühlen, wenn sie Mißerfolg haben, als ob dies ein Grund zur Selbstanklage wäre. In Wirklichkeit ist die Annahme von Versagen und Mißerfolg eine Tugend, nämlich der Demut.

6

Sechser konzentrieren sich auf die Welt außerhalb ihrer selbst und passen sich ihr an, um ihr Selbstwertgefühl aufrechtzuerhalten. Sie leben ständig in Furcht und Sorge angesichts der Anforderungen und Erwartungen, die das Leben an sie stellt. Damit sie sich als wertvoll erfahren können, meinen sie, alle äußeren Pflichten durch Gehorsam und Gewissenhaftigkeit gegenüber Gesetzen und Vorschriften der Autorität erfüllen zu müssen. Sie machen einen Fetisch aus dem Gesetzesgehorsam, als ob Unterwerfung das Entscheidende im Leben wäre. Das eigentliche Laster (Untugend) sehen sie in der Übertretung von Gesetzen und Normen. Indem sie Tugend ausschließlich auf äußeren Gehorsam einschränken, unterliegen sie einem falschen Verständnis von Tugend. Eigentlich ist echte Tugend eine engagierte Antwort auf absolute Werte, z. B. Liebe oder Erbarmen. Auch Gesetze sind an absoluten Werten zu messen, auf die auch echte Tugenden ausgerichtet sind. Sechser neigen zur Untugend der Selbstgerechtigkeit, der klassischen Form des Fehlverständnisses von Tugend und Laster; sie sind nämlich stolz darauf, nie eine wirklich ernsthafte Sünde begangen zu haben.

9

Neuner suchen Lebensfülle zu erlangen durch Ruhe und Frieden, indem sie sich von der Außenwelt zurückziehen. Sie passen sich an die Welt an, indem sie jede Störung ihres inneren Friedens zu vermeiden trachten. Sie sehen in ihrem Rückzug von der Außenwelt eine Tugend (Stärke) und sind sehr stolz darauf. In Wirklichkeit praktizieren sie dadurch die Untugend der Trägheit. Sie meinen, daß es sich beim Kampf gegen die Ungerechtigkeiten in der Welt um die Untugend der Anmaßung handele, die überdies noch Rastlosigkeit und nervöse Unruhe mit sich bringe. Bezeichnenderweise halten sie Routine für eine Tugend und erkennen nicht, daß sie selbst und andere dazu berufen sind, zum Wohl der menschlichen Gesellschaft beizutragen. So vernachlässigen sie z. B. die Tugend des leidenschaftlichen Engagements für die Gerechtigkeit.

3.3.3 Realität als äußere Ordnung: 1 – 7 – 4

Die Persönlichkeitsgestalten des Enneagramms, die sich selbst für »kleiner als die Welt« halten, sehen den alles überragenden Wert, für den sie ihre Energie einsetzen, außerhalb ihrer selbst. So schränken sie das Gute einseitig auf die Außenwelt ein und bemühen sich darum, Veränderungen in der Außenwelt zu erreichen. Sie haben weder ein Gespür für ihre eigenen inneren Werte, noch wissen sie die Bedeutung des guten Einvernehmens mit anderen trotz aller Unvollkommenheiten der äußeren Welt zu schätzen. Sie sind stolz darauf, an Veränderungen ihrer Umwelt beteiligt zu sein, indem sie sich der Realität außerhalb ihrer selbst hingeben.

1

Einser sind blind gegenüber ihrem eigenen Unmut, der im Grunde die Wurzelsünde des Zornes ist. Anstatt dies als Untugend zu erkennen, meinen sie, ihre eigenen kritischen Maßstäbe seien Ausdruck von Tugend und Stärke. Sie haben kein Gespür für den Wert der Selbstannahme. Statt dessen meinen sie, wenn sie aufhörten, ständig nach dem Besseren zu streben, sei das Untugend.

7

Siebener sehen in der Traurigkeit und im Pessimismus die größte Untugend, auch wenn das eine angemessene Reaktion auf die tatsächlichen Erfahrungen eines Menschen sein kann. Sie halten dauernde Fröhlichkeit für die größte Tugend, obgleich hin und wieder eine eher nüchterne Einstellung passender wäre. Sie neigen dazu, aus dem Vergnügen einen Götzen zu machen auf Kosten der Tugend der Mäßigung und Selbstbeherrschung. Sie meinen nämlich, daß Ernsthaftigkeit eine Untugend ist, wenngleich es authentischer Selbstausdruck sein kann, sich so zu geben, wie man wirklich empfindet, und sich dem Leben zu stellen, so wie es ist.

4

Vierer machen aus ihrer Empfindsamkeit einen Götzen und halten es für eine Untugend, ungebildet und ohne feine Manieren zu erscheinen. Sie sehen es als außergewöhnliche Tugend an, sich für besser als alle anderen zu halten. Dabei handelt es sich jedoch im Grunde um das Laster der Angeberei. Sie meinen, es sei eine Untugend, so wie alle übrigen Menschen zu sein, obgleich das die Tugend unauffälliger Schlichtheit sein kann.

3.4 *Das Zeitempfinden der neun Persönlichkeitsgestalten*

Im Umgang mit der Zeit zeigt sich ebenfalls, wie das zwanghaft fixierte Ich die Welt sieht. Zeit bedeutet Wechsel. Objektiv gesehen stellt die Zeit ein Maß für den Wechsel in der äußeren Welt dar. Im Innern des Menschen gibt es jedoch noch ein anderes Maß – eine innere Uhr –, den Übergang von einer Erfahrung zur anderen anzeigend. Jede der neun Persönlichkeitsgestalten hat ein je eigenes Zeitbewußtsein, da jede der Enneagramm-Gestalten die Wirklichkeit anders erfährt. Das veranschaulicht Abb. 2.

1

Einser fühlen sich von der Zeit beherrscht. Sie erfahren Zeit als eine Macht, die an ihnen zerrt oder sie gegen ihren Willen fortreißt. Sie leben ständig mit dem Gefühl, nie genügend Zeit zu haben, um alles tadellos auszuführen. Deshalb haben sie eine ziemlich angespannte Beziehung zur Zeit. Sie versuchen, die dahineilende Zeit zum Stehen zu bringen. Sie überprüfen alles noch einmal und drängen anderen ihren eigenen Zeitrahmen auf, bis das, was sie erreichen wollen, zu ihrer eigenen Zufriedenheit erreicht ist. Dann möchten sie sich sogleich der nächsten anstehenden Aufgabe widmen.

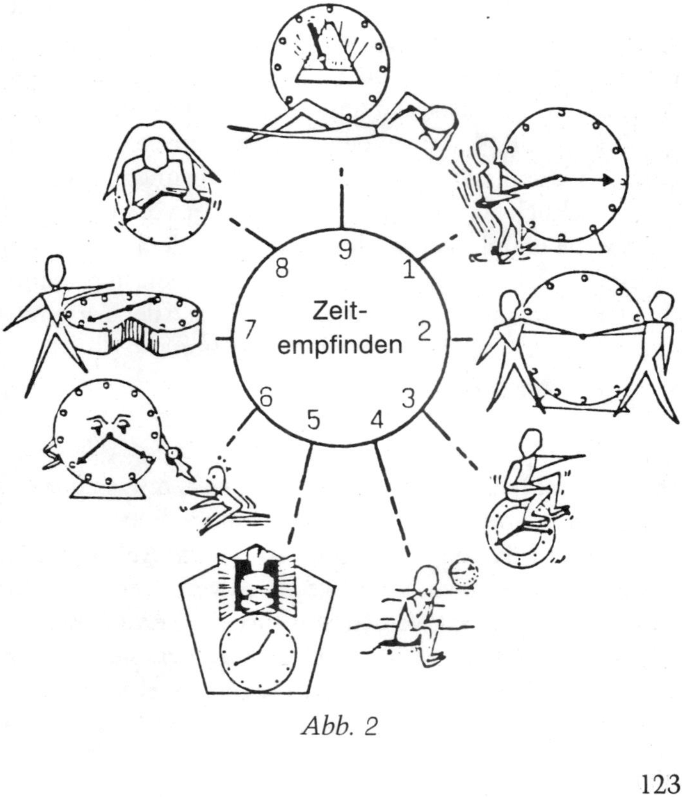

Abb. 2

2

Zweier erleben Zeit als eine Chance für persönliche Beziehungen. Gut ausgenützt ist für sie die Zeit, wenn sie persönliche Kontakte knüpfen können. Erfüllte Zeit ist für sie Zeit, in der sie sich anderen nahe fühlen können. Sie neigen dazu, die Zeit anderer in Beschlag zu nehmen. Es wird ihnen langweilig, wenn sie keine Möglichkeit zur Aufnahme von Kontakten sehen. Daher sind sie bei sachlich orientierten Zusammenkünften gelegentlich gereizt oder verdrießlich. Sie messen die mit solchen Versammlungen verbrachte Zeit nicht daran, wie viele Punkte der Agenda erfolgreich behandelt wurden, sondern daran, wie zufriedenstellend für sie die persönlichen Beziehungen waren. Sie sind einfühlsam gegenüber jedermann, der ihrer Ansicht nach durch andere mit Worten verletzt oder bedroht wurde. Dann zögern sie nicht, sogleich Partei zu ergreifen. Wird ihnen eine Situation zu unpersönlich, stehen sie auf und bieten z. B. Kaffee an oder öffnen ein Fenster, um frische Luft hereinzulassen. Wenn sie von vornherein wissen, daß es sachlich zugehen wird und sie daher voraussichtlich Langeweile empfinden werden, beugen sie dem vor, indem sie ihr Strickzeug oder Schreibzeug zum Erledigen persönlicher Post mitbringen; so können sie während der Versammlung wenigstens irgend etwas für andere tun.

3

Dreier erfahren Zeit als eine Möglichkeit, etwas zu erreichen, d. h. als Mittel zur Leistungs- und Produktionssteigerung. Zeit ist da, um ausgenützt zu werden. Außerdem ist sie ein Maß, um Ziele und Zwecke zu verfolgen. Jede Minute muß ausgenutzt werden, sonst ist es eine verpaßte Gelegenheit. Dreier erfahren Zeit als begrenzt, sie ist nicht beliebig dehnbar. Nach dem Stichtag ist es eben zu spät. Folglich richten sie ihre Ziele nach der verfügbaren Zeit ein. Weil sie leistungsorientiert sind, neigen sie dazu, sich in der zur Verfügung stehenden Zeit zuviel zuzumuten. Gewöhnlich kommen sie daher immer etwas zu spät; aber sie sind sich dessen bewußt und treffen entsprechende Maßnahmen. Sie wollen pünktlich beginnen und pünktlich aufhören. Geht es jedoch darum, daß etwas Bestimmtes erreicht werden soll, dann ist die Pünktlichkeit zweitrangig. Wenn in einem bestimmten Zeitraum etwas geleistet wurde, dann ist die Zeit gut ausgenützt. Sie können oft nicht verstehen, warum andere so viel Zeit für sich selbst brauchen, vor allem wenn aus diesem Grund Arbeiten nicht pünktlich ausgeführt werden.

4

Für VIERER ist die Zeit etwas Subjektives, und ihr Wert wird an der Intensität der Gefühle gemessen. Wenn sie emotional engagiert sind, empfinden sie, daß die Zeit nur so dahinfliegt, andernfalls zieht sie sich in die Länge. Sie neigen dazu, zu spät zu kommen, weil sie die Zeit vergessen, es sei denn, sie haben sich verabredet und es steht eine intensive Erfahrung in Aussicht. Nostalgie und Melancholie hindern sie oft, sich auf den gegenwärtigen Augenblick einzulassen. Sie erfahren die Vergangenheit als noch nicht abgeschlossen, voller versäumter Gelegenheiten und verpaßter emotionaler Erfahrungen, die sie noch nachträglich tiefer ausschöpfen wollen. Wenn sie von der Vergangenheit erzählen, ordnen sie die Ereignisse und Erfahrungen nicht chronologisch, sondern beginnen mit dem, was sie als emotional erfüllend oder als wunderbar erlebt haben.

5

FÜNFER achten darauf, wie die Zeit vergeht, als ob sie selbst in der Uhr säßen und auf eine Reihe bedeutender Zeitabschnitte oder Erfahrungen herabschauten. Während sie die

Ereignisse beobachten, reflektieren sie alles, um es anschließend in einen sinnvollen Zusammenhang zu bringen. Wenn sie von der Vergangenheit erzählen, schildern sie jede individuelle Erfahrung und ihre Bedeutung, und zwar in chronologischer Folge. Für sie geschieht jederzeit etwas Interessantes, wenn nicht in der Außenwelt, dann auf jeden Fall in ihrer Gedankenwelt. Sie lieben es nicht, Dinge in die Länge zu ziehen; denn es bleibt immer noch so viel wahrzunehmen und einzuordnen. Wenn eine Sache abgeschlossen ist, wollen sie sogleich zur nächsten übergehen, um auch diese zu interpretieren oder einzuordnen. Sie können in einem bestimmten Zeitraum viel zustande bringen. Dennoch werden sie immer behaupten, daß die Zeit nie ausgereicht hat, um eine Sache auch nur annähernd so gründlich auszuführen, wie sie es eigentlich beabsichtigt haben. Da sie einen ausgeprägten Zug zur Gründlichkeit haben, geizen sie mit der Zeit. Sie wollen nicht wahrhaben, daß die Zeit nicht ausreicht, um alles bis ins letzte zu verstehen.

6

Für Sechser ist die Zeit eine Autorität, mit der man zu rechnen hat. Sie haben sich ihr zu unterwerfen, obgleich sie das in Konflikte bringt. Die Zeit birgt für sie eine Reihe von Gefahren, die das eigentliche Problem sind. Da sie alles zügig erledigen wollen, schaffen sie unglaublich viel in kurzer Zeit. Sie fürchten, Fehler zu machen, wenn sie Zeit vergeuden. Stichtage sind überaus wichtig für sie, und sie bemühen sich, diese einzuhalten; sonst meinen sie, in Schwierigkeiten zu geraten. Die Zeit ist für sie ein Maßstab bei der gewissenhaften Erfüllung ihrer Pflicht. Vorrangig ist, daß sie den an sie gestellten Erwartungen entsprechen. Es ist daher typisch für sie, daß sie pünktlich kommen und gehen. Die Zeit steht nicht zu ihrer beliebigen Verfügung, sondern ist eher ein Maßstab für ihre Pflichterfüllung gegenüber anderen.

7

Die SIEBENER erfahren die Zeit wie einen großen Kuchen, von dem sie eine unbegrenzte Anzahl Stücke abschneiden können. Sie haben erst ein kleines Stück abgeschnitten, und es gibt noch so viele andere! Für sie ist Zeit ein dehnbarer Begriff. Zum Vergnügen ist immer genug Zeit da. Eine Folge davon ist, daß sie Schwierigkeiten mit der Pünktlichkeit haben. Oft ist ihr Vergnügen zukunftsorientiert, und in ihren Plänen nehmen sie schon die Zukunft vorweg. Weil für sie das Pläneschmieden enorm wichtig ist, begnügen sie sich vielfach damit, Ideen zu haben, unabhängig davon, ob diese auch realisierbar sind. Da eine Beschäftigung mit Details mühsam sein kann, neigen sie in solchen Fällen zum Aufgeben.

8

ACHTER erlauben nicht, daß die Zeit Macht über sie gewinnt. Auf jeden Fall behalten sie die Oberhand. Sie sind entschlossen, die Zeit ihrem individuellen Tempo anzugleichen. Sie sind nicht nur pünktlich, sondern oft schon vor der Zeit da, so daß sie der Uhr keine Aufmerksamkeit zu schenken brauchen. Die Zeit erscheint ihnen ausgedehnt, mit relativ wenigen Momenten von Belang. Dabei entscheiden sie selbst, was für sie bedeutsam ist, und machen das zum Kriterium ihrer Zeitmessung. Haben sie sich einmal für etwas entschieden, das ihnen bedeutsam erscheint, spielt Zeit überhaupt keine Rolle mehr. Sie haben kein Gespür dafür, wann es genug ist und sie ihr Ziel erreicht haben; daher machen sie einfach weiter. Das läßt sie ungeduldig erscheinen und verleiht andererseits ihren Aktivitäten Schwung, so daß sie mit unvermindertem Elan weitermachen.

9

Für NEUNER vergeht die Zeit im gleichmäßigen Takt, ähnlich einem Geigerzähler. Jeder Augenblick ist für sie von gleicher Dauer; jedes Ereignis von gleicher Bedeutsamkeit. Sie meinen, daß es in einem begrenzten Zeitraum einfach zu viel zu erledigen gibt; daher tun sie einstweilen gar nichts. Wichtig ist ihnen, sich an die Tagesordnung zu halten und sich emotional so wenig wie möglich zu engagieren. Sie brauchen Zeitpläne und können sehr ungehalten sein, wenn etwas außerhalb ihrer Zeitplanung geschieht. Sie sind wenig flexibel, fühlen sich am wohlsten bei Routinearbeiten und können etwas Unvorhergesehenes nicht unterbringen; vielmehr müssen sie es anschließend erledigen, wenn alles andere getan ist. Pünktlichkeit spielt bei ihnen keine große Rolle, solange sie zufrieden sind. Bei Überforderungen lassen sie einfach alles geschehen und regen sich nicht darüber auf.

3.5 *Tiersymbole der zwanghaften Persönlichkeitsgestalten*

Das Verhalten der von einem zwanghaften Antrieb bestimmten Persönlichkeit gegenüber der Wirklichkeit kann u. a. durch den Vergleich mit bestimmten Tieren verdeutlicht werden. Diese erheiternden, manchmal auch zu neuen Einsichten führenden Tiersymbole spiegeln bestimmte Eigenschaften und Verhaltensweisen der entsprechenden Persönlichkeitsgestalt wider. Das wird in Abb. 3 veranschaulicht. Die Tiersymbole des unerlösten, zwanghaften Menschen unterscheiden sich von denen der erlösten bzw. integrierten Persönlichkeit. Letztere werden in Kapitel 6 näher besprochen.

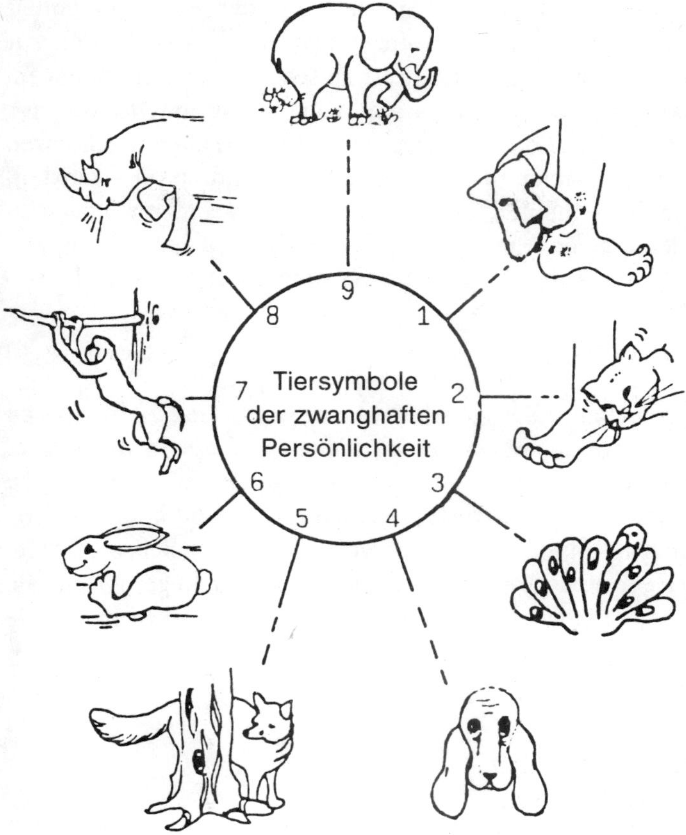

Abb. 3

1

Die zwanghafte Eins ist einem Terrier vergleichbar. Als relativ kleiner Hund kann der Terrier einem dennoch einen nicht gelinden Schrecken einjagen. Diese Hunde schnappen nämlich erst zu und bellen hinterher. Sie sind sich nie ganz sicher, ob der andere ein Gegner ist, und deshalb schnappen sie auf alle Fälle erst einmal zu. Sie sind immer um das besorgt, was um sie herum vorgeht.

Da Einser ihre eigenen Maßstäbe der Vollkommenheit auch anderen aufzwingen wollen, machen sie es sich zur Pflicht, ihnen auf die Finger zu sehen und zuzuschnappen, sobald etwas ihrer Ansicht nach nicht in Ordnung ist. Wenn jemand sie verletzt hat, werden sie nie mit der betreffenden Person darüber sprechen, sondern mit Dritten; denn sie meinen, es sei falsch, sich mit anderen auseinanderzusetzen. Zudem erwarten sie von anderen, daß sie wissen, was sich gehört, und daß sie entsprechend handeln.

2

Zwanghafte Zweier sind wie eine Katze. Sie schmiegen sich so lange an, bis sie genug haben, und gehen dann ihrer Wege. Sie können auch fauchen, wenn ihnen jemand zu nahe kommt. Katzen schleichen umher und können plötzlich aus ihrem Versteck hervorkommen. Sie lieben es, Menschen anzustarren, haben es aber selbst nicht gern, wenn sie angestarrt werden. Zweier ähneln einer Katze darin, daß sie lieb und anschmiegsam sind; sie erwecken aber auch den Eindruck von Unabhängigkeit.

3

Zwanghafte Dreier sind einem Pfau vergleichbar. Pfauen sind Angeber, die überall ihre Schwanzfedern stellen. Sie picken dies und jenes auf und haben für alles eine Verwendung. Ähnlich dem Pfau erwartet eine Drei Aufmerksamkeit für ihre großspurige Prahlerei. Es liegt ihr daran, von anderen bewundert zu werden.

4

Die zwanghafte Vier ähnelt einem Basset, der Augen und Ohren herunterhängen läßt. Man kann ihn beim Fell pakken und hat doch das Gefühl, der Hund bleibt zurück. Er wedelt mit dem Schwanz, der einem weichen Mop gleicht. Er bettelt um Bissen, die vom Tisch fallen, und verwechselt Abfälle mit guten Bissen. Wie Bassets drücken VIERER Traurigkeit aus als eine Weise, mit anderen Verbindung aufzunehmen. Wenn jemand sie beim Wort nehmen will, sitzen sie traurig da und fühlen sich unverstanden.

5

Die zwanghafte FÜNF gleicht einem Fuchs, der umherschleicht und sich in dunkle Löcher verkriecht. Seine Hauptnahrung ist Aas. Füchse werden oft von dem, was sie gefressen haben, geplagt und fallen in der Einsamkeit ihrer Höhlen nicht selten Krankheiten anheim. Sie wählen nur solche Beutetiere, die viel kleiner als sie selbst sind. Wie Füchse haben FÜNFER einen Späherblick. Sie streunen umher und nehmen es nur mit kleinen Tieren auf, um nicht allzusehr ins Getriebe des Lebens verwickelt zu werden.

6

Zwanghafte SECHSER haben etwas von einem Hasen an sich. Hasen sind wachsame Tiere und immer zur Flucht bereit. Sie schlagen auch Haken, und bei Gefahr laufen sie in diese und jene Richtung. Obgleich sie Kämpfernaturen sind, kämpfen sie auf Einzelposten und enden nicht selten in den Händen eines Verfolgers. Sie sind bekannt für ihre rasche Vermehrung. Wie Hasen sind SECHSER oft extrem verletzbar und leben in Angst und Unentschlossenheit.

7

Zwanghafte SIEBENER gleichen Äffchen, ziemlich lauten und neugierigen Geschöpfen. Sie geben fremdartige Laute von sich und sind rauflustig. Sie hängen buchstäblich in der Luft und schwingen sich von Ast zu Ast.

Wie Äffchen schauen SIEBENER umher; denn sie wollen gegenüber allem gefeit sein, was sich tut. Sie schwatzen gern, bis hin zur Klatscherei. Sie scheinen ständig in den Wolken zu schweben, da sie ein sehr bewegtes Leben führen und ausgezeichnet jonglieren können.

8

Die zwanghafte ACHT hat etwas von der Art eines Nashorns an sich. Trotz ihrer bedrohlichen Größe sind Nashörner Vegetarier. Sie sind kurzsichtig und dickfellig. Was sie nicht erkennen, trampeln sie einfach nieder oder verschlingen es kurzerhand. Ähnlich dem Nashorn tut sich eine zwanghafte ACHT erst voll Genüge und reflektiert später. ACHTER treten erst auf anderen herum, um sicherzugehen, daß sie selbst nicht von anderen verletzt werden. Sie sagen: »Laß mich in Ruhe mit diesem Schwächling!«

9

Die zwanghafte NEUN ist einem Elefanten vergleichbar. Elefanten sind sehr schwere, schwerfällige Tiere. Sie sind so groß, daß sie sogar auf ihre eigenen Jungen treten, ohne zu merken, wie schwer sie eigentlich sind. Sie zertrampeln ihr Futter und verunreinigen ihre Umgebung, bevor sie weiterziehen. Aus Neugier nehmen sie oft Fremdkörper in ihren Rüssel und ersticken manchmal daran.
Wie Elefanten, sind auch unerlöste NEUNER sehr schwerfällig und halten sich für den unerschütterlichen Ruhepol der Welt. Sie sitzen einfach da und scheinen sich gar nicht ihrer Gewichtigkeit in einer Situation bewußt zu sein. Sie begeben sich nicht gern auf neue Weideplätze, sondern laufen lieber mit der Herde, anstatt Verantwortung für einen Neuaufbruch zu übernehmen. Wie Elefanten sind sie »ganz Ohr«, aber ihre großen Ohren verdecken ihre Gehörgänge und blockieren ihre Fähigkeit zu hören.

4. Die unausgeglichene Persönlichkeit

Jede der neun Persönlichkeitsgestalten des Enneagramms hat einen Teilaspekt des Guten zu einem absoluten Wert erklärt. Was das Ich als absoluten Wert anerkennt, wird leidenschaftlich angestrebt. Es handelt sich dabei um eine leidenschaftliche Energie, welche die je spezifische Verteidigungsstrategie bzw. die zwanghaft fixierten Antriebe der Persönlichkeit aufrechterhalten soll, damit dieser begrenzte, jedoch für absolut gehaltene Wert verwirklicht wird. Dieser begrenzte Teilaspekt des Guten erwuchs aus der frühen Erfahrung der Entfremdung, d. h. aus der Erkenntnis, daß die Umwelt nicht im Einklang mit den eigenen Gefühlen und Bedürfnissen steht. Angesichts dieser Entfremdung zwischen Ich und Umwelt kam es zu einer unbewußten »Entscheidung«, die das Überleben sichern und Erfüllung schenken sollte, indem sich das Kind dafür entschied, auf eine ganz spezifische Weise Mensch zu sein. Diese Wahl schließt eine Einschränkung des menschlichen Wesens, eine Verengung der Möglichkeiten und Begabungen des Menschseins, ein.[23]

Ohne diese Einschränkung bzw. Verengung wäre es nicht zu dem zwanghaft fixierten Antrieb der Persönlichkeit gekommen, wie wir bereits bei der Darstellung der Persönlichkeit Jesu gesehen haben. Er ist der erste ganzheitliche Mensch, der erste Mensch im vollen Sinn. Indem er alle Aspekte des menschlichen Wesens in sich zuließ, vermied er die Unausgeglichenheit, die dadurch entsteht, daß man mit allen Mitteln nur einen bestimmten Teilaspekt des Menschseins zu retten und zu verteidigen sucht. Es bedeutet auch, daß Jesus sich nicht gegen eine fremde Welt zu verteidigen suchte, indem er einen Verteidigungsmechanismus, d. h. eine zwanghafte Fixierung ausbildete.

Die leidenschaftliche Liebe als fundamentale Lebensenergie

des Menschen ist an sich auf die ganzheitliche personale Erfüllung und Sinnfindung ausgerichtet. Infolge der Reduzierung des Guten auf einen Teilaspekt dient diese fundamentale Energie nicht der ganzheitlichen Fülle des Menschseins, sondern erstreckt sich nur auf einen geringen Ausschnitt des Menschseins. Dies hat zur Folge, daß die Lebensenergie in einer Weise eingesetzt wird, die der ganzheitlichen Entfaltung des Menschseins hinderlich im Wege steht. Diese in gewissem Sinn fehlgelenkte Lebensenergie nennen wir Leidenschaft. Eine Leidenschaft bedeutet nicht die Verderbtheit der menschlichen Natur, sondern eher eine Deformation des Menschseins aufgrund einer unangemessenen »Antwort« des Menschen auf einen absoluten Wert. Diese Mißbildung wurde nicht etwa durch irgendein inwendiges Gift erzeugt, sondern entsteht durch einen Irrtum, was den absoluten Wert im Zusammenhang mit der ganzheitlichen Erfüllung und Sinnfindung des Menschen darstellt. Die Leidenschaft ist daher eher ein Fehler aufgrund einer verkehrten Sicht der Realität. Da es sich um eine falsche Sicht der Wirklichkeit handelt, die das menschliche Handeln tiefgreifend beeinflußt, kommt es zu neun tief eingewurzelten Fehlhaltungen, die wir als *Wurzelsünden* bezeichnen.

4.1 *Die Wurzelsünden*

Die in jeder Persönlichkeitsgestalt des Enneagramms dominierende Leidenschaft ist in Abb. 4 genannt. Die Deformation der leidenschaftlichen Energie ist in den Abb. 5, 6 und 7 verdeutlicht, entsprechend den drei fehlerhaften, weil einseitigen Sichtweisen der Realität, die vermeintlich zur Selbstverwirklichung führen sollen.

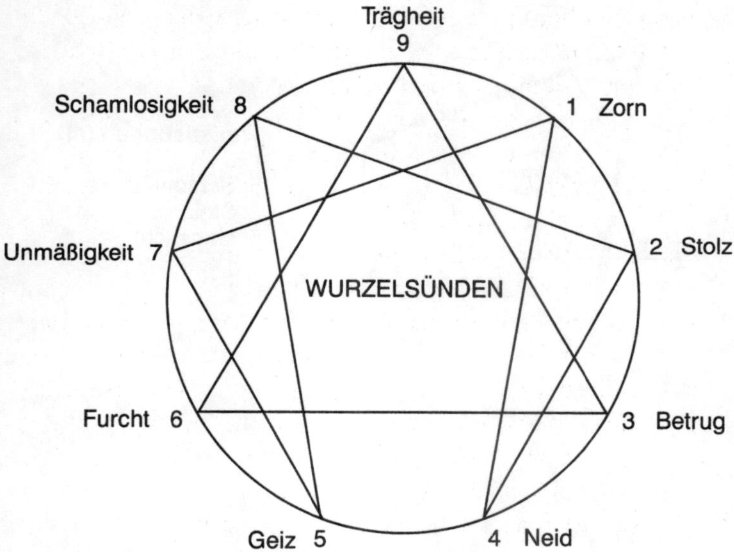

Abb. 4

4.1.1 Realität als innere Ordnung: 8 – 2 – 5

Wenn die Realität in erster Linie als innere Ordnung empfunden wird und dort auch die Sinnerfüllung gesucht wird, konzentriert sich die Lebensenergie vor allem auf die eigene Person.

8: Überheblichkeit

ACHTER übertreiben ihre Selbstbehauptung durch die Leidenschaft der Überheblichkeit, indem sie anderen die Wahrheit sagen, aber ohne Liebe und Einfühlung. Sie treten lautstark für Wahrheit und Gerechtigkeit ein; doch ist die Art, wie sie dies anderen gegenüber ausdrücken, von ihrem Verteidigungsmechanismus gelenkt, durch den sie sich selbst zu schützen versuchen, indem sie andere überwälti-

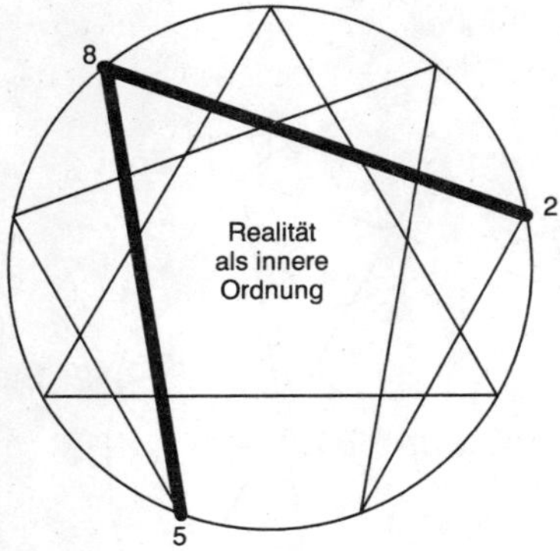

Abb. 5

Wurzelsünden (a)

8: Schamlosigkeit
2: Stolz
5: Habsucht

Abb. 6

Wurzelsünden (b)

9: Trägheit
3: Betrug
6: Furcht

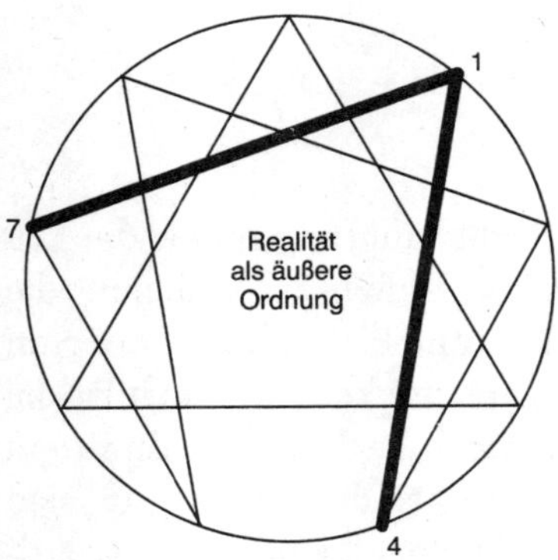

Abb. 7

Wurzelsünden (c)

1: Zorn
4: Neid
7: Unmäßigkeit

gen. Sie erfahren das Dasein als Machtkampf und sind leidenschaftlich darauf aus, stark zu sein, um so ihre Schwächen zu überspielen. In ihrem auf eigene Erfüllung ausgerichteten Eifer, eine starke Persönlichkeit zu sein, sehen sie nicht, daß das menschliche Verlangen nach Erfüllung auch durch den Zusammenschluß und die Einheit mit anderen erreicht werden kann. Für ACHTER sind Auseinandersetzungen eher ein Selbstzweck, als daß sie darin eine Möglichkeit zur Versöhnung sehen. Sie sind eher stolz darauf, ihre Position zu verteidigen, als um der Einheit mit anderen willen einmal den kürzeren zu ziehen.

Aufgrund der frühkindlichen Erfahrung der Entfremdung, vielleicht unterdrückt von einem dominierenden Elternteil, haben ACHTER sich entschlossen, sich selbst zu schützen, indem sie eine robuste Außenfront anlegten und lernten, niemals zurückzustecken. Sie meinen, daß sie nur auf diese Weise erreichen, was sie als ihren absoluten Wert ansehen, nämlich die Aufrechterhaltung persönlicher Stärke angesichts einer bedrohlichen Umwelt. Obgleich sie durchaus zustimmen würden, daß Macht nicht mit Recht identisch ist, ist ihre leidenschaftliche Energie dennoch darauf gerichtet, was ihnen die Kontrolle über andere garantiert. Um dieser Kontrolle willen sehen sie in der Einschüchterung anderer durch ihre Arroganz ein willkommenes Mittel zu einem lohnenden Ziel. Da solche Erfahrungen nie im tiefsten das Gefühl auslösen, einen absoluten Wert zu realisieren, sucht die leidenschaftliche Energie der ACHTER nach der Erfahrung von persönlicher Macht, indem sie auf Streit aus sind. Ganz gleich, wie viele Erfahrungen der eigenen Macht und Durchsetzungskraft ACHTER gemacht haben, sie verlangen nach mehr Macht in den Augen anderer, weil dieser begrenzte Wert für den einzig gültigen gehalten wird. Auch noch so viele Erfahrungen persönlicher Macht können nicht die Sehnsucht nach dem absoluten Wert erfüllen. ACHTER reagieren auf jede Bedrohung ihres Selbstwertgefühls durch Kontrolle seitens anderer oder deren Anordnungen mit spontanem Widerstand und arrogantem Verhalten. Durch Überheblichkeit versuchen sie, sich schadlos zu halten. ACHTER erteilen gern Befehle, finden es jedoch höchst widerwärtig, Befehle anderer auszuführen, weil das ihrem Verständnis von persönlicher Sinnerfüllung widerspricht.

2: Stolz

ZWEIER richten ihre leidenschaftliche Energie ebenfalls auf die eigene Person. Dies zeigt sich in ihrer Leidenschaft des Stolzes, indem sie meinen, niemanden zu brauchen. Darin liegt ein tiefer Widerspruch, weil ZWEIER unbewußt gerade auf die Wertschätzung derer angewiesen sind, denen sie helfen. Sie verleugnen jedoch ihre persönlichen Bedürfnisse, um auf diese Weise Sinerfüllung zu finden. Sie lehnen spontan jede Hilfsbereitschaft anderer ab. Dadurch versuchen sie, die Oberhand zu behalten, indem sie andere dahingehend manipulieren, auf sie angewiesen zu sein; denn das bringt ZWEIERN Sinnerfüllung, die für sie darin besteht, stolz sein zu können auf die eigene Dienstbereitschaft und den Einsatz für andere und nichts dafür wiederzubekommen. Diese begrenzte Selbsterfahrung haben ZWEIER zu ihrem absoluten Wert erklärt; daher fühlen sie sich unwohl, wenn sie nicht für andere aktiv sein können. Die leidenschaftliche Energie des Stolzes kommt unverhohlen zum Vorschein, wenn jemand, dem sie geholfen haben, es an Dankbarkeit und Wertschätzung fehlen läßt. Das verletzt den Stolz der ZWEI. Nicht gebraucht zu werden bedeutet für sie, als Mensch nichts wert zu sein. In ihrer Leidenschaft des Stolzes reagieren sie im allgemeinen, indem sie über andere abschätzig reden oder auch durch andere Racheakte. Dies mutet bei den sonst so freundlichen ZWEIERN befremdend an. Kurz gesagt, ZWEIER haben nicht die Demut zu akzeptieren, daß Sinnerfüllung in wechselseitigem Helfen, vor allem in der personalen Gemeinschaft mit anderen zu finden ist; statt dessen sehen sie ihre Sinnerfüllung eher darin von anderen wegen ihrer Hilfsbereitschaft und ihrem Diensteifer geschätzt und geachtet zu werden.

5: Geiz

Die Art und Weise, wie FÜNFER ihre leidenschaftliche Energie auf sich selbst konzentrieren, geschieht durch die Leidenschaft des Geizes. Ihr Mangel an Großmut ist darin begründet, daß sie den begrenzten Wert, Wissen anzusammeln, zu einem absoluten Wert erklären. Sie sehen ihre Erfüllung nicht so sehr in der Verbindung mit anderen. Dies zeigt sich in ihrer spontanen Reaktion, wenn einer ihrer Freunde in ihren Privatraum eindringt oder über ihre Zeit verfügen will, die sie für Studienprojekte geplant haben. Da sie im Ansammeln von Wissen niemals vollkommene Erfüllung finden können, bleibt ihnen immer das Gefühl der Leere oder Unwissenheit. Daher haben sie ein ungeheures Verlangen nach mehr Zeit und Alleinsein, um diese Leere zu füllen. Das Fixiertsein auf Alleinsein und Zurückgezogenheit wird zu einem Objekt ihrer leidenschaftlichen Energie; denn die Zurückgezogenheit ist für sie das Medium, ein Gefühl persönlicher Sinnerfüllung zu erlangen. Ohne dieses Alleinsein haben sie das Gefühl, daß ihnen das Leben wie Sand durch die Finger rinnt. Da es immer Neues zu erkennen und zu lernen gibt, eine Antwort viele neue Fragen aufwirft und somit weiteres Studium erfordert, geht ihnen das Gefühl vollkommener Erfüllung ab. Die einzige Gelegenheit, dieses Bedürfnis zu stillen, sehen sie darin, möglichst knauserig mit ihrer Zeit umzugehen. Daher vermeiden sie jedes Engagement, das sie mit anderen verwikkeln oder sie davon abhalten könnte, sich ihren privaten Projekten, Weisheit zu erlangen, zu widmen.

4.1.2 Realität als Harmonie zwischen Innen- und Außenwelt: 3 – 6 – 9

Die Persönlichkeitsgestalten, die ihre Sinnerfüllung in der Harmonie zwischen Innen- und Außenwelt suchen, leiten ihre leidenschaftliche Energie fehl, indem sie sich jeweils auf bestimmte Weise an die bestehenden Verhältnisse anpassen.

3: Betrug

DREIER sehen ihre Sinnerfüllung in äußerem Schein. Sie wollen um jeden Preis ein gutes Image vor anderen aufrechterhalten. Dies suchen sie dadurch zu erreichen, indem sie Leistungen erbringen, die von anderen als Erfolge angesehen werden. Das Urteil anderer wird von DREIERN als absoluter Wert angesehen. Sie verbergen vor den Augen anderer, was ihnen in irgendeiner Weise das Lob des Erfolges entziehen würde, wonach sie sich im tiefsten sehnen. Folglich wird ihre leidenschaftliche Energie um des Erfolges willen auch zu List und Tücke greifen. Diese List beginnt damit, daß DREIER ihre Gefühle ignorieren, um vor anderen ein gutes Image zu präsentieren. Wahrhaftigkeit wird nebensächlich gegenüber dem absoluten Wert des guten Image aufgrund eigener Leistungen. Die früh erworbene Täuschungsfähigkeit der DREIER kommt noch deutlicher zum Ausdruck in unlauteren Geschäften, im Konkurrenzkampf und in Steuerhinterziehungen als einer Chance, noch größere finanzielle Erfolge zu erzielen. Da jedoch ein begrenzter Erfolg niemals das Herz ganz erfüllen kann, suchen DREIER ihr Leben lang einen Erfolg nach dem anderen. Sie vergleichen sich und wetteifern mit anderen, und greifen dabei auch zu Listen.

6: Furcht

Die leidenschaftliche Energie der SECHSER versucht, sich durch die Erfüllung von außen an sie herangetragener Erwartungen der Realität der Welt anzupassen. Mit der Erfahrung der Wirklichkeit verbinden SECHSER vor allem Besorgtsein. Daher neigen sie dazu, sich von der Leidenschaft der Furcht leiten zu lassen. Immer allem zu entsprechen, was von ihnen erwartet wird, heißt, daß sie oft von Ängstlichkeit umgetrieben werden. Sie befürchten, daß man sie als pflichtvergessen einschätzt, vor allem in Situationen der Unsicherheit, wenn sie nicht wissen, ob etwas richtig oder falsch ist. Manchmal wird diese Furcht zur Angst, d. h. Furcht vor dem Unbekannten, insbesondere vor der unbekannten Zukunft. SECHSER fürchten sich vor Veränderungen, da für sie das Altbewährte und Bekannte ein Maßstab für richtig oder falsch ist. Ihrer Meinung nach ist die Gewohnheit der beste Interpret des Gesetzes. Das Aufgeben bestimmter Bräuche oder Traditionen bedeutet für sie eine Bedrohung ihrer Sicherheit. Sie finden Erfüllung in der Anpassung an die Forderungen der Autorität. Ihre Leidenschaft der Furcht kommt in überzogenen Reaktionen gegenüber jeder noch so geringen Abweichung von Vorschriften und Traditionen zum Ausdruck sowie in der Unerbittlichkeit und Hartnäckigkeit, mit der sie oft ihre Autorität und deren Entscheidungen und Normen verteidigen. Diese Blockade kommt aus der tiefeingewurzelten leidenschaftlichen Liebe zur Anpassung.

9: Trägheit

NEUNER passen sich an die Außenwelt an, indem sie sich zurückziehen und alles nicht so wichtig nehmen. Harmonie wird zum Götzen, mithin zum absoluten Wert erhoben. Sie fühlen sich am meisten im Frieden mit sich selbst und mit anderen, wenn sie wenig oder gar nichts unternehmen. In kritischen Situationen ergreifen sie die Flucht und versuchen, die Konflikte herunterzuspielen. Anstatt Erfüllung im Zusammenschluß mit anderen zu suchen, meinen sie, nur dann Erfüllung zu finden, wenn sie zufrieden sind, sich über nichts aufregen, oder die Dinge einfach laufen lassen. Ihre eingewurzelte Neigung zur Passivität hat ihre Ursache darin, daß ihre leidenschaftliche Energie Befriedigung im Nichtstun findet, was der Leidenschaft der Trägheit gleichkommt.

4.1.3 Realität als die äußere Ordnung: 1 – 7 – 4

Wird die Sinnerfüllung des Lebens vor allem in der Umwelt gesucht, richtet sich die leidenschaftliche Energie auf die Außenwelt.

1: Zorn

EINSER können sich nicht eingestehen, daß ihr Zorn die Sicht der Wirklichkeit verfälscht. Sie verleugnen ihren Ärger, und doch lenkt gerade das, was sie für die wahre Erfüllung ihres Lebens halten, ihre leidenschaftliche Energie in Gefühle des Zornes. Sie erheben die Perfektion zum absoluten Wert und streben in allem Tadellosigkeit an. Sie sehen in allem zuerst das Unvollkommene, und ihre Reaktion darauf ist immer Ärger. Dieser Ärger drückt sich in Kritik aus und richtet sich häufig gegen die eigene Person aufgrund ihres Selbstkonzeptes »Ich bin kleiner als die Welt«. Sie sehen Sinn und Erfüllung in der Vollkommenheit, aber die Welt ist nun einmal nicht vollkommen. Das ruft Ärger hervor. Es ist ihnen viel wichtiger, alles recht zu tun und keine Fehler zu machen, als in gutem Einvernehmen miteinander zu leben. Der Zorn der EINSER resultiert aus dem Irrtum, daß Perfektion wichtiger ist als alles andere, sogar wichtiger als all das Gute und Schöne, was das Leben trotz aller Unvollkommenheiten zu bieten hat.

Wenn die äußere Perfektion zum absoluten Wert erhoben wird, ist das Verlangen nach einem wirklich absoluten Wert fortdauernd durch jede noch so kleine Unordnung oder Unvollkommenheit aufs empfindlichste gestört. Die Folge ist, daß die leidenschaftliche Energie auf relativ unwichtige Details gelenkt wird und darauf fixiert ist, diese zu korrigieren, was wiederum die Fähigkeit der EINSER untergräbt, sich in Harmonie mit anderen zusammenzuschließen. Andere fühlen sich durch die Pedanterie der EINSER oft eingeengt oder überfordert.

7: Unmäßigkeit

In ihrem Bestreben, jeden Schmerz zu vermeiden, suchen SIEBENER Sinnerfüllung in allen Formen von Vergnügen. Dadurch verkehrt sich ihre leidenschaftliche Energie in die Passion der Genußsucht, oft in Form von Unmäßigkeit und Ausschweifung. Unmäßigkeit bildet sich heraus, wenn Genuß zum absoluten Wert erhoben wird. Da jedes Vergnügen eigentlich nur einen begrenzten Wert darstellt, bedarf es exzessiven Genusses, wenn dieser zum absoluten Wert erhoben wird. Um doch irgendwie Erfüllung und Sinn des Lebens zu erfahren, muß dann ein Vergnügen dem anderen folgen. Dieses Verlangen nach dauerndem Vergnügen veranlaßt SIEBENER, ständig Pläne zu schmieden; denn die Möglichkeit ihrer Erfüllung muß auf lange Sicht gewährleistet sein.

4: Neid

VIERER haben das Selbstkonzept »Ich bin kleiner als die Welt«. Sie versuchen ständig, mehr sie selbst zu werden durch ihren originellen Lebensstil. Sie sehen den authentischen Ausdruck ihrer selbst als die letzte Erfüllung ihres Daseins. Da sie infolge ihres mangelhaften Selbstbildes dazu neigen, sich mit anderen zu vergleichen, sind sie neidisch und eifersüchtig auf jeden, der auf irgendeine Weise vorteilhafter dasteht. Die Eigenart der anderen wird dann als bedrohlich für ihre persönliche Einzigartigkeit erfahren. Diese Leidenschaft des Neides erstaunt um so mehr, als sie im Gegensatz zu der zur Schau getragenen Vornehmheit der VIERER steht. Wohl stimmt es mit der für VIERER charakteristischen Aufgeblasenheit überein, wenn sie andere belächeln, weil sie nicht solche Vornehmheit und Gepflegtheit an den Tag legen wie sie selbst. Jede auf irgendeine Weise Eindruck erweckende Persönlichkeit verursacht VIERERN Neidgefühle. Anstatt die Bewunderung der Gaben und Fähigkeiten anderer als Chance zu ergreifen, persönliche Beziehungen zu knüpfen, erfahren VIERER die Vorzüge anderer als Bedrohung ihrer eigenen Selbsterfüllung, die sie mit dem Ausdruck ihrer selbst in Kleidung, Schmuck, Gestaltung ihres Lebensraumes und ihres gesamten Lebensstils gleichsetzen.

4.2 *Handeln »in Pfeilrichtung« verstärkt die Zwanghaftigkeit*

Im Enneagramm wird eine weitere Ursache für die Unausgeglichenheit der Persönlichkeit beleuchtet. Das Enneagramm besteht nicht nur aus neun um einen Kreis angeordneten Zahlen, sondern auch aus Pfeilen, die bestimmte Zahlen miteinander verbinden. Diese Pfeile zeigen eine Beziehung zwischen den verschiedenen Persönlichkeitsgestalten an.

Die Bewegung in Pfeilrichtung hin zu einer anderen Zahl verstärkt die eigene Fixierung. Dies wird in Abb. 8 gezeigt.

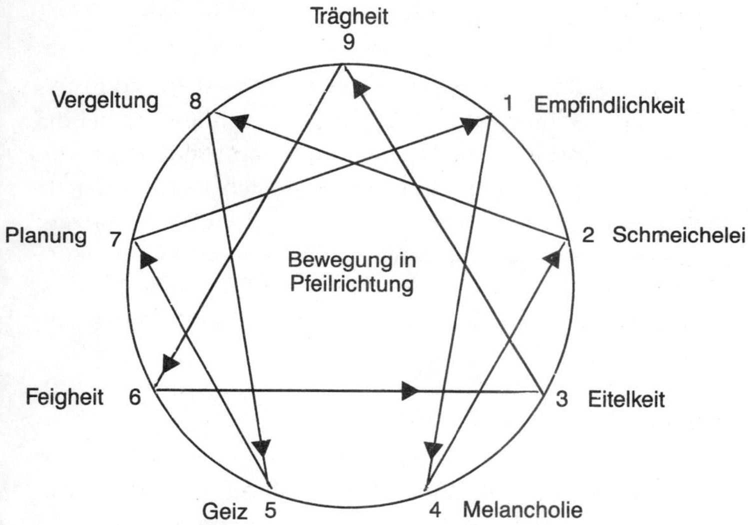

Abb. 8[24]

Tad Dunne hält die Bewegung in Pfeilrichtung für ein Verhaltensmuster, das auf dem vom Ich herausgebildeten und eingeschliffenen Verhaltensmodus gründet, der entweder (1) aggressiv, (2) abhängig oder (3) zurückgezogen sein kann. Abb. 9 zeigt, in welcher Richtung jede Persönlichkeitsgestalt die eigene zwanghafte Fixierung noch verstärkt.

Abb. 9

4.2.1 Aggressive Persönlichkeitsgestalten: 8 – 3 – 1

Die aggressiven Persönlichkeitsgestalten 8 – 3 – 1 kompensieren ihre Probleme und Konfliktsituationen mit Hilfe ihres spezifischen zwanghaften Antriebes, indem sie ihr aggressives Verhalten aufgeben und sich zurückziehen, wenn ihnen ihre Anmaßung oder ihr falsches Selbstvertrauen bewußt wird. Sie ahnen, daß dies im Grund unwahrhaftig ist und hören auf, sich aggressiv zu verhalten. Das führt zu einem zurückgezogenen Verhalten und kann sie in die Verzweiflung stürzen.

8

Wenn ACHTER zuviel Widerstand erfahren, ziehen sie sich wie FÜNFER zurück auf das Geiz-Ich. Das treibt sie mitunter in die Verzweiflung. FÜNFER ziehen sich von anderen zurück, weil ein Gefühl der inneren Leere sie dazu antreibt, durch privates Studium und Reflexionen Wissen und Kenntnisse zu sammeln. Sie erwerben Kenntnisse und bereiten sich ständig auf jenen entscheidenden Augenblick vor, wenn ihre Weisheit gefragt sein sollte. Ihr ausgeprägtes Wahrnehmungsvermögen ersetzt das Sich-Einlassen auf die Realität. Es ist lebenszerstörend für ACHTER, sich auf das Ich-Geiz der FÜNF hinzubewegen. Anstatt sich zurückzuziehen, wenn sie zuviel Widerstand erfahren, tun sie gut daran, in Beziehung mit anderen zu bleiben. Sich von anderen zurückzuziehen, dient nur dazu, ihre eigene Zwanghaftigkeit zu verstärken, und führt in die Regression und Desintegration der Persönlichkeit.

3

DREIER haben enorme Schwierigkeiten, mit den eigenen Fehlern und Versagen umzugehen. Bei Mißerfolgserlebnissen können sie sich zurückziehen, in Trägheit verfallen wie die NEUN und dadurch in der Verzweiflung enden. NEUNER haben die Einstellung, daß das Leben keine Aufregung wert ist. Sie begnügen sich mit einem Minimum an Energie, Aufmerksamkeit und emotionalem Engagement. Konflikte, Entscheidungen und Unruhe berühren sie wenig. Alles wird heruntergespielt und auf möglichst niedrigem emotionalen »Pegelstand« gehalten. Sie scheinen sich in ihrer Haut wohl zu fühlen, sind aber gegenüber dem Leben wie betäubt. Die Ego-träge NEUN ist kein Vorbild für DREIER, wenn Mißerfolge an ihrem Selbstwertgefühl nagen. Wenn DREIER passiv werden wie die NEUN, verstärkt sich nur noch ihre eigene Zwanghaftigkeit. Wenn sie nicht nur Mißerfolge, sondern auch alle Konflikte vermeiden wollen, indem sie ihr natürliches Leistungs- und Organisationstalent aufgeben, führt sie das in äußerste Hoffnungslosigkeit. Es ist nicht lebensförderlich für DREIER, passiv zu werden. Sie brauchen Aktivität, um ihre Hoffnung und Lebendigkeit aufrechtzuerhalten.

1

EINSER fühlen sich in Streßsituationen überfordert und reagieren darauf gewöhnlich mit einem Sich-Gehenlassen, das sie ihr Vollkommenheitsstreben völlig vergessen läßt. Sie folgen dann in Pfeilrichtung der melancholischen VIER mit ihrem zurückgezogenen Verhalten. VIERER können sogar aus ganz normalen Schmerzen eine Tragödie machen. Sie erleben ihr Leid als so außergewöhnlich und einzigartig, daß es nahezu unwirklich erscheint. Sie fühlen sich meistens von anderen unverstanden. VIERER halten sich selbst für zu einzigartig, als daß sie sich irgendwo einfügen könnten. Das führt sie in Einsamkeit und Unverstandensein. EINSER sind gewöhnlich nicht depressiv, sondern lebensfrohe Menschen. Wenn sie von dem Gefühl überrollt werden, daß sie nicht die Vollkommenheit erreichen, die sie für unerläßlich erachten, führt sie das zu Passivität und

Verzweiflung, indem sie die Zwanghaftigkeit der melancholischen VIERER annehmen.

4.2.2 Abhängige Persönlichkeitsgestalten: 2 – 6 – 7

Die abhängigen Persönlichkeitsgestalten 2 – 6 – 7 finden Erfüllung des Daseins darin, sich der Welt, so wie sie ist, anzupassen. Wenn sie sich bewußt werden, daß sie einer falschen Hoffnung erlegen sind und das Objekt ihrer Sinnerfüllung nicht erreichen, kann ihre Verunsicherung sie dazu antreiben, sich in Pfeilrichtung auf aggressives Verhalten hin zu entwickeln. Das verstärkt noch ihre Problematik, indem sie zu ihrer falschen Hoffnung auch noch anmaßend werden, d. h. unbegründetes Selbstvertrauen hegen.

2

ZWEIER gehen in Pfeilrichtung auf die sich rächende ACHT zu. Wenn jemand, der ihnen viel bedeutet, auf ihren Dienst nicht mit Wertschätzung und Lob reagiert, rächen sie sich. Sie wähnten, daß der andere ein besonderer Freund sei, und der Mangel an Dankbarkeit für ihre Dienstbereitschaft macht sie mürbe. Das führt dazu, daß sie das für die ACHT charakteristische aggressive Verhalten annehmen. ACHTER erfahren sich selbst in ständigem Kampf mit einer unfreundlichen Umwelt. Sie sind sich ihrer Macht bewußt, aber nicht ihrer Zärtlichkeit. Sie sind schnell zu einem Nein bereit, aber sehr zögernd im Ermutigen anderer. Mit der Holzhammermethode schmettern sie instinktiv alle Fassaden nieder, die ihrer Ansicht nach nicht der Wirklichkeit entsprechen. ZWEIER verstärken ihre Probleme, wenn sie auf Rache sinnen wie ACHTER. Sie üben Rache, indem sie ihre vormals besten Freunde hinter deren Rücken schlecht und lächerlich machen. Sie sind unfähig zu direkter Konfrontation, aber durch ihre Rachegefühle drücken sie aus: »Ich streiche dich aus dem Buch der Lebenden.«

6

Wenn SECHSER wachsende Unsicherheit und Streß erfahren, bewegen sie sich mit dem Pfeil in Richtung der hyperaktiven und aggressiven DREI mit ihrer charakteristischen Eitelkeit. DREIER sind imagebewußt. Sie identifizieren sich so sehr mit ihren Rollen, daß sie sich dabei selbst aus dem Auge verlieren. Um sich ihren Selbstwert zu beweisen und ihre Identität zu finden, sind sie in zwanghafter Weise auf Leistung und Erfolg aus. Leistungsfähigkeit wird ihr Götze. Indem sie der Eitelkeit der DREIER in sich Raum geben, können SECHSER eine idealisierte Rolle annehmen und ihre Unsicherheit durch hektische Aktivität und vorgetäuschte Entschlossenheit kompensieren. So versuchen sie, ihre Unsicherheit durch aggressives Verhalten zu verbergen. Dadurch kommen SECHSER von der falschen Hoffnung zur Anmaßung, d. h. in ihrem Fall zu unbegründetem Selbstvertrauen.

7

Wenn SIEBENER merken, daß ihre Pläne sich nicht verwirklichen lassen, gelangen sie von der falschen Hoffnung hin zur Anmaßung, wie sie für die grollende EINS charakteristisch ist. SIEBENER geben dann ihr angepaßtes Verhalten auf und nehmen aggressives Verhalten an, wie es für die EINS typisch ist. EINSER unterliegen einem unrealistischen Perfektionszwang. Dieser Zwang treibt sie ständig an, sich selbst, andere und die ganze Welt zu verbessern. Ihre Unfähigkeit, die angestrebte Perfektion zu erreichen, bewirkt einen inneren Zorn bis hin zum Groll. Wenn SIEBENER sich in Pfeilrichtung auf EINSER-Energien hinbewegen, geben sie ihren angeborenen Optimismus auf und beginnen zu fragen: »Warum muß das so sein?« Sie geben der Launenhaftigkeit nach, und plötzlich werden ihre Freunde zu ihren Feinden. Wenn SIEBENER sich bewußt werden, daß ihre Pläne auf falschen Hoffnungen beruhten, reagieren sie aggressiv und suchen ihre Schwierigkeiten dadurch zu lösen, daß sie in den für Einser charakteristischen Groll verfallen.

4.2.3 Sich zurückziehende Persönlichkeitsgestalten: 5 – 9 – 4

Die sich zurückziehenden Persönlichkeitsgestalten 5 – 9 – 4 verstärken ihre zwanghafte Fixierung, indem sie in Pfeilrichtung das Verhalten der abhängigen Persönlichkeitsgestalten annehmen. Wenn ihnen bewußt wird, daß sie sich an eine falsche Hoffnung geklammert haben, reagieren sie mit Verzweiflung.

5

Gewöhnlich stehen Fünfer mit beiden Füßen auf dem Boden. Sie sind realistisch. Ihr Unbehagen gegenüber der Umwelt veranlaßt sie, sich zu isolieren. Sie entfernen sich durch ihre Zurückgezogenheit immer mehr von der Realität nach Art der ständig planenden Sieben. Siebener vermeiden und verdrängen alles Schmerzliche. Sie verklären das Unangenehme. Sie sublimieren Schmerz, Mühe und ernste Angelegenheiten durch Geschichten, Phantasien und Pläne. Indem Fünfer sich in Pfeilrichtung dem abhängigen Verhalten nähern, wie es für Siebener charakteristisch ist, beginnen sie, in einer Phantasiewelt zu leben. Es wirkt sich lebenshemmend auf Fünfer aus, wenn sie sich nicht darum bemühen, ihr Wissen in Handeln umzusetzen. Wenn sie in Wunschträumen leben, entfernen sie sich immer mehr von der Wirklichkeit und hören auf, sich Gedanken darüber zu machen, was wirklich wesentlich ist. Auf diese Weise hegen sie eine falsche Hoffnung auf Erfüllung des Lebens. Aus Enttäuschung über die Welt geben sie sich nun der Illusion hin, echte Sinnerfüllung in der Phantasie zu finden.

9

Wenn Neuner sich ihres Problems der Trägheit bewußt werden, verlieren sie jedes Selbstvertrauen und verzweifeln. Sie versuchen, vor dieser Verzweiflung zu fliehen, indem sie sich in Pfeilrichtung auf die zwanghafte Fixierung der feigen Sechs hinbewegen. Sechser neigen zu extremer Selbstunsicherheit. Ihnen fehlt die Fähigkeit, Vertrauen in ihre eigene Leistungsfähigkeit zu entwickeln. Sie kämpfen fortwährend gegen ihre Selbstzweifel und Unentschiedenheit an, indem sie an die Autoritäten außerhalb ihrer selbst glauben. Wenn sie sich in Pfeilrichtung auf die Feigheit der Sechser hinbewegen, fangen Neuner an, sich über ganz banale Angelegenheiten Sorgen zu machen, und legen ein übertriebenes Verantwortungsgefühl an den Tag. Sie werden unsicher, unschlüssig und pflichtbesessen nach der Art unerlöster Sechser. Zu ihrer Trägheit kommt dann noch eine lebenszerstörende Skrupelhaftigkeit hinzu, und sie sind geneigt, von sich zu denken: »Ich tauge nichts. Ich habe nie etwas getaugt. Ich werde niemals etwas taugen.«

4

Vierer, die in Streß und Verzweiflung geraten, klammern sich nach der Art schmeichelnder Zweier an. Wenn Vierer sich in Pfeilrichtung auf die Zwei zubewegen, nehmen sie das für Zweier charakteristische abhängige Verhalten an und gründen ihr Leben auf Illusionen. Das wirkt sich für sie selbst und für diejenigen, die ihnen nahestehen, zerstörend aus. Zweier sind von der Wertschätzung, dem Lob und der Aufmerksamkeit derer abhängig, denen sie Gutes tun. Bleibt der Dank jedoch aus, empfinden sie sich selbst als wertlos. Außer ihrer Fähigkeit, anderen zu helfen, gibt es kaum etwas, das ihnen ein Gefühl der Identität und des Selbstwertes vermitteln kann. Nur ihr Einsatz für andere verleiht ihnen Wert und Identität. Sie projizieren ihre eigenen Bedürfnisse in andere und verdrängen sie bei sich selbst. VIERER klammern sich gewöhnlich nicht an andere. Sie suchen auch nicht andere an sich zu binden. Wenn sie sich an andere klammern, dann nur, um sich selbst vor der Verzweiflung zu retten. Dazu kann es kommen, wenn ihnen bewußt wird, daß sie sich in ihrem Grübeln über die Tragik ihrer Vergangenheit mehr und mehr von der Realität entfernen. Ein solches verzweifeltes Sich-anklammern wurde in der Literatur oft romantisiert in Liebesgeschichten, deren Hauptfiguren Außenseiter der Gesellschaft waren und sich dennoch an jemanden klammerten. Die leidenschaftliche Energie beider führte sie früher oder später in den gemeinsamen Tod.

4.3 *Die Persönlichkeitsgestalten und ihr bevorzugtes Reaktionszentrum*

Die durch den zwanghaften Antrieb verursachte Unausgeglichenheit der Persönlichkeit wird verständlich auf dem Hintergrund der Theorie der drei Reaktionszentren. Dieser Theorie zufolge gibt es im Menschen drei Zentren, von denen jeweils eines auf Kosten der beiden anderen entwickelt wird. Diese Zentren sind (A) Leibmitte (Bauch), (B) Herz und (C) Kopf.

Das Zentrum der *Leibmitte* (Bauch) reagiert auf der Ebene der Triebe und Instinkte. Man kann es auch das vitale oder das Bewegungs-Zentrum nennen. Auf das Sein gerichtet, reagiert es spontan, instinktiv, ohne rationale Überlegung auf einen Stimulus von außen. Vorzugsweise aus diesem Zentrum heraus zu leben und zu reagieren bedeutet, ganz im Körper zu leben und sehr sensibel für die eigene Körpersprache zu sein, da der Körper spontan auf eine gegebene Situation reagiert.

Das *Herz*-Zentrum wird im Bereich der Gefühle wirksam. Es wird auch das emotionale oder das Gefühls-Zentrum genannt. Dieses Zentrum tritt in Funktion, wenn es um zwischenmenschliche Beziehungen geht. Primär aus dem Herz-Zentrum reagieren heißt, vorwiegend im Bereich der Gefühle zu leben und sehr sensibel für personale Begegnungen zu sein.

Das *Kopf*-Zentrum tritt in Aktion auf der Ebene des Denkens und Reflektierens. Es wird auch das intellektuelle, das Denk- oder auch das Handlungs-Zentrum genannt. Denken bedeutet, von der wahrgenommenen Wirklichkeit zurücktreten, um dieselbe aus der Distanz zu rekonstruieren und damit dem Wahrgenommenen einen Sinn zu unterlegen. Solches Denken schließt auch Handeln ein, insofern eine Handlung das Resultat eines Denkprozesses, mithin eine bewußte Entscheidung ist. Primär vom Denk-Zentrum her leben heißt, viel reflektieren und mit beachtlicher Besonnenheit handeln.

Für jedes dieser drei Reaktionszentren ist es charakteristisch, daß es nicht nur den eigenen Zuständigkeits-Bereich abdecken, sondern möglichst auch die Funktionen der beiden anderen Reaktionszentren übernehmen will, mit anderen Worten, das bevorzugte Reaktionszentrum will autonom sein gegenüber den beiden anderen Zentren.

So kann das Zentrum der Leibmitte mit seinen instinktiven Reaktionen auch anstelle des Fühlens und Denkens in Aktion treten. Das Herz-Zentrum kann die Gefühle aktivieren, wo das Denken bzw. eine spontane Reaktion aus der Leibmitte der gegebenen Situation gerechter würde. Das Kopf-Zentrum kann durch das Denken ebenso als Ersatz der unwillkürlichen Reaktionen oder der Gefühle dienen.

Die Funktion eines Reaktionszentrums durch ein anderes zu ersetzen, kann in einer konkreten Situation durchaus angemessen oder gar notwendig sein. Dies wird beim Einsatz des Denk-Zentrums anstelle des unwillkürlichen Zentrums besonders deutlich, d. h. wenn das Denken gefordert ist, um sich eine bestimmte Fertigkeit anzueignen. Wenn man z. B. Maschinenschreiben erlernt, führen die Finger

mit Hilfe des Kopf-Zentrums die Bewegungen zu den entsprechenden Tasten hin aus. Eine erfahrene Sekretärin setzt jedoch beim Tippen das von der Leibmitte her gesteuerte Bewegungszentrum ein. Würde sie in diesem Falle vom Kopf-Zentrum gesteuert, führte das zu Tippfehlern.
Dem Enneagramm zufolge setzt jede Persönlichkeitsgestalt eines der drei Zentren bevorzugt ein, als die persönliche Art, Mensch zu sein und die eigene Identität zu erlangen. Jedoch geschieht dies auf Kosten der beiden anderen Reaktionszentren. Das hat eine Unausgeglichenheit der menschlichen Funktionen zur Folge. Im Idealfall würde jedes dieser drei Reaktionszentren in gegenseitiger Abhängigkeit von den beiden anderen in Funktion treten, jeweils entsprechend der gegenwärtigen, konkreten Situation. Das würde gleichzeitig bedeuten, die gesamte menschliche Kapazität voll auszuschöpfen. Keines des Zentren würde über ein anderes dominieren, indem es gewohnheitsmäßig die Funktionen der beiden anderen übernimmt. Sich ausschließlich auf eines der Zentren beschränken als die vermeintlich einzig angemessene Art, zu integriertem Menschsein zu gelangen, stört die innere Harmonie des Energieflusses, verengt die Erfahrungen des Menschseins, verursacht Unausgeglichenheit und schafft unnötig unangenehme Situationen. Anstatt mit jedem der drei Reaktionszentren vertraut zu sein und jedes so einzusetzen, wie es in der jeweiligen Situation angemessen ist – wie bei einem gut aufeinander abgestimmten Team – identifiziert sich das Ich ausschließlich mit dem einen oder anderen dieser Zentren, so daß es über die beiden anderen dominiert, um dadurch vermeintlich Identität und Erfüllung des Lebens zu erreichen.
Abb. 10 zeigt das Enneagramm mit den drei Reaktionszentren, von denen jede der neun Persönlichkeitsgestalten eines besonders bevorzugt. Bei jenen Persönlichkeitsgestalten, die vorzugsweise von der Leibmitte her reagieren (8 – 9 – 1), bildet das unwillkürliche oder Bewegungs-Zentrum die bevorzugte Weise des Reagierens. Die Herz-Men-

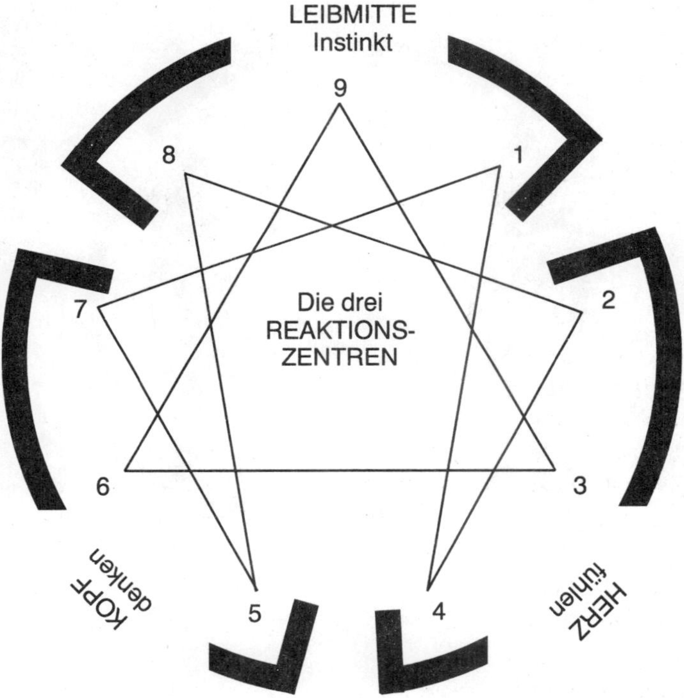

Abb. 10

schen (2 – 3 – 4) haben das Gefühls-Zentrum als bevorzugtes Reaktionszentrum gewählt. Bei den Kopf-Menschen (5 – 6 – 7) hat sich das Denk-Zentrum als das bevorzugte Reaktionszentrum stabilisiert.

Die Unterschiede zwischen Leibmitte-, Herz- und Kopf-Mensch treten deutlich in Erscheinung, wenn sich die betreffende Person einer neuen sozialen Situation gegenübergestellt sieht: Leibmitte-Menschen reagieren in einer neuen Situation spontan mit der Einstellung: »Hier bin ich. Nimm mich, wie ich bin.« Bei den Herz-Menschen stellt sich spontan die innere Frage ein: »Magst du mich oder nicht?« Die Kopf-Menschen sehen sich der ungewohnten Situation ge-

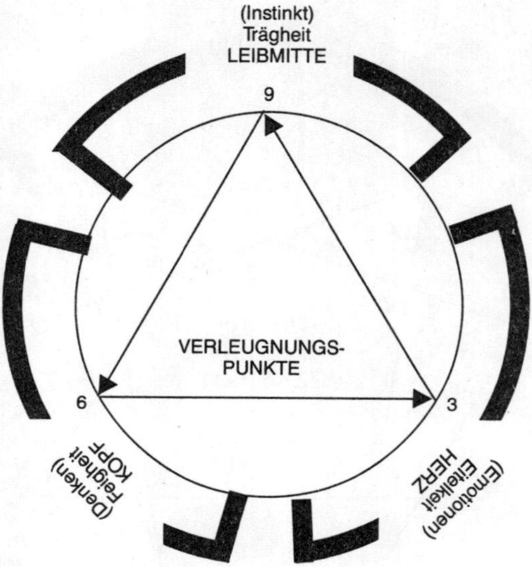
(Instinkt)
Trägheit
LEIBMITTE
9
VERLEUGNUNGS-
PUNKTE
6
3
KOPF
Feigheit
(Denken)
HERZ
Eitelkeit
(Emotionen)

Abb. 11

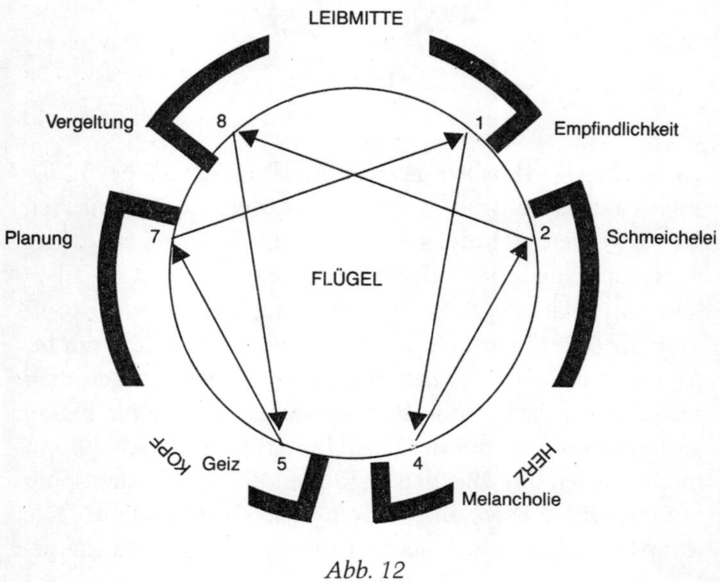
LEIBMITTE
Vergeltung
8
1
Empfindlichkeit
Planung
7
2
Schmeichelei
FLÜGEL
KOPF
Geiz
5
4
HERZ
Melancholie

Abb. 12

genüber, treten innerlich zurück und fragen sich: »Wie hängt das alles zusammen?«

Abb. 11 bezieht sich auf die Persönlichkeiten im Mittelpunkt eines jeden Reaktionszentrums, nämlich 3 – 6 – 9. Sie werden »Verleugnungs«-Punkte genannt. Von allen neun Persönlichkeitsgestalten sind sie diejenigen, die in ihrem bevorzugten Reaktionszentrum am wenigsten beheimatet sind. Ihre existentielle Problematik wurzelt in der mangelhaften Beziehung zu ihrem eigenen bevorzugten Reaktionszentrum. Sie reagieren nämlich gewohnheitsmäßig aus ihrem bevorzugten Zentrum – Leibmitte, Herz oder Kopf – anstelle der beiden anderen, vernachlässigen jedoch seinen Einsatz in dem »zuständigen« Funktionsbereich, d. h. die Persönlichkeitsgestalten 3 – 6 – 9 setzen ihr bevorzugtes Reaktionszentrum nicht situationsgerecht ein. Dies bedeutet, daß Neuner Schwierigkeiten bezüglich ihrer instinktiven Reaktionen haben. Dreiern mangelt es an Kontakt mit ihren ureigenen Gefühlen, und Sechsern fällt es schwer, ihre Denkfunktion situationsgerecht einzusetzen.

Abb. 12 befaßt sich mit den Persönlichkeitsgestalten an den Enden eines jeden der drei Reaktionszentren, den sogenannten »Flügeln«. Diese »Flügel«-Typen haben Ähnlichkeiten mit den unmittelbar benachbarten Typen. Sie verleugnen die Funktionen dieses benachbarten Reaktionszentrums weniger als diejenigen des zur anderen Seite hin entgegengesetzten Reaktionszentrums. Oft reagieren sie nicht nur aus ihrem bevorzugten Zentrum, sondern auch aus dem Nachbar-Zentrum. Dagegen verleugnen sie oft die Reaktionen des entgegengesetzten Zentrums, statt dessen tritt ihr bevorzugtes Reaktionszentrum in Aktion.

Die Auswirkungen dieser Unterscheidung zwischen den »Verleugnungs«-Punkten (3 – 6 – 9) und den sogenannten »Flügeln« lassen sich am besten verdeutlichen, indem jeder der neun Enneagramm-Gestalten entsprechend dem je bevorzugten Reaktionszentrum dargestellt wird, nämlich Leibmitte-, Herz- und Kopf-Menschen.

4.3.1 Menschen der Leibmitte: 8 – 9 – 1

Menschen, die bevorzugterweise aus der Leibmitte heraus reagieren, setzen das instinktive oder Bewegungs-Zentrum als bevorzugtes Reaktionszentrum ein. Sie reagieren in einer neuen, ungewohnten Situation, indem sie sich selbst hinpflanzen und sagen: »Hier bin ich. Nimm mich, wie ich bin!« Sie erwarten einfach, daß andere ihnen Beachtung schenken. Ganz automatisch vergleichen sie sich selbst immer in ihrer Beziehung zur gesamten Gruppe oder Situation. Sie suchen durch ihre bloße Anwesenheit Kontrolle auszuüben. Sie scheinen sich selbst zu sagen: »Ich werde mich hier wohl fühlen, wenn ich mich einfach meinem Energiefluß überlasse; auf diese Weise spüre ich am besten, wie ich reagieren bzw. mich verhalten soll.« Aus solchem Instinkt heraus zu handeln, verleiht ihnen das Gefühl von Würde und Erfüllung. Sie konzentrieren sich darauf, ganz präsent und vor allem sie selbst zu sein. Weil dieser sichere Instinkt in der Vergangenheit durch Erfahrungen herausgebildet wurde, hat die Vergangenheit für sie dominierende Bedeutung. Ihre Energie wird in die Richtung geleitet, was sein bzw. getan werden sollte, und sie stellen hohe Erwartungen an sich selbst und andere.

8

ACHTER richten ihre Aufmerksamkeit darauf, sie selbst zu sein, indem sie sich anderen gegenüber stark zeigen. Sie legen Wert darauf, daß andere sie als starke Persönlichkeiten respektieren. Da sie dem Kopf-Zentrum benachbart sind, sind sie auch im Denken zu Hause; jedoch neigen sie dazu, ihre Gefühle zu verdrängen. Auch in zwischenmenschlichen Beziehungen reagieren sie nicht etwa aus ihrem Gefühls-Zentrum, sondern eher aus dem Leibmitte-Zentrum; darin kommt ihre Verwurzelung in der Vitalität zum Tragen. Es kommt vor, daß sie von der Leibmitte her meinen, sie seien in Beziehung mit anderen, wenn sie sich selbstbehauptend durchsetzen, doch statt dessen können sie die Beziehung gerade dadurch zerstören, daß sie andere verletzen. Sie tun sich schwer, sich auf zarte Gefühle einzulassen, d. h. einfühlsam zu sein, und vergessen die für Herz-Menschen typische Frage zu stellen: »Magst du mich oder nicht?« oder »Was brauchst du gerade?« Anstatt solche vom Gefühl geleiteten Fragen zu stellen, drücken sie non-verbal aus: »Du mußt mich nehmen, wie ich bin!«

9

Neuner liegen im »Verleugnungs«-Punkt des Leibmitte-Zentrums. Sie neigen daher dazu, dieses Zentrum als Ersatz für die beiden anderen Reaktionszentren einzusetzen zum Nachteil ihres eigenen bevorzugten Reaktionszentrums in Situationen, in denen es durchaus angemessen wäre, spontan von der Leibmitte her zu reagieren. In ihrem eigenen Reaktionszentrum sind sie am allerwenigsten zu Hause. Konkret heißt das: sie reagieren aus dem Zentrum der Leibmitte, selbst wenn die Situation eine Reaktion vom Denken oder vom Gefühl her erfordert, z. B. wenn sie keine neuen Beziehungen eingehen wollen, sondern sich einfach mit den bisherigen Kontakten im gewohnten Freundeskreis zufriedengeben. Sie reagieren aus dem Leibmitte-Zentrum, auch wenn im konkreten Fall das Denken angebrachter wäre. Sie haben ein sehr begrenztes Interessenspektrum und scheinen wunschlos glücklich zu sein in der Wiederholung eingeschliffener Verhaltens- und Handlungsweisen. Dagegen haben sie kaum Kontakt mit ihrer eigenen kraftvollen Vitalität, die gerade ihren Sitz in der Leibmitte hat. Sie lieben die Gewohnheit und tragen einen »Deckel« auf ihrer eigenen Vitalität. Daher reagieren sie kaum spontan und natürlich auf aktuelles Erleben oder auf äußere Stimuli. Dies ist eines ihrer Hauptprobleme, welches sie aber gewöhnlich nicht als solches erkennen.

1

Einser befinden sich am »Flügel« des Leibmitte-Zentrums. Sie neigen zur Verleugnung ihres Denk-Zentrums und lassen statt dessen ihren Instinkt »denken«. Das bedeutet, daß sie sich nicht die für Kopf-Menschen charakteristische Frage stellen: »Wie hängt das alles zusammen?« Vielmehr treten sie in eine neue soziale Situation mit dem Bewußtsein, daß diese Situation etwas mit ihnen macht, anstatt daß sie zu verstehen versuchen, wie alle Aspekte dieser Situation ein sinnvolles Ganzes ausmachen. Einser leiden gewöhnlich unter dem Mangel an Perspektive in ihrem Denken.

4.3.2 Herz-Menschen: 2 – 3 – 4

Die Herz-Menschen 2 – 3 – 4 stellen sich in einer aktuellen Situation spontan die Frage: »Ist mir dieser Mensch freundlich oder feindlich gesinnt? Magst du mich oder nicht?« Automatisch stellt sich der Wunsch ein zu erspüren, was dem anderen jetzt guttun würde. Sie suchen sich zu vergewissern, woran sie mit dem anderen sind, d. h. ob die Beziehungsebenen stimmen. Sie fragen sich fortwährend: »Wie reagieren die anderen auf mich?« Ihr Hauptinteresse gilt den zwischenmenschlichen Beziehungen. Herz-Menschen sehen das, was ein anderer braucht, immer sogleich im Zusammenhang mit einem positiven Echo von seiten des anderen; ebenso, wenn sie anderen eine Freude machen oder ihnen helfen.

2

Zweier befinden sich am »Flügel« des Herz-Zentrums, dem Leibmitte-Zentrum benachbart. Wenngleich sie damit dem Leibmitte-Zentrum nahestehen, zusätzlich zu ihrem bevorzugten Herz-Zentrum, vernachlässigen sie ihr Kopf-Zentrum und setzen statt dessen ihr Herz-Zentrum als Ersatz für das Denken ein. Auf diese Weise bringen sie sich selbst um die Möglichkeit einer Gesamtschau innerer Zusammenhänge; vielmehr verengen sie ihre Interessen auf ihre individuellen zwischenmenschlichen Beziehungen. In ihren gewöhnlichen Unterhaltungen äußert sich das, indem sie hauptsächlich von Menschen reden, die ihnen etwas bedeuten. Sie haben wenig Interesse am Weltgeschehen und für Probleme, die über ihren engen Familien-, Freundes- und Bekanntenkreis hinausgehen. Sie haben eine Abneigung gegenüber abstraktem Denken, wenigstens insofern, als es ihnen völlig nutzlos erscheint, um jemandem praktisch zu helfen.

3

DREIER befinden sich im »Verleugnungs«-Punkt des Herz-Zentrums. Sie setzen ihr Gefühls-Zentrum als Ersatz für das Denken und die unwillkürlichen Reaktionen ein. Zudem sind sie nicht in ihrem bevorzugten Reaktionszentrum daheim. Sie verdrängen nämlich gewohnheitsmäßig ihre Gefühle für persönliche oder familiäre Beziehungen zugunsten von Leistung und Erfolg in ihrer Berufswelt. Sie lassen es nicht zu, von ihrem bevorzugten Herz-Zentrum her zu leben, sondern setzen es anstelle des Denkens und der Instinkte ein. Ihr Interesse gilt ausschließlich dem Erfolg. Daher unterlassen sie oft die Pflege und Entfaltung kultureller Werte und musischer Fähigkeiten. Sie sind unfähig, im Wissen an sich einen Wert zu erblicken. Das einzige, was sie wissen wollen, ist, was ihrem Erfolg nützt: das ist ihr Lebensziel. Das Gefühl setzen sie ebenfalls anstelle der vitalen Funktion ein. Sie können Gefühle simulieren und eine Maske tragen, anstatt ihre echten Reaktionen von der Leibmitte her zuzulassen. Sie drücken simulierte Gefühle auch in Körpersprache aus, um andere günstig im Sinne ihrer Eigeninteressen zu stimmen.

4

Vierer befinden sich am »Flügel« des Herz-Zentrums, dem Kopf-Zentrum benachbart. Sie tun sich schwer mit Reaktionen von der Leibmitte her. Sie leben weitgehend aus ihrem Gefühls-Zentrum und in geringem Maße aus ihrem Denk-Zentrum. Durch emotionale Reaktionen ersetzen sie ihre Leibmitte-Reaktionen. Anstatt Spontaneität von der Leibmitte her zuzulassen, bemühen sie sich, durch ihre Körpersprache tiefe Gefühle auszudrücken. Sie üben ihr Verhalten gegebenenfalls vor dem Spiegel ein, anstatt sich einfach ihren instinktiven vitalen Reaktionen zu überlassen. Dazu setzen sie ihre Gefühle ein; denn sie sehen vor allem den Selbstausdruck als eine Weise authentischer Beziehungen zu anderen an. Das Verhalten der Vierer erscheint künstlich und aufgesetzt. Sie wirken stark überzogen in ihren emotionalen Reaktionen und erwecken so den Eindruck affektierten Verhaltens. Diese »Maske« verhindert, daß andere wirklich den darunter versteckten Menschen zu Gesicht bekommen.

4.3.3 Kopf-Menschen: 5 – 6 – 7

Die Kopf-Menschen 5 – 6 – 7 haben das Denk-Zentrum als die für ihr Leben einzig relevante Funktion trainiert. Sie betrachten das Denken als zentralste menschliche Funktion, um in Beziehung mit der Umwelt zu bleiben. Sie fragen fortwährend: »Wie hängt das alles zusammen?« Sie nehmen ihre Umwelt wahr und fragen sich spontan, wie wohl jeder Teil in Beziehung zum Ganzen steht. Sie konzentrieren sich nicht so sehr auf Personen, wie z. B. die Herz-Menschen, sondern versuchen immer, den Gesamtzusammenhang in den Blick zu bekommen. Indem sie so ihre Umwelt wahrnehmen, interpretieren sie, was um sie her geschieht. Aus solchen Informationen leiten sie auch ab, wie sie sich in einer konkreten Situation einbringen können. Sie stürzen sich niemals Hals über Kopf in eine Situation oder pflanzen sich anderen in den Weg wie Menschen, die aus dem vitalen Bewegungs-Zentrum reagieren. Sie müssen erst die gesamte Situation durchschauen; dann können sie erkennen, welchen Platz sie selbst darin einnehmen. Wenn sie sich in einer bestimmten Situation vorfinden, können sie sich in andere hineinversetzen. Sie versuchen auch zu erfassen, welche Bedeutung den anderen in dieser Situation zukommt. Im Mittelpunkt ihres Interesses stehen nicht so sehr ihre persönlichen Beziehungen; eher ist ihnen daran gelegen zu verstehen, welchen Platz alle in dem Ganzen haben. Dadurch ist es den Kopf-Menschen möglich, anderen mit emphatischer Einstellung zu begegnen. Mit Hilfe ihrer Denkfunktion versetzen sie sich in die Lage anderer. Kopf-Menschen versuchen, die Realität durch das Verstehen von Zusammenhängen unter Kontrolle zu bringen. Sie werden von ihren Ideen, Plänen und Wahrnehmungen bestimmt; denn diese vermitteln ihnen die gewünschte Orientierung. Sie verlassen sich auf ihr Denken und Reflektieren, um sich einen Einblick zu verschaffen, ohne sich hinreichend bewußt zu sein, wie notwendig das Feedback zu fundierter Erkenntnis ist. Wenn sie selbst der Ansicht sind, daß ihr Urteil stimmt, schließen sie daraus, daß dies auch objektiv so ist. Nach einer Erfahrung reflektieren sie das Ganze noch einmal und entscheiden sich dann, wie sie künftig handeln werden.

5

Am »Flügel« des Kopf-Zentrums angesiedelt, sind FÜNFER auch mit ihrem Herz-Zentrum vertraut; aber sie verleugnen ihr Leibmitte-Zentrum. Ihre vitalen, instinktiven Reaktionen sind von Hemmungen blockiert. Es fällt ihnen nicht leicht, sich spontan zu geben. Statt dessen neigen sie dazu, bewußte Entscheidungen hinsichtlich ihrer Handlungen und Reaktionen zu treffen. In einer neuen, ungewohnten Situation dominiert stets die Reflexion über spontane Reaktionen. FÜNFER erscheinen daher kontrolliert in ihrem Verhalten. Da die Erinnerung nicht der direkten Kontrolle des Verstandes unterworfen ist, neigen sie dazu, Personennamen zu vergessen. Indem sie durch einseitigen Einsatz ihres Denk-Zentrums die angemessene Funktion von der Leibmitte her verhindern, haftet ihrer gesamten Motorik etwas Schablonenhaftes an. Sie haben keine sportliche Veranlagung, da sie zu viel denken und dadurch den natürlichen Energiefluß des vitalen bzw. des Bewegungszentrums unterbinden, der zum Gleichmaß und zu schnellem Reagieren in sportlicher Betätigung unerläßlich ist.

6

SECHSER befinden sich im »Verleugnungs«-Punkt des Kopf-Zentrums. Ihr bevorzugtes Reaktionszentrum bereitet ihnen Schwierigkeiten; denn sie setzen das Denken als Ersatz der beiden anderen Reaktionszentren ein. Erkenntnisvorgänge sind für sie problematisch; sie sind sich jedoch dessen nicht bewußt. Sie neigen dazu, neue Erkenntnisse, die das Leben weniger strapaziös oder bedrohlich für sie machen könnten, zu unterbinden. Sie bleiben lieber bei ihrem bereits erworbenen Wissen und sind zutiefst davon überzeugt. Wissenserweiterung erachten sie als bedrohlich, weil es womöglich ihre Verantwortung noch vergrößern würde. Ihr bereits angeeignetes Wissen gibt ihnen Sicherheit, die durch neue Erkenntnisse erschüttert werden könnte; vor allem befürchten sie einen Widerspruch zu dem bereits Bekannten. Dies könnte sie in Konflikte bringen. Sie wollen von ihrem Kopf-Zentrum her leben, um endgültige Sicherheit zu gewinnen; aber die Wissensinhalte sollen sich dabei nicht verändern. Darin liegt ihr eigentliches Problem. Sie zögern, avantgardistische Literatur zu lesen oder an Workshops über neue Trends und Denkrichtungen teilzunehmen. Sie weisen das als »zu ausgefallen« zurück, weil es für sie zu bedrohlich ist. Sie setzen ihr Denk-Zentrum ein, um Funktionen des emotionalen und des Leibmitte-Zentrums zu übernehmen. Ihre Körperbewegungen werden gewöhnlich von ihrem Denk-Zentrum her gesteuert. SECHSER passen sich bewußt an die vom Denk-Zentrum für angemessen erachteten Körperbewegungen an. Durch ihre Motorik drücken sie sich nicht selbst aus, sondern das, was ihnen ihr Kopf als richtig und angemessen vorgibt; und das ist identisch mit dem, was nach ihrem Ermessen von ihnen erwartet wird. Dadurch mutet ihrem Verhalten etwas Rigides und Sprödes an. Es ist sehr wichtig für SECHSER, daß alles entsprechend den Regeln und Vorschriften verläuft, die sich gewöhnlich nicht allzu häufig verändern. Sie setzen ihr Kopf-Zentrum auch anstelle ihres Herz-Zentrums ein. Ihr Verantwortungsgefühl läßt sie gar nicht erst fragen, ob andere sie mögen oder nicht, wie es den Herz-Menschen eigen ist. Ihr Pflichtgefühl erlaubt es nicht, von zwischenmenschlichen Beziehungen gehindert zu werden, zumindest nicht während ihrer Dienstzeit. Daher können SECHSER ein enormes Arbeitspensum bewältigen, und sie denken, daß sie für ihre geleistete Arbeit geliebt werden. Es mag ihnen entgehen, daß zur Liebe unbedingt die Gefühlsebene dazugehört. SECHSER-Eltern denken, daß ihre Kinder sie lieben sollten, weil sie ihnen alle materiellen Annehmlichkeiten verschaffen, die sie brauchen, ohne jedoch der affektiven Zuwendung und dem vertraulichen Gespräch genügend Raum zu geben. SECHSER haben Schwierigkeiten, anderen mitzuteilen, wie es in ihrem Herzen aussieht. Sie neigen dazu, ihr Leben überwiegend aus der Perspektive der ihnen übertragenen Verantwortung zu sehen und nicht vom Gefühl her. Moralische Fragen beurteilen sie ausschließlich unter dem Gesichtspunkt von richtig oder falsch, entsprechend den Gesetzen oder Entscheidungen der Autorität. Sie fühlen sich nicht wohl in »Grauzonen«. Gewöhnlich sagen sie einem anderen nicht, daß sie ihn okay finden, weil dies ohnehin das ist, was sie von anderen erwarten. Sie sind der Ansicht, daß sich jedermann an die vorgeschriebenen Richtlinien der Gruppe zu halten hat oder aber aussteigen solle, sei es Familie, Kirche oder Nation.

7

SIEBENER sind Kopf-Menschen am »Flügel« zum benachbarten Leibmitte-Zentrum. Sie gebrauchen ihr Kopf-Zentrum anstelle ihres Gefühls. Als Folge davon drängen sie anderen ihre Pläne auf ohne Rücksicht darauf, wie es anderen dabei geht. Sie stellen sich im allgemeinen nicht die für Herz-Menschen charakteristische Frage: »Bist du mir freundlich gesinnt oder nicht?« Sie setzen ihre Denkfunktion zum Planen ein und ersetzen damit die emotionalen Reaktionen – stillschweigend voraussetzend, daß jedermann hocherfreut über ihre Pläne ist. Trotz ihres überschäumenden Wesens ist es nicht leicht, ihnen auf der Gefühlsebene wirklich nahezukommen. Sie sind eher Gesellschaftsmenschen, als daß sie persönliche Nähe suchen. Sie haben gern mit möglichst vielen Menschen gleichzeitig Kontakt, als daß sie Zeit mit einem besonders nahestehenden Menschen verbringen. Ihr Kopf ist ihr bevorzugtes Reaktionszentrum, und sie meinen, indem sie angenehme Aktivitäten planen, könnten sie jedermann erfreuen.

III DIE ÜBERWINDUNG DER ZWANGHAFTIGKEIT

5. Befreiung durch Handeln »gegen die Pfeilrichtung«

Jeder, der unter einer zwanghaften Fixierung leidet, braucht Hilfe. Diese Hilfe kann auf dreifache Weise geschehen: durch die Arbeit an sich selbst, durch andere Menschen und nicht zuletzt durch Gott. Wer unter der eigenen Fixierung leidet, kann sich selbst helfen, indem er sich seine persönliche Problematik bewußt macht, sie kraft eigenen Bemühens durcharbeitet, um zu einer angemessenen Lösung zu kommen. Hilfe kann auch durch andere Menschen erfolgen, vor allem durch gute Freunde, die uns in unserer zwanghaften Fixierung verstehen und uns so akzeptieren, wie wir sind. Ein guter Freund kann vermutlich am ehesten helfen, sich vom Einfluß der Fixierung frei zu machen. Nicht zuletzt kommt uns Hilfe von Gott her, der allen Menschen Erlösung und echte Befreiung durch den Glauben anbietet.

Alle drei Formen der Hilfe können als Komponenten unserer Erlösung gesehen werden. Die Bezeichnung »Erlösung« ist abgeleitet von »eine Auslösung bezahlen« für einen freizukaufenden Sklaven. Die zwanghafte Fixierung ist eine Form von Sklaverei. Sie ist eine eingeschliffene innere Antriebskraft, die uns daran hindert, in der Freiheit ganzheitlich integrierter Menschlichkeit zu leben. Allerdings fordert diese Befreiung ihren Preis. Unserem christlichen

Glauben zufolge hat Jesus Christus diesen Lösepreis für alle Menschen beglichen durch sein Leiden und seinen Tod; aber er vollbringt unsere Erlösung und Befreiung nicht ohne uns. Er beruft jeden Menschen, sein Leben zu verlieren, um es zu gewinnen (Mt 16,25). Er ruft seine Jünger zu gegenseitiger Liebe, um einander in diesem Werk der Erlösung zu unterstützen (Joh 15,16f.). Unablässig verweist er auf den Glauben als notwendige Voraussetzung, um durch Gottes direktes Handeln Heil und Erlösung zu finden, mit anderen Worten, ins Reich Gottes einzugehen.

In diesem Kapitel, das sich mit der Überwindung der eigenen zwanghaften Fixierung befaßt, geht es um das unerläßliche Bemühen, von dem zwanghaften zu einem befreiten Leben zu gelangen. Dieses Bemühen bewirkt keinen Wechsel der eigenen Enneagramm-Gestalt in eine andere, noch wird in irgendeiner Weise die in der Kindheit angelegte Identität der Person davon tangiert. Die Persönlichkeitsgestalt bleibt nach wie vor dieselbe, auch nach der Integration sowie im Prozeß wachsender innerer Befreiung, obgleich sich eine Transformation vollziehen kann, die alle der zwanghaften Fixierung zugrunde liegenden Ursachen miteinbezieht. Jede Persönlichkeitsgestalt kann mit einem Baum verglichen werden, der seine charakteristische Struktur von den frühesten Entwicklungsstadien an behält und zu seiner Zeit blüht und Frucht trägt. Das verleiht ihm seine einzigartige Schönheit und läßt seine Existenz auch für andere fruchtbar werden.

Der »Preis« für die Erlösung des wahren Selbst muß von drei Beteiligten aufgebracht werden: von einem selbst, von anderen Menschen und nicht zuletzt von Gott. Die Mühe, die man selbst aufbringen muß, besteht darin, den Weg »gegen die Pfeilrichtung« im Enneagramm einzuschlagen. Dieses »Gegen-den-Strom-Schwimmen« ist symbolischer Ausdruck einer Erfahrung persönlicher Anstrengung. Es ist ein »agere contra«, ein »Handeln dagegen«. Man geht dabei gegen die durch zwanghafte Fixierung verfestigte innere Neigung an. Das Enneagramm hält eine konkrete Beschreibung bereit, wie diese der Zwanghaftigkeit entgegengesetzte Richtung für jede Person aussieht.

Was andere Menschen zu unserer Befreiung von der zwanghaften Fixierung beitragen können, wird in dem Abschnitt »Hilfe durch einen guten Freund« (S. 182 ff) beschrieben.

Der Preis, den Gott für unsere Erlösung und Befreiung aufgebracht hat, wurde in Jesus Christus beglichen. Was dies im Zusammenhang mit unserer Erlösung von unserem zwanghaften Antrieb bedeutet, wird in Kapitel 6 unter dem Thema »Bekehrung des Herzens« ausgeführt. Diese Bekehrung erfolgt auf drei Ebenen: der intellektuellen, der affektiven und der geistlichen Ebene.

Die *intellektuelle* Bekehrung vollzieht sich in einer Bewegung aus der »Falle« hin zu einer Annahme einer für jede Persönlichkeitsgestalt einzigartigen »Einladung« von Gott her. Die *affektive* Bekehrung geschieht in einem Heilungsprozeß der Wurzelsünde hin zur Entfaltung einer je spezifischen Tugend. Bei der Bekehrung im Bereich der *geistlichen* Instinktsicherheit geht es um die »Geistliche Unterscheidung», die im Reifungsprozeß einer jeden Persönlichkeit eine besonders wichtige Rolle spielt.

Die Selbsthilfe im Prozeß der Befreiung besteht in der Bewegung »gegen die Pfeilrichtung«, um so der zwanghaften Fixierung entgegenzuwirken, indem man sich den »Stolz« der »gegen die Pfeilrichtung« liegenden Persönlichkeitsgestalt zu eigen macht. Abb. 13 (S. 170) zeigt die Pfeile der zwanghaften Antriebe jeder Persönlichkeitsgestalt und ihren jeweiligen »Stolz«, mit dem sie ihr Selbstwertgefühl aufrecht erhält. Abb. 14 verdeutlicht Dunnes allgemeines Modell der »Bewegung gegen die Pfeilrichtung«, entsprechend den drei bevorzugten Verhaltensweisen (1) aggressiv, (2) abhängig, (3) zurückgezogen.

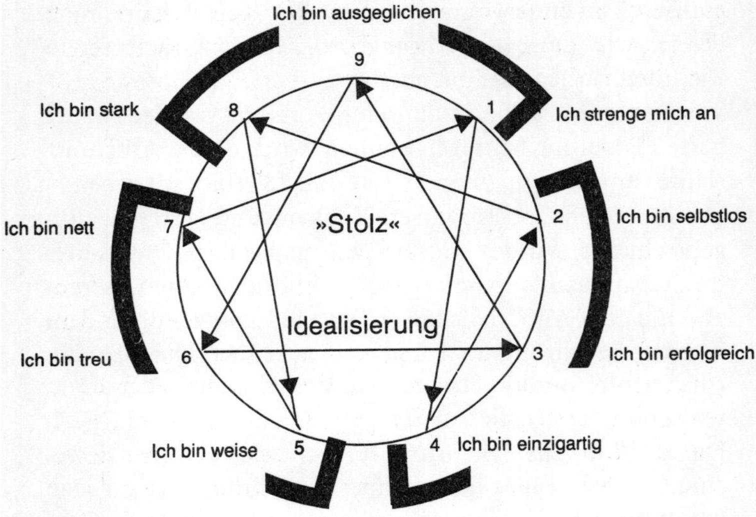

Abb. 13

Abb. 14

5.1 *Aggressive Persönlichkeitsgestalten: 8 – 3 – 1*

Die aggressiven Persönlichkeitsgestalten 8 – 3 – 1 wirken ihrer zwanghaften Fixierung auf ein aggressives Verhaltensmuster dadurch entgegen, wenn sie sich gegen den Pfeil auf ein passives Verhaltensmuster hinbewegen. Anstatt sich der Umwelt gegenüber in die Offensive zu begeben, beginnen sie dann, die Realität zunächst einmal so zu akzeptieren, wie sie ist.

8

Achter gehen gegen ihre zwanghaften Antriebe zur Aggression an, indem sie sich den Stolz der Zwei zu eigen machen, nämlich »Ich bin hilfsbereit«. Zweier sehen die Welt voll von bedürftigen Kunden und suchen nach Menschen, die ihre Hilfe brauchen. Da sie sich selbst als großzügige Helfer sehen, sind sie bereit, ihr Leben ganz für andere einzusetzen. Es ist ihr Stolz, zu vielen Menschen Kontakt zu haben und für andere unentbehrlich zu sein. Sie hassen jede Gewalttätigkeit, sowohl wenn sie diese selbst zu spüren bekommen, als auch wenn sie anderen geschieht.
Die Hilfsbereitschaft der Zwei ist ein wirksames Gegenmittel gegen die Aggressivität der Achter, die dafür bekannt sind, daß sie ziemlich rauh mit anderen umgehen und ihre zarte Seite nicht zulassen können. Achter gewinnen dadurch, daß sie die Hilfsbereitschaft in sich entfalten. Sie werden milder und aufmerksamer für die Bedürfnisse anderer, vor allem durch freundschaftliche Verbindungen. Als Menschen, die vorzugsweise aus ihrer Leibmitte heraus reagieren, treten sie in eine konkrete Situation mit der Einstellung: »Hier bin ich. Nimm mich, wie ich bin!« Indem sie sich entgegen der Pfeilrichtung auf die Zwei hinbewegen, steuern Achter zugleich auf ihr Herz-Zentrum, was zur Folge hat, daß sie lernen, zuerst andere zu sehen und dann erst sich selbst. Anstatt sich selbst immer an anderen zu messen, versuchen sie auf der Gefühlsebene die Zuneigung und Wertschätzung anderer zu erlangen. Durch die zunehmende Bedeutung der Gefühle in ihren zwischenmenschlichen Beziehungen legen sie auch mehr Wert auf die Zuneigung anderer. In ihrer Aufdringlichkeit anderen gegenüber

werden sie zurückhaltender und achten mehr auf deren Bedürfnisse und auf das, was in der jeweiligen Situation angemessen ist.

3

Dreier arbeiten ihrer zwanghaften Festlegung auf aggressives Verhalten entgegen, indem sie den Stolz der Sechser annehmen, die sagen: »Ich bin treu« (gegenüber den Normen meiner Gruppe). Sechser sind sehr loyal, was die Beziehung zu der Gruppe, zu der sie gehören, angeht. Diese treue Gesinnung gibt ihnen eine wache Sensibilität gegenüber den Wünschen derer, die die Autorität in der Gruppe innehaben.
Indem sie sich in Richtung der Sechs bewegen, entwickeln Dreier eine stärkere Loyalität zu ihren Mitarbeitern und unterstellen sich den Gruppennormen. Dies schützt sie vor ihrer Neigung, andere als Mittel zum Zweck des eigenen Erfolges zu gebrauchen. Sie tun gut daran, ihr Gewissen in der Art der Sechs zu entfalten, das von der äußeren Autorität her beeinflußt wird. Dreier neigen dazu, Gesetze und soziale Normen um ihres Erfolges willen zu umgehen oder außer acht zu lassen. Oft nützen sie andere durch ihre List und Tücke aus. Sie gleichen diesen Mangel an persönlicher Integrität aus und gewinnen dadurch, wenn sie ihre geschäftlichen Aktivitäten und auch ihr Privatleben den moralischen und zivilen Normen und Gesetzen unterordnen. Indem sie die Einstellung eines loyalen Mitglieds der Gesellschaft annehmen, werden sie von ihrem zwanghaften Antrieb befreit, um jeden Preis Erfolg haben zu müssen. Es ist außerdem wichtig für Dreier, ihren Stolz darin zu sehen, treu und zuverlässig in ihren familiären Beziehungen zu sein; denn sie neigen von Natur aus dazu, sich selbst fast ausschließlich mit ihren Ambitionen zu identifizieren.
Sich in Richtung der Sechs zu bewegen, heißt auch, daß Dreier die Eigenschaften der Kopf-Menschen entwickeln.

Sie gewinnen als Mensch, indem sie sich um Objektivität gegenüber dem gesellschaftlichen Kontext bemühen und erkennen, welchen Anteil sie selbst zum Allgemeinwohl beitragen könnten. In ihrem zwanghaften Antrieb sind sie nur darauf aus, ihr eigenes Königreich im Wettstreit mit anderen zu errichten. Sie müssen mit Hilfe ihres Denkvermögens zu der Einsicht kommen, daß sie dazu berufen sind, durch Zusammenarbeit und wechselseitige Abhängigkeit ein integriertes Glied der Gemeinschaft zu werden. Das stärkt ihre Loyalität gegenüber der Gesellschaft. Sie hören auf, nur für den Erfolg ihrer eigenen Unternehmungen zu leben. Es gibt ihnen ein Gefühl der Erfüllung, den Blick auf das Ganze der menschlichen Gesellschaft und deren Fortschritt zu richten, selbst wenn es nicht immer nur die eigenen Erfolge sind.

1

EINSER gehen gegen ihre zwanghafte Fixierung auf ein aggressives Verhaltensmuster an, indem sie sich auf den Stolz der SIEBEN ausrichten, die voller Überzeugung von sich denkt: »Ich bin ein netter Mensch.« SIEBENER sind optimistisch und begeisterungsfähig, was die Zukunft angeht. Sie begegnen Menschen und Situationen ohne Argwohn und Mißtrauen. Sie stecken andere mit ihrer Lebensfreude an. Sie konzentrieren sich auf die hellen Seiten des Lebens und blenden Schmerzen und Konflikte aus. Es ist gut für EINSER, das Leben nach der Art der SIEBEN zu genießen. Sie müssen dahin kommen, alles weniger tragisch zu nehmen. Es hilft ihnen, an fröhlichen Parties teilzunehmen und sich zu vergnügen. Sie müssen mehr die »Sonne des Lebens« auf sich scheinen lassen und das genießen. Wenn sie sich mehr der Freude öffnen, werden sie aufgeschlossener für Spiel, Scherz und Humor. Das hilft ihnen, sich selbst und die Welt mit mehr Humor zu sehen.
Indem EINSER auf die Richtung der SIEBEN zugehen, profitie-

ren sie, da sie mehr vom Kopf-Zentrum her leben und damit die Wirklichkeit objektiver und nüchterner wahrnehmen können. EINSER grollen der Realität, weil sie nicht so ist, wie sie eigentlich sein sollte. Es ist jedoch nicht lebensfördernd, fortwährend Fehler zu suchen und zu entdecken und niemals zufrieden zu sein mit dem, was ist. EINSER fragen sich nach einer Handlung oder einem Ereignis oft: »War das wohl richtig?« Sie sollten von ihrer offensiven Einstellung gegenüber der Wirklichkeit wegkommen und lernen, die Dinge so zu nehmen, wie sie sind. Das bedeutet für EINSER, mehr aus ihrem Denk-Zentrum zu reagieren, indem sie die Realität zu sich sprechen lassen, so wie sie nun einmal ist, anstatt Kreuzzüge gegen sie zu unternehmen. Wenn sie das Gute in ihrer Umgebung wahrzunehmen lernen, bauen sie ängstliche Sorge, Pedanterie und Selbstquälerei ab. Wenn sie sich in den Eigenschaften der SIEBEN einüben, sich zu vergnügen und zu genießen, vertreiben sie ihren angestauten Ärger und fügen sich harmonischer in die Umwelt ein. Wie SIEBENER müssen sie es sich zur Gewohnheit machen, das Gute in allem zu sehen, anstatt jede kleinste Unvollkommenheit aufs Korn zu nehmen.

5.2 *Abhängige Persönlichkeitsgestalten: 2 – 6 – 7*

Die abhängigen Persönlichkeitsgestalten 2 – 6 – 7 handeln gegen ihren zwanghaften Antrieb, sich immer um jeden Preis anzupassen, indem sie sich gegen die Pfeilrichtung auf ein defensives Verhaltensmuster einlassen. Anstatt sich mit der Umwelt immer zu identifizieren, werden sie auf diese Weise fähig, sich selbst mehr zu verteidigen.

2

ZWEIER handeln ihrer zwanghaften Abhängigkeit von der Wertschätzung anderer entgegen, indem sie sich auf den

Stolz der VIER ausrichten, die von sich sagt: »Ich bin einzigartig« (und aus diesem Grunde sich immer unverstanden fühlt). VIERER sind Romantiker und sehen sich selbst von wunderschönen Dingen umgeben, die nur sie selbst richtig zu schätzen wissen. In ihrer Sehnsucht nach Spontaneität und Einfachheit wenden sie sich oft der Natur zu, weil sie in ihr Einfachheit, Einzigartigkeit und Erfrischung erfahren können. Unfähig, ihre tiefsten Gefühle je angemessen ausdrücken zu können, neigen sie zum Ritualisieren, Dramatisieren und zum Theatralischen, wenn es um ihren exklusiven Selbstausdruck geht.
Wenn ZWEIER sich auf die Richtung der VIER zubewegen, gewinnen sie dadurch, daß sie sich selbst als einzigartig erfahren und zu tiefen Gefühlen der Freude und Traurigkeit fähig werden. Sie werden allmählich von ihrer falschen Vorstellung befreit, ausschließlich Helfer ohne eigene Bedürfnisse zu sein. Indem sie den Stolz der VIER annehmen, erkennen sie ihr tiefstes Bedürfnis, um ihrer selbst willen geliebt und geschätzt zu werden und nicht so sehr dafür, was sie für andere tun. Es hilft ihnen, ein Gespür für ihre persönliche Liebenswürdigkeit zu entwickeln, weil sie emotional veranlagt und sehr sensibel sind. Anstatt sich ständig auf die Bedürfnisse anderer zu konzentrieren, nehmen sie eher Abstand, um ihre eigenen Gefühle zu reflektieren und sich selbst als Person näherzukommen. Das hilft ihnen, sich als Herz-Menschen zu entfalten, die fähig sind, in Kontakt mit ihren eigenen Gefühlen zu sein und sie mit anderen zu teilen.

6

SECHSER entgehen ihrer zwanghaften Neigung zum Konformismus dadurch, daß sie gegen die Pfeilrichtung auf die NEUN zugehen, die von sich denkt: »Ich bin in Ordnung.« NEUNER sind selten unruhig wegen innerer Konflikte, und sie bestehen darauf, daß sie mit allen in Frieden leben. Von

Natur aus objektiv, unparteiisch und leidenschaftslos, sind sie ausgezeichnete Vermittler. Sie haben es gern, wenn alle zufrieden sind. Indem sich SECHSER in Richtung der NEUN bewegen, lernen sie, ihren eigenen Intuitionen mehr zu vertrauen, gewinnen an innerer Sicherheit und sind nicht mehr ängstlich darauf bedacht, was andere über sie denken. Sie brauchen die innere Ruhe der NEUN. Die erreichen sie, wenn sie weniger aus ihrem Kopf-Zentrum und mehr aus der Leibmitte auf Menschen und Situationen reagieren. Sie sind dann nicht mehr so übervorsichtig und zögernd, wenn es um Neues und Ungewohntes geht. Anstatt zu fragen: »Wie passe ich in diese Situation? Wo habe ich meinen Platz?«, legen sie ihre Besorgtheit ab und sagen sich: »Hier bin ich. Nimm mich, wie ich bin!« SECHSER brauchen das Selbstvertrauen jener Persönlichkeitsgestalten, die sich ihrem Lebensstrom von der Leibmitte her überlassen. Um dies zu erreichen, müssen sie ihr übertriebenes Verantwortungsgefühl ablegen. Aus zwanghaftem Antrieb legen sie zu großen Wert auf das, was die Autorität sagt, oder auf Traditionen, als ob diese Selbstzweck wären. SECHSER tun gut daran, sich die spontane Einstellung der NEUN anzueignen, daß vor allem die zwischenmenschliche Harmonie und der innere Friede wirklich wichtig sind. Ihre inneren Konflikte projizieren SECHSER gern auf die Umwelt. Sie übertreiben die Bedeutung äußerer Vorschriften auf Kosten höherer Werte, z. B. Frieden, Liebe, Harmonie, und fordern statt dessen strikten Gehorsam gegenüber äußeren Vorschriften und Bräuchen.

7

SIEBENER lösen sich aus ihrer zwanghaften Fixierung auf Vergnügen und Genuß, indem sie sich gegen die Pfeilrichtung den Stolz der FÜNF aneignen, die von sich sagt: »Ich habe den Durchblick. Ich verstehe.« Anstatt ausschließlich die Harmonie mit der Außenwelt zu suchen, werden SIE-

BENER ausgeglichener, wenn sie sich gelegentlich von anderen zurückziehen nach Art der FÜNF. FÜNFER halten Distanz Menschen und Situationen gegenüber, um sich gewissermaßen einen »Panoramablick« zu verschaffen. Sie denken systematisch und leiten von ihrer gründlichen Prüfung aller Aspekte eines Sachverhalts Verallgemeinerungen ab.
Indem SIEBENER die eher reflektierende Lebensweise der FÜNF annehmen, kommen sie sich selbst und ihrer Beziehung zur Außenwelt mehr auf die Spur, und zwar mit größerer Objektivität, anstatt ihren angeborenen Optimismus oberflächlich auf die Umwelt zu projizieren. Es ist gut für sie, wahrnehmender und mitfühlender zu werden und zu lernen, sich selbst in die Lage anderer hineinzuversetzen. Sie werden Freude darin erfahren, die Realität in ihrer ganzen Komplexität wahrzunehmen, und nicht länger vorgeben, daß alles »einfach wunderbar« ist. Wenn sie durch Wahrnehmung, Beobachtung und Reflexion die Wirklichkeit objektiver sehen lernen, kommen sie mehr mit ihrer »inneren Quelle« der Weisheit und Einsicht in Berührung. Das verbindet sie auf eine viel tiefere Weise mit anderen. Wenn sie mehr reflektieren, werden sie toleranter gegenüber Schmerz, Leid und mühevollen Aufgaben, die aber lohnend und wichtig sind. Ein zurückgezogenes und reflektierendes Verhalten, wie es für die FÜNF charakteristisch ist, hilft der SIEBEN, weniger flatterhaft zu sein. Sie lernt einsehen, daß das Wichtige, Wesentliche nicht unbedingt immer das Angenehme ist, sondern daß Unangenehmes auch ein Bestandteil der Realität ist.

5.3 *Zurückgezogene Persönlichkeitsgestalten: 5 – 9 – 4*

Die zurückgezogenen Persönlichkeitsgestalten 5 – 9 – 4 schwächen ihren zwanghaften Antrieb zum Rückzugsverhalten spürbar ab, wenn sie sich gegen die Pfeilrichtung auf ein eher aggressives Verhaltensmuster hinbewegen. Dadurch können sie sich selbst besser behaupten. Dann geben sie ihr defensives Verhalten auf und wenden sich mehr der Welt zu.

5

Fünfer entgehen ihrer zwanghaften Fixierung auf Abwehr, Selbstschutz und Verteidigung, wenn sie den Stolz der Acht annehmen, die sagt: »Ich bin stark.« Achter sind stolz darauf, starke Persönlichkeiten zu sein und niemandem zu erlauben, sie zu übervorteilen oder gar zu unterdrücken. Sie durchschauen schnell jeden Dünkel und jede Heuchelei. Sie haben ein natürliches Machtstreben. Selbst in der Lösung ihrer persönlichen Probleme sehen sie eine Ausübung ihrer Macht und Stärke. Sie wissen ihre persönliche Stärke einzusetzen, um andere zu konfrontieren, und entlarven gern Menschen und Situationen. Achter haben ein starkes Verlangen nach intensivem Leben. Indem Fünfer sich in Richtung Acht bewegen, lernen sie, ihre eigene Macht gegenüber anderen einzusetzen, anstatt sich ständig zurückzuziehen. Fünfer werden jedoch nie so selbstbehauptend wie die Achter; aber etwas mehr Aggressivität ist eine durchaus gesunde Richtung für die Fünf. Sie gewinnt als Mensch dadurch, daß sie mehr aus ihrer Leibmitte heraus lebt.
Oft treiben Fünfer Raubbau mit ihrem Körper, weil sie zu sehr vom Kopf her leben. Der Körper hat jedoch seine eigene Weisheit und reagiert spontan auf Situationen, viel schneller, als es durch reflektierendes Denken und bewußte Entscheidung möglich ist. Fünfer verpassen oft die Chance, aus einer gegebenen Situation mehr Wahrheit und Einsicht zu gewinnen, weil sie langsam reagieren, viel nachdenken und somit nicht aus ihrer Leibmitte leben. Wenn sie lernen, sich zu behaupten – obgleich sie das im Anfang sicher als falsch empfinden –, werden die Reaktionen aus der Leibmitte sich eher entfalten können. Es wirkt befreiend auf sie,

wenn sie ihre persönliche Vitalität zum Zuge kommen lassen. Das veranlaßt andere, ihrerseits darauf zu reagieren. Diese Entwicklung ihres »inneren Muskels« gibt ihnen ein besseres Gespür für sich selbst, das sie dringend brauchen. Obgleich sie zu den Persönlichkeitsgestalten gehören, die von sich sagen: »Ich bin größer als die Welt«, fühlen sie sich unzulänglich und innerlich »ungewappnet« angesichts aktueller Herausforderungen im Hier und Jetzt. Wenn sie ihrer inneren Weisheit, die aus der Leibmitte kommt, mehr vertrauen, und anderen mehr Gelegenheit geben, mit ihnen in Kontakt zu kommen, werden sie auch kreativer. Indem sie sich auf die Wirklichkeit des Lebens einlassen, haben sie nicht mehr ein so starkes Bedürfnis, Unmengen an Wissen und Kenntnissen zu horten, ehe sie sich der Welt und den Menschen zuwenden können. ACHTER handeln erst und reflektieren später. FÜNFER sind geübt im gründlichen Reflektieren; aber es kommt ihren Reflexionen zugute, wenn sie den Reaktionen aus der Leibmitte mehr Beachtung schenken. FÜNFER profitieren als Persönlichkeit, wenn sie die Bereitschaft der ACHTER annehmen, in den Schlachten des Lebens ruhig einige Schrammen davonzutragen, und sich selber gestatten, instinktiver und erdhafter zu leben.

9

NEUNER gewinnen an Lebendigkeit und Frische, wenn sie sich entgegen der Pfeilrichtung auf die DREI hinbewegen, die von sich sagt: »Ich bin erfolgreich.« Für DREIER ist Aktivität und Leistung ein Synonym für »Leben«. Sie sind sehr ehrgeizig. Ihre Gefühle halten sie strikt getrennt von ihrem Erfolgsstreben. Greifbare Zeichen des Erfolges sind ihnen sehr wichtig. Sie übernehmen gern die Leitung eines Teams und lenken alle Kräfte auf ein lohnend erscheinendes Ziel hin. Weil DREIER begeisterungsfähige Menschen sind und ihr eigenes Image aufrechtzuerhalten verstehen, können sie andere leicht von ihren Produkten oder ihren Zielen überzeugen. Ihre Erfolge werden vielfach von der Gesellschaft bewundert. Indem Neuner sich auf die Drei ausrichten, widerstehen sie ihrem zwanghaften Antrieb, sich vom Leben zurückzuziehen, und werden offener für die selbstbehauptende Art der Drei. Sie tun gut daran, sich Ziele zu setzen und sie auch zu verwirklichen; denn sie brauchen die Erfahrung, daß sie etwas zustande bringen und so ein positiveres Selbstbild entwickeln und erkennen, daß sie nützliche und leistungsfähige Menschen sind.

Wenn Neuner nach der Art der Drei zu Initiatoren werden, entdecken sie in sich ihre angeborenen Gaben. Es fördert sie als Mensch, wenn sie mehr aus ihrem Herz-Zentrum leben. Herz-Menschen trachten danach, wie sie liebender und liebenswerter in Beziehungen werden können. Neuner wuchsen vielleicht in einer wenig zärtlichen Familie auf. Sie lernten es als selbstverständlich hinzunehmen, daß ihnen keine Zärtlichkeiten geschenkt wurden, daß sie auch keine zärtliche Zuwendung erwarten sollten. In einer Haltung der Resignation haben sie zum Selbstschutz gegen den Schmerz und die Verletzungen, die aus einem solchen Mangel an Liebe und Fürsorge erwachsen sind, eine Strategie entwickelt, die sie sagen läßt: »Ich werde vernachlässigt. Also gut, das Leben ist sowieso nicht wert, daß man davon viel Aufhebens macht. Die Menschen machen viel Geschrei um nichts. Das Leben ist überhaupt nicht so wichtig zu nehmen.« Indem Neuner mehr aus dem Herz-Zentrum heraus reagieren, erkennen sie den Wert personaler Liebe, so daß sich ihr emotionales Leben entfalten kann. Die Erfahrung des Geliebtwerdens setzt in ihnen die Fähigkeit zu echter Selbstliebe und Selbstwertgefühl frei. Obgleich man niemanden dazu zwingen kann, einen zu lieben, kann man dem emotionalen Bereich und damit den zwischenmenschlichen Beziehungen mehr Aufmerksamkeit schenken, das äußere Erscheinungsbild mehr pflegen und dadurch für andere anziehender werden. Das heißt aber, daß sie selbst die Initiative ergreifen und neue Interessen pflegen müssen.

Dadurch werden sie interessanter und attraktiver für andere. Ist die interpersonale Liebe für die NEUN zur Erfahrung geworden, geht ihr auf, daß das Leben wichtiger und bedeutsamer ist, als sie je erträumte. Die Auswirkungen des frühkindlichen Mangels an zärtlicher Zuneigung können gemindert werden, und die Frage: »Was ist das Leben überhaupt?« wird zu einer ganz neuen Faszination für die NEUN.

4

VIERER bewegen sich von ihrem zwanghaften Antrieb weg, indem sie den Stolz der EINS annehmen, die sagt: »Ich strenge mich an.« EINSER fühlen sich am meisten dem Lebensstrom verbunden, wenn sie sich anstrengen, um dem Übel, der Unordnung und dem Irrtum in der Welt entgegenzutreten. Sie sind unermüdlich auf Perfektion aus, die sie jedoch nie zu ihrer vollen Zufriedenheit erreichen. Sie wenden sich ihrer Umwelt vor allem zu, um sie zu korrigieren, sehen sie sich doch als Verteidiger der Wahrheit mit der ehrlichen Absicht, anderen beizubringen, wie man sich bessert. Sie werden von Aktivitäten angezogen, die Vervollkommnung versprechen. Ihr größter Stolz ist ihre Anstrengung, das Gute zu tun und selbst gut zu sein.
Indem sich VIERER auf die EINS hinbewegen, geben sie ihre defensive Einstellung gegenüber der Umwelt auf und lernen, sich selbst zu behaupten. Anstatt darüber zu lamentieren, daß sie von allen mißverstanden werden, äußern sie mehr Kritik an der Umwelt und versuchen zu ändern, was verändert werden kann. Wenn sie sich etwas von dem Idealismus der EINS mit ihrem Verlangen nach einer perfekteren Welt zu eigen machen, entwickeln VIERER ein besseres Gespür für sich selbst. Sie kommen zur Einsicht, daß sie ihren gepflegten Lebensstil und ihre Sensibilität als Gaben empfangen haben, um sie zum Besten der Menschen einzusetzen. Indem sie wie die EINS auf die Welt zugehen, motivieren sie sich selbst und andere, als Mensch zu wachsen,

statt in ihrer persönlichen Einzigartigkeit zu schwelgen. Indem sie wie EINSER sich selbst behaupten und kritischer werden, wandeln sich VIERER zwar nicht zu EINSERN, aber sie kommen aus ihrer zwanghaften Fixierung heraus und intensivieren gleichzeitig ihre Beziehungen zur Außenwelt. Sie wissen sich dann mehr der Wahrhaftigkeit, der Direktheit und harter Anstrengung verpflichtet, d. h. sie lernen, mehr aus ihrem vernachlässigten Leibmitte-Zentrum zu leben, indem sie durch tatkräftigen Einsatz andere auf sich aufmerksam machen.

5.4 *Hilfe durch einen guten Freund*

Eine weitere Möglichkeit zur Befreiung von der zwanghaften Fixierung ist die Hilfe durch einen guten Freund, der zwanghafte Neigung kennt und fähig ist, auf heilende Weise damit umzugehen. Hier werden einige Vorschläge aufgezeigt, wie die ganzheitliche Integration einer jeden der neun Persönlichkeitsgestalten des Enneagramms durch freundschaftliche Hilfe gefördert werden kann.

1

EINSER sind von Natur aus Perfektionisten. Sie sind rigoros in ihrer Kritik gegenüber sich selbst und anderen. Manchmal bleiben sie infolge ihrer eigenen Zwanghaftigkeit an einem unwesentlichen Punkt hängen und überziehen maßlos seine Bedeutung. Ein Freund hilft ihnen eher durch Fragen als durch fertige Antworten. Er zeigt persönliches Interesse an ihren besonderen Gaben und Talenten und hilft ihnen, sie einzusetzen. EINSER brauchen jemanden, der ihnen auf ihrer eigenen Wellenlänge zuhört, sonst klagen sie, daß man gar nicht auf sie höre. Ein wohlwollender Mensch hört zu, indem er aufnimmt, was EINSER immer wieder zur Sprache bringen. Er kann behutsam darauf aufmerksam machen: »Ich glaube, das ist dir sehr wichtig; denn du wiederholst das immer wieder.« Am meisten gewinnen EINSER dadurch, wenn sie ihre eigenen schwachen Seiten als merkwürdig empfinden. Durch Necken kann man sie auf natürliche Weise aufmerksam machen, wie übertrieben ernst sie alles nehmen. Sie lassen sich übrigens gern necken, obgleich ihre Reaktion darauf eher scharf als humorvoll ist.

2

ZWEIER meinen, sie seien von anderen unabhängig. In Wirklichkeit sind sie sehr auf die Wertschätzung anderer angewiesen. Ein Freund kann ihnen wirksam helfen, sich ihrer eigenen Bedürfnisse bewußt zu werden und dazu zu stehen. Er kann die ZWEI herausfordern, sich ihrer eigenen Gefühle bewußt zu werden, und sie darin bestärken, daß es völlig in Ordnung ist, Bedürfnisse zu haben, indem er ihnen immer wieder sagt: »Es tut einfach gut zu spüren, daß auch du Bedürfnisse und Wünsche hast. Das macht dich viel menschlicher.« Ein Freund sollte sich in acht nehmen, ZWEIER zu gebrauchen; denn es ist so leicht, sie dahin zu bringen, kleinliche Wünsche zu erfüllen. Sie laufen sofort los und holen alles herbei, ohne ein Wort darüber zu verlieren. Was ihnen fehlt, ist echte Zuneigung um ihrer selbst willen. Sie brauchen etwas Verwöhnung. Sie betteln nicht gern direkt um Zuneigung; denn sie bitten nicht um das, was sie brauchen. Man hilft ihnen nicht aus ihrer Zwanghaftigkeit, wenn man ihnen auf die Schulter klopft und sie für alle ihre Dienste lobt oder ihnen schmeichelt. Ein Freund weigert sich, sie in ihrer Zwanghaftigkeit zu bestärken, indem er die ZWEI für das lobt, was sie tut. Anstatt sie zu lieben, weil sie tun, was andere erfreut, ist es für ZWEIER lebensnotwendig, geliebt zu werden für das, was sie sind. Der richtige Zeitpunkt, ihnen Zuneigung auszudrücken, ist nicht, wenn sie einem gerade einen Dienst erwiesen haben, sondern immer dann, wenn sie echt sie selbst waren.

Dreiern hilft man am ehesten, wenn man sie als Person bestärkt und weniger in ihren Erfolgen. Ein Freund hilft ihnen, sie selbst zu sein, wenn er die menschlichen Qualitäten wahrnimmt, sie darin bestärkt und die Freude darüber ausdrückt. Man muß Dreier spüren lassen, daß sie selbst als Mensch ein »Erfolg« sind, einfach weil sie so sind, wie sie sind. Sie brauchen Hilfe, um sich auf realistische Weise mit ihren Fehlern, Frustrationen und Mißerfolgen konfrontieren zu können. Ein wohlmeinender Mensch lehnt es ab, in ihren Mißerfolgen doch noch einen »Erfolg« zu sehen. Es ist sehr wichtig für Dreier, Mißerfolge akzeptieren zu lernen als Teil der Annahme der ganzen Wirklichkeit des Lebens. Man muß ihnen hin und wieder zu verstehen geben: »Ich fühle mich wohler in deiner Nähe, wenn du dich auf die Seite des Restes der Menschheit stellst.«
Wenn Dreier den Konkurrenzkampf mit anderen übertreiben, tut ihnen eine Korrektur – am besten durch behutsames Untertreiben – gut. Sie sind sich oft ihrer Gefühle und deren Einfluß nicht bewußt. Wenn sie sich in übersteigertem Enthusiasmus ergehen, sollte man sie behutsam dahin bringen, sich zu fragen, ob sie wirklich meinen, was sie sagen. Es kann für sie eine große Hilfe sein, die Drei auf Dinge aufmerksam zu machen, über die sie gewöhnlich leicht hinweggeht. Dreier neigen dazu, Qualität durch Quantität zu ersetzen. Sie sind immerzu auf Erfolge aus. Vielleicht waren sie als Kinder nie um ihrer selbst willen geliebt und angenommen, sondern immer nur für das, was sie geleistet haben. So lernten sie, sich nur dann als wertvoll zu erfahren, wenn sie Leistungen erbrachten und Erfolg hatten. Es ist, als ob sie von außen ihren Leistungen und Erfolgen zuschauen und sich mit ihnen identifizieren. Es ist daher sehr wichtig, ihnen das Gefühl zu vermitteln, daß ihr wirklicher Wert in ihnen selbst liegt und nicht in der Häufung von Erfolgen. Indem sie einfach um ihrer selbst geliebt

werden, wird die unechte Liebe ausgeglichen, die sie als Kind erfahren haben und die mitverursacht hat, daß DREIER ihren zwanghaften Leistungs- und Erfolgsdrang als Gradmesser für ihren Selbstwert entwickelt haben.

4

VIERER neigen mit ihrer Wohldurchdachtheit zu Übertreibungen. Sie fragen ihr endloses »Warum?«. Man unterstützt sie, indem man die VIER ermutigt, sich ihrer persönlichen Stärke bewußt zu werden, ohne sie bis zum Extrem einsetzen zu müssen. Sie erfahren Hilfe durch einen Menschen, der mit ihnen seine eigenen Perspektiven teilt. Der Schlüssel hierzu ist die persönliche Beziehung; denn sie werden einer anderen Ansicht nur dann Gehör schenken, wenn sie spüren, daß sie verstanden werden. Für sie bedeutet, einen Freund zu haben, zuallererst: verstanden zu werden. Da sie gern Information von außen aufnehmen, hat man bei ihnen die Möglichkeit zu sagen, was ihnen wirklich nottut, um freier zu werden, nämlich dadurch, daß sie auch die ganz gewöhnlichen Dinge des Lebens schätzen lernen.

5

FÜNFERN hilft man, wenn man sie aus ihrem Elfenbeinturm lockt und sie herausfordert, mehr als nur ein ständiger Beobachter zu sein. In der Kunst des Wartenkönnens sind sie unübertrefflich. Wenn man daher darauf wartet, bis sie selbst aus sich herausgehen, kann das heißen, endlos lange warten zu müssen. Da FÜNFER eine reiche Innenwelt haben, kann man sie herausfordern, mehr Gebrauch davon zu machen, d. h. sie aus ihrer Knauserigkeit herauslocken, mitteilsamer zu werden und ihr Wissen anderen zugänglich zu machen. FÜNFER bedürfen der Anregung zur Aktivität. Sie brauchen einen wohlwollenden Menschen, der ihnen sagt: »Hier ist die Bühne. Also, tanz!«

6

Das größte Hindernis zur ganzheitlichen Integration der SECHSER ist ihre Furcht. Man kann ihnen helfen, indem man sie immer wieder ermutigt, auf verschiedene Weise ihre eigene Courage zu erproben. Es ist wichtig, ihnen keine guten Ratschläge zu geben. Sie müssen angespornt werden, ihre eigenen Entscheidungen zu treffen. Man sollte ihnen öfter die Frage stellen: »Warum willst du das eigentlich?« Ein Mensch, der es gut mit ihnen meint, bestärkt sie – ganz gleich, wie die Entscheidung ausfällt – und steht zu ihnen, wenn sie die Entscheidung in die Tat umsetzen, selbst dann, wenn sie sich als Fehlentscheidung erweisen sollte. Es braucht viel Zeit und Geduld, ihnen zu helfen, zu einer persönlichen Entscheidung zu finden. Werden SECHSER in einer Gruppe zuerst nach ihrer Meinung gefragt, werden sie vermutlich sagen, was ihrer Ansicht nach die Gruppe hören möchte oder wünschen würde. Sie brauchen Zeit, um die Dinge für sich selbst klarzubekommen, bevor sie reagieren können. Sie brauchen jemanden, der ihnen hilft, in Kontakt mit ihren Ängsten zu kommen; denn sie erfahren viele Ängste. Wenn sie in Leitungspositionen sind, fürchten sie sich vor jeder Gegenstimme und neigen dazu, autoritär zu werden und anderen zu zeigen, wer das Sagen hat. Ein Freund hilft ihnen, Autorität konstruktiv auszuüben und sich dessen bewußt zu sein, daß die Verantwortung nicht ausschließlich auf ihren eigenen Schultern ruht, sondern daß sie auf vertrauensvoller Basis mit anderen geteilt werden kann.

7

SIEBENER sind Träumer. Ihre Zukunftspläne nähren einen übersteigerten Enthusiasmus, aber die Ausführung ihrer Pläne bleibt oft auf der Strecke. Es ist förderlich für sie, sie öfter zur Rechenschaft bezüglich ihrer Träume und Pläne zu ziehen und sie darauf aufmerksam zu machen: »Das hast du geplant, und dies hast du verwirklicht.« Sie brauchen Ermutigung, erst einen ihrer Pläne in die Tat umzusetzen und dann den nächsten; denn alle gleichzeitig zu verwirklichen, wäre unmöglich. Was ihre Neigung, Schmerz zu vermeiden, angeht, kann ihnen ein Freund behutsam klarmachen, daß es nicht einmal wünschenswert ist, daß alles rosig ist; und daß es völlig in Ordnung ist, hier und da im Leben dunkle Stellen zu erfahren. Es ist wichtig für SIEBENER, sie nicht über die negativen Folgen ihres mangelhaften Einsatzes oberflächlich hinwegzutrösten. Es ist ihnen eher geholfen, wenn man sie die Scherben, die durch ihre Untätigkeit und ihr ständiges Aufschieben von Unangenehmem entstanden sind, selbst zusammenlesen läßt. Sie müssen selbst auf ihre Nachlässigkeit aufmerksam und daran erinnert werden, daß, wenn sie einmal einen Plan gefaßt haben, auch erwartet wird, daß sie ihn zu Ende führen, selbst wenn es einmal schwierig werden sollte. SIEBENER müssen einsehen lernen, daß ihr Aufschieben und ihre Versäumnisse anderen Schmerz und Kummer bereiten können und daß sie diese Tatsache aus ihrem eigenen Leben für gewöhnlich ausklammern. Ein wohlmeinender Mensch sollte sie aufmerksam machen, wenn sie durch ihre Nachlässigkeit jemanden verletzt haben. Ihr Bedürfnis, daß jedermann stets fröhlich und unbeschwert sei, kann künftig ihre Zuverlässigkeit stärken. Auf jeden Fall hilft man ihnen, indem man sie zur Rechenschaft zieht und sie damit mehr in Kontakt mit der Wirklichkeit bringt, anstatt alles zu verklären und nur das Angenehme gelten zu lassen.

8

ACHTER sind rigorose Verfechter der Gerechtigkeit. Sie pakken voller Ungestüm zu und sind sich nicht bewußt, wie das auf andere wirkt. Es bringt ihnen Nutzen, wenn ihnen ein Freund sagt, wie er selbst oder andere sich dabei fühlen.

Da Achter sich in freundschaftlichen Beziehungen genauso wie in anderen zwischenmenschlichen Kontakten verhalten, muß der Freund eine kraftvolle Persönlichkeit sein, damit die Freundschaft zu einem existentiellen Teilen in allen Bereichen des Lebens wird. Man muß sie immer wieder fragen: »Weißt du eigentlich, wie ich mich gefühlt habe, als du das ... sagtest, tatest?« Achter respektieren jeden, der die Verantwortung für seine eigenen Gefühle übernimmt. Es ist ratsam im Umgang mit Achtern, nicht ihre Aggressivität nachzuahmen. Authentische Behutsamkeit ist hilfreicher als aggressive Erwiderung, sowohl für die Acht als auch für die Beziehung. Achter argumentieren und verteidigen sich selbstgerecht, auch einem Freund gegenüber, der ihnen signalisiert, wie sehr sie ihn durch ihre Worte oder ihr Verhalten verletzt haben. Sie schieben gewöhnlich anderen die Schuld zu. Sie selbst haben sich eben nur echt und unverfälscht gegeben, während die anderen ihnen etwas antun wollten. Sie müssen lernen, auf der Gefühlsebene zu reagieren und sich bewußt zu werden, wie sie mit ihren Worten und ihrem Verhalten auf andere wirken. Ein Freund darf keine Angst vor ihnen haben, sich nicht von ihnen einschüchtern lassen oder klein beigeben, sondern sie freundlich und unnachgiebig auf ihre eigene zarte Seite hin ansprechen. Es gibt mehr als eine Möglichkeit, die Wahrheit zu sagen, und Arroganz ist nicht die einzige Weise, die Luft zu reinigen und sich als stark im Umgang mit anderen zu erweisen. In der Beziehung zu Achtern muß man auf heftige und plötzliche Reaktionen gefaßt sein. Oft spüren Achter, daß sie die Wahrheit gesagt haben, die die anderen nicht hören wollten. Bei ihnen muß man damit rechnen, daß die erste Reaktion sehr oft ein Nein ist; im nachhinein kann sich das durchaus noch zu einem Ja wandeln.

9

NEUNER sind Nonkonformisten. Sie sind nicht einverstanden mit der Welt, so wie sie ist. Deshalb bleiben sie passiv. Wenn sie entdecken, wer und wie sie als Mensch sind, hegen sie gewöhnlich sich selbst gegenüber Abneigung, und dies führt bei ihnen zur Passivität. Ein Freund hilft, indem er die NEUN herausfordert, einen Standpunkt zu beziehen und ein Gespür dafür zu entwickeln, wie sie sich einbringen kann, um die Welt zu verändern. Es mag irritierend sein, NEUNER aus ihrer Reserve zu locken; denn sie scheinen jeglicher Energie und Begeisterung zu entbehren.
Am besten beginnt man damit, sie zu akzeptieren, wie sie sind, und drückt seinen Glauben an sie aus, indem man sie zu Aktivitäten einlädt und sie für den von ihnen übernommenen Anteil verantwortlich macht. NEUNER gleichen einer Pumpe, die man bedienen muß, damit sie Wasser gibt. Sie brauchen Impulse von außen, um aktiv zu werden, jemanden, der etwas initiiert und sie dann einlädt, mitzumachen. Sie wollen von anderen angeregt werden. Wenn jemand die Initiative ergreift, reagieren sie.

6. Die Umkehr

Außer der Befreiung von zwanghaften Antrieben durch die Arbeit an sich selbst »entgegen der Pfeilrichtung« und der Hilfe durch einen verstehenden Menschen bleibt als dritte und entscheidende Hilfe in dem existentiellen Heilungsprozeß eine direkte persönliche Beziehung zu Gott. Eine solche Beziehung läßt sich als heilende Hingabe umschreiben, insofern dies die einzig angemessene Weise ist, mit Gott, dem Urquell allen Lebens und Erlöser aller Menschen, eins zu sein. Die Glaubensübergabe an Gott lenkt alle Energien unseres Seins und beginnt zunächst mit einem fundamentalen »Umdenken« (griechisch: metanoia). Damit ist eine neue Sicht der Wirklichkeit gemeint, einschließlich des Platzes, den man selbst in diesem göttlichen Heilsplan einnimmt. Die Umkehr mittels Umdenken geht in eine Bekehrung des Herz-Zentrums über. Auf diese affektive Umkehr kann noch eine Umwandlung (Neuorientierung) der instinktiven Kräfte der menschlichen Natur folgen. Bekehrung vollzieht sich in einem wachsenden Sich-in-Gott-Verwurzeln im Glauben, indem der Mensch Gott Gott sein läßt und durch Erfahrung lernt, sich auf seine Macht und Liebe im eigenen Leben zu verlassen. Wenn man sich ganz Gott überläßt, kann man sich auch den weniger bewußten Teilen des eigenen Wesens anvertrauen, um von einer inneren Energiequelle her zu leben, ohne daß sich das Ego bedroht fühlen müßte, wenn es die Kontrolle verliert oder mit einem Mißgeschick konfrontiert wird.

6.1 *Die Einladung zur Umkehr*

Umkehr vollzieht sich auf dem Übungsweg mit dem Enneagramm zunächst auf der Ebene des Denkens, und zwar eines Umdenkens – weg von der für jede Persönlichkeitsgestalt typischen Falle, hin zu der Antwort auf eine je spezifische Einladung, die in der Enneagramm-Literatur meistens als »heilige Idee« bezeichnet wird. Bei der »Falle« handelt es sich um eine aus dem Ich-Bewußtsein entspringende, habituelle Art und Weise des Handelns und Reagierens. Damit ist eine Vereinnahmung unseres wahren Selbst durch bestimmte lebenshemmende, zwanghafte Verhaltensmuster gegeben. In dieser Falle verharren, bedeutet Unfreiheit. Dadurch wird das persönliche innere Wachstum zum vollen Menschsein verhindert. Einfach zu sagen: »Ich bin nun einmal so« und sich darin einfach gehenzulassen und freiwillig in dieser Falle zu verharren, hieße, keine Verantwortung für das eigene Handeln übernehmen zu wollen. Es bedeutet die Verweigerung der Entscheidung für eine neue Lebens- und Verhaltensweise, um durch sie zu erfüllterem Leben zu finden. Die Zwanghaftigkeit hat ihren Ursprung im Ich-Bewußtsein, das der Welt gegenüber die Einstellung hegt: »Ich habe dich nicht nötig, um ganz Mensch zu werden.« Der Zwang stellt eine eingeschliffene Strategie dar, die das Ego zur Erlösung seiner selbst anwendet.

Durch die Einladung, die entscheidend für die Hingabe an Gott ist, gibt das Ich seine Verteidigungsstrategie der Selbsterlösung auf und läßt das Verlangen nach Gott zu, um durch ihn zur Erfüllung und Ganzheit seines Wesens zu finden. Das ist ein entscheidender Schritt auf dem Weg zur Befreiung des Menschen aus seinem zwanghaften Verhalten.

Jeder Persönlichkeitsgestalt ist eine besondere Einladung zugesprochen, um die spezifische Falle oder »falsche Idee« freizulegen und damit den Weg in die Befreiung zu öffnen, indem man sich bedingungslos auf Gott verläßt und nicht länger ausschließlich auf die eigenen Kräfte baut.

Abb. 15 zeigt das Enneagramm mit den neun Fallen, die in Abb. 16 durch neun Einladungen ersetzt werden.

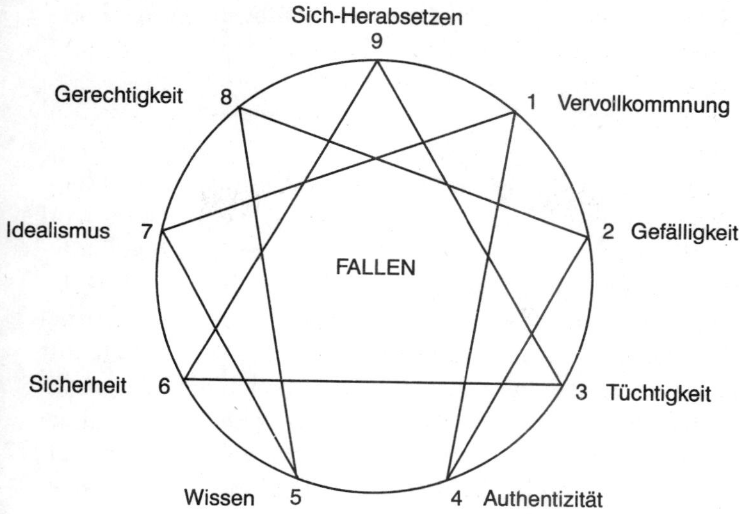
Sich-Herabsetzen
9
1 Vervollkommnung
2 Gefälligkeit
3 Tüchtigkeit
4 Authentizität
Wissen 5
Sicherheit 6
Idealismus 7
Gerechtigkeit 8
FALLEN

Abb. 15

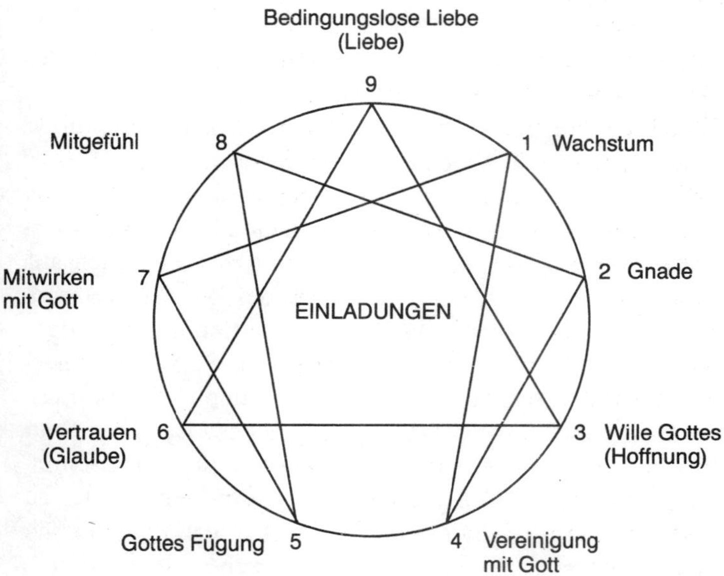
Bedingungslose Liebe
(Liebe)
9
1 Wachstum
2 Gnade
3 Wille Gottes
(Hoffnung)
4 Vereinigung
mit Gott
Gottes Fügung 5
Vertrauen 6
(Glaube)
Mitwirken 7
mit Gott
Mitgefühl 8
EINLADUNGEN

Abb. 16

Die Erläuterungen zu diesen Abbildungen erfolgen wiederum chronologisch von 1–9.

1

Die Falle der Eins ist ihr falsches Verständnis von Vollkommenheit (Perfektion), die sich bei ihr wie eine Zwangsvorstellung auswirkt. Irritiert durch die kleinste Unvollkommenheit, strebt sie nach ihrem unerreichbaren Ideal der Vollkommenheit. Nichts kann ihr wirkliche innere Zufriedenheit schenken. Fortwährend entdeckt sie überall nur Unvollkommenheiten. Darum strengt sich die Eins um so mehr an und wird darüber immer ungeduldiger, weil sie sich dadurch maßlos überfordert. Für sie zählt nur das Jetzt. Sie hat kaum ein Gespür für Wachstums- und Entwicklungsprozesse.
Die Einladung zu Wachstum und Reifung kann die Eins entlasten und sie aus der Falle der Perfektion befreien. Durch diese Einladung zum Wachsen und Reifen kommt sie zur Einsicht, daß Gott auf evolutionäre Weise in der Welt wirkt. Nach dem offenbarten Heilsplan Gottes für das gesamte Universum befindet sich die Schöpfung noch immer in stetem Werden. Daraus läßt sich schließen, daß Gott die Vervollkommnung des gesamten Universums durch einen fortdauernden Entwicklungsprozeß heraufführt. Echte Entwicklung und Reifung des Menschen auf Vollkommenheit hin ist ein Prozeß des Werdens. Unsere Existenz ist ein Anruf von Gott, zu wachsen und zu reifen. Ein lebendiger Organismus ist in jedem Entwicklungsstadium in gewissem Sinn »vollkommen«. In diesem Reifungsprozeß können sogar Irrtümer und Blockaden ihren Sinn haben; denn ein reifender Mensch ist zu deren fortschreitender Überwindung gerufen. Überhaupt keine Fehler zu begehen, könnte ein Zeichen dafür sein, daß man einfach nichts Neues wagt, um daran zu wachsen und zu reifen. Glaubenshingabe würde für die Eins bedeuten, Gottes Art

und Weise zu akzeptieren, daß er die Menschen nun einmal so und nicht anders geschaffen hat und sie folglich in einem lebenslangen Entwicklungsprozeß reifen läßt. Es bedeutet, die eigene Geschöpflichkeit und Abhängigkeit von Gott zu akzeptieren. Das kann EINSER zu der Erkenntnis bringen, daß es gut ist, Versuch und Irrtum zu erfahren, und daß dies sogar wichtige Elemente im Wachstums- und Reifungsprozeß des Menschen sein können. Selbst die Heiligkeit (»heil« werden des ganzen Menschen) wird dann als ein Prozeß des Reifens gesehen und nicht als die Erfüllung von Normen dessen, was für richtig und vollkommen gehalten wird. So kann die EINS in innerem Frieden und Heiterkeit leben und die Welt so annehmen, wie sie ist: im Wachsen und Werden begriffen. Sie kann sich auf Gott verlassen, der das Universum in diesem Wachstums- und Entwicklungsprozeß lenkt, und wird nicht mehr um jeden Preis anderen die eigenen Vorstellungen von Vollkommenheit aufzwingen.

2

Die Falle der ZWEIER ist ihre Idee des Dienens. Dieser Idee zufolge halten sie sich für völlig selbstlos, obgleich sie in Wirklichkeit sehr abhängig vom Ausdruck der Wertschätzung, der Aufmerksamkeit und Zuneigung anderer sind. Ihre Dienste sind jedoch nie bedingungslos, und sie kritisieren andere, wenn sie ihre »Liebe« nicht erwidern. Sie spielen mit der Zuneigung anderer, indem sie z. B. sagen: »Wie kannst du mir das antun, nachdem ich so viel für dich getan habe?« Äußerst selten bitten sie andere direkt um etwas, aber indirekt suchen sie andere zur »Gegenliebe« zu manipulieren. Kommt von den anderen hingegen keine Reaktion, fühlen sich ZWEIER ausgenützt. Das bedeutet, daß sie anderen eher aus ihrem Bedürfnis nach Wertschätzung helfen als aus einer echten Sorge um die Menschen. Sie schmeicheln anderen und kommen ihren kleinlichen Bedürfnissen zuvor. Sie teilen überschwengliche, wortreiche Komplimente aus, helfen anderen gegen ihren Willen, erteilen ungebeten Ratschläge und drängen anderen ihre Hilfe auf; und all das geschieht aus ihrem unbewußten Bedürfnis, dafür Anerkennung und Beifall zu bekommen. Die Falle des Dienens macht sie eifersüchtig und vereinnahmend. Sie tragen eine Menge unbewußten Ärger in sich, weil sie sich nie in genügendem Maße anerkannt erfahren.

Die Einladung zur Gnade kann sie von ihrer falschen Idee des Dienens befreien. Für die Zwei bedeutet Glaubenshingabe vor allem, anzuerkennen, daß Gottes Liebe durch nichts zu erzwingen, sondern immer freies Geschenk ist. Gott liebt sie, noch ehe sie irgendeinen Dienst für andere tun. Aus Liebe hat Gott sie ins Leben gerufen, und durch diese Liebe sind sie gerettet. Die Liebe Gottes beruht auf freier Erwählung, sie kann durch nichts verdient werden. Es ist die Gnade bedingungsloser Liebe, die sie liebenswert macht und ihnen Wert und Bedeutung verleiht. Solange Zweier in ihrer Falle des Dienens gefangen sind, neigen sie dazu, sich Gott gegenüber genauso zu verhalten, wie sie es anderen gegenüber tun, d. h. sie versuchen nach Kräften, ihn durch »Dienste« zu erfreuen. Indem sie der Einladung folgen, sich der Gnade Gottes zu überlassen, vollzieht sich in ihnen eine Umkehr, ein Wandel ihrer Einstellung, so daß sie es fortan geschehen lassen können, daß Gott sie liebt aufgrund dessen, was sie sind, und nicht deswegen, weil sie viel für andere tun. Das befreit sie dazu, sich selbst als bedingungslos geliebt zu erfahren. Dann hören sie auf, verzweifelt zu versuchen, von anderen Liebe zu erhalten, um ihr eigenes Bedürfnis nach Anerkennung zu stillen.

Ein solches Umdenken der Zwei ist vermutlich die Frucht stillen Betens. Naturgemäß findet sie Beten mühevoll, weil es ihr als »Nichtstun« erscheint; will sie doch ständig etwas für andere tun. Zeit mit Gott verbringen heißt, sich selbst etwas Gutes tun – um sich nämlich für die Gnade zu öffnen, auf die sie angewiesen ist. Da es jedoch zu ihrer

Zwanghaftigkeit gehört, nichts für sich selbst zu tun, wird sie zu diesem stillen Beten erst bereit sein, wenn die Zwei beginnt, anzuerkennen, daß sie auch Bedürfnisse hat, und daher bereit wird, Zeit und Energie für sich selbst und für das eigene Wohlbefinden aufzubringen.

3

Die Falle der Dreier ist ihr Leistungsdenken. Sie meinen, sie müßten unbedingt nützlich und tüchtig sein, um sich als Menschen wertvoll zu erfahren, und genauso denken sie natürlich auch von anderen. Sie machen aus dem Leben einen Konkurrenzkampf, um mit Leistungen und Erfolgen aufwarten zu können. Daher halten sie begierig Ausschau nach den neuesten und mehr Erfolg versprechenden Methoden, selbst wenn sie dadurch im Grunde wenig profitieren. Ihr Erfolgs- und Leistungsstreben ist an ihre ehrgeizigen Erwartungen, Pläne und Ziele gebunden. Zeit ist für sie Geld, vor allem dient sie dazu, ihre Ziele zu erreichen; denn der Sinn ihres Lebens besteht für sie darin, vorwärtszukommen.
Die Einladung, dem Willen Gottes zu folgen, befreit Dreier aus der Falle des Erfolgs- und Leistungszwanges, in der sie festsitzen. Die höchste Form der Glaubenshingabe ist für sie, ihr Leben und ihre Energien unter die Herrschaft Gottes zu stellen und die Welt als sein Eigentum zu betrachten. Sie sollten dahin kommen, Gott als den Eigentümer der gesamten Schöpfung zu erkennen. Durch gläubige Hingabe werden Dreier fähig, ihr Leben in den Dienst Gottes zu stellen und seine Pläne und Ziele zu den ihren zu machen. Dann erkennen sie ihre Berufung darin, im Sicheinschwingen in den Willen Gottes ihr Glück zu finden. Ihr eigenes Wirken und Schaffen in der Welt und ihre auf Erfolg ausgerichteten Pläne setzen sie dann nicht mehr absolut, sondern sehen sie in Beziehung zu Gottes Plänen, die er schrittweise erkennen läßt. Ihre Mißerfolge und Fehllei-

stungen sind für sie nicht länger mit der Vereitelung von Gottes Plänen identisch. Selbst wenn ein Mißerfolg nicht als von Gott gewollt, so doch womöglich als von ihm zugelassen verstanden werden kann, so ist es ihm doch möglich, aus diesem Versagen noch etwas Gutes erwachsen zu lassen. Vertrauen in Gott und seinen heiligen Willen ist der wirksamste Schutz vor übertriebenem Konkurrenzgeist und Rivalitätsdenken; denn Gott ist am wahren und echten Fortschritt der Menschheit gelegen. Das Reich Gottes verwirklicht sich durch den Einsatz vieler, und jeder trägt durch seine von Gott geschenkten Fähigkeiten dazu bei, wenn man sich entsprechend den eigenen Möglichkeiten einbringt. Wenn DREIER dahin kommen, die Welt als Reich Gottes zu sehen, und begreifen, daß alle einen Beitrag zu seiner Auferbauung zu leisten gerufen sind, werden sie fähig, sich über die Leistungen und Erfolge anderer zu freuen und sie nicht als lästige Konkurrenten oder als Hindernis für den eigenen Erfolg zu sehen.

4

VIERER haben sich in der Falle ihres Strebens nach Echtheit (Originalität) verfangen. Sie hoffen ihre Echtheit durch eigenes Bemühen zu erlangen, indem sie sich ständig mit ihrer Vergangenheit beschäftigen und sich fortdauernd damit befassen, wie sie ihre tiefsten Gefühle angemessen ausdrücken können. Als Folge davon vergraben sie sich immer mehr in ihre eigene Gefühlswelt sowie in Erfahrungen in der Vergangenheit, und zwar auf Kosten entspannter und zufriedener Präsenz in der Gegenwart. Sie werden von ihrer persönlichen Einzigartigkeit und von den Erfahrungen der Vergangenheit vereinnahmt und haben das Gefühl, daß niemand versteht, was sie alles erlitten haben. Das macht sie eingebildet und als Mensch irgendwie aufgeblasen. Sie gleichen vornehmen Aristokraten im Exil. Wohl ahnen sie, daß sie niemals ganz sie selbst sind; doch meinen sie, es in

ferner Zukunft einmal zu sein, und dann – so glauben sie – beginnt erst ihr eigentliches Leben.
Die Einladung zum Einssein mit Gott kann VIERER von der zwanghaften Vorstellung ihrer Echtheit befreien. Wahrhaft authentische Selbstwerdung kann der Mensch nur in der Vereinigung mit seinem Gott finden. Gott hat jeden Menschen einzigartig und unverwechselbar geschaffen.[26] Seine Vorsehung wirkt durch alle Freuden und Leiden des Menschen hindurch und läßt die Einzigartigkeit jedes Menschen als besonderes Geschenk Gottes an die Menschheit aufscheinen. Was auch immer ein Mensch an Tragik und verpaßten Chancen im Leben erfahren hat: Alles kann dazu dienen, mit der Einzigartigkeit seines Schicksals die Welt und die Menschen zu beschenken. VIERER geben sich an Gott hin, wenn sie ihr Leben als einen Weg zu Gott begreifen. Indem sie sich vor allem nach ihrem Gott ausstrecken, erkennen sie, daß alle ihre Erfahrungen ihrer Selbstverwirklichung dienen. Was für sie am wichtigsten ist: offen dafür zu sein, daß jede Erfahrung eine Chance wachsender Einswerdung mit Gott ist. Das kann nur geschehen, wenn man in der Gegenwart Gottes lebt; denn Gott kann nur im Hier und Jetzt erfahren werden. VIERER werden in dem Maße von ihrer nostalgischen Rückschau auf vergangene Tragik befreit, als sie ihr Leben als Antwort auf Gottes Ruf sehen, ganz gleich, was der gegenwärtige Augenblick für sie bereithält. Sie können dann ihr Schicksal als Wirken Gottes annehmen und als seine Art, sie zu der ihnen zugedachten Originalität zu führen. Die Hingabe an Gott als Lebensform setzt in ihnen eine neue Kreativität ihres Selbstausdrucks frei, die als spontane Antwort auf das Leben hier und jetzt entsteht, auch wenn es ein ganz gewöhnliches, alltägliches Leben ist. Wenn man alle Situationen als Geschenk aus der Hand Gottes annehmen lernt, wird das Leben nie nur gewöhnlich oder zur Routine. Jeder Augenblick kann dann durch Gottes Wirken im Jetzt zu einem »Sakrament« werden.[27]

5

FÜNFER sind in der Falle ihres unersättlichen Verlangens nach Wissen gefangen. Sie finden das Leben faszinierend, wenn sie es aus einer gewissen Distanz beobachten können; aber es wird furchterregend für sie, wenn sie sich persönlich darauf einlassen sollen. Sie fühlen sich wie verwaiste Kinder und ziehen sich von anderen zurück. Sie kommen ihren persönlichen Bedürfnissen vor allem durch Denken und Reflexion nach. Meistens verwechseln sie Wahrnehmung mit Erfahrung und Denken mit Gefühlen und Handeln. Eine Fülle von Informationen ersetzt die Tiefe der Erfahrungen. Frage sie, wie sie sich fühlen, und sie werden erwidern, was sie denken. Sie ordnen alles gedanklich präzise ein und sehen sogar ihr Leben als eine Serie einzelner Ereignisse. Einer der schwierigsten Akte für FÜNFER ist es, von anderen Hilfe zu erbitten. Sie wollen autonom sein und alles aus eigenen Kräften erreichen. Schwachentwickelte zwischenmenschliche Beziehungen lassen zuweilen Verpflichtungen und Treue zu einem Problem werden.

Die Einladung Gottes, sich unbeschwert seiner Vorsehung anzuvertrauen, befreit FÜNFER aus der Falle ihrer zwanghaften Idee, Wissen sei ein absoluter Wert, und sie müßten sich von anderen zurückziehen, um diesen Wert zu verwirklichen. Gottes Vorsehung unbeschwert vertrauen, heißt, daß Gott ständig in unserem Leben wirkt und für unsere Bedürfnisse – einschließlich Wissen und Erkenntnis – Sorge trägt, um situationsgerecht handeln zu können. Die Gewißheit, das erforderliche Wissen durch Gott in und durch die Ereignisse unseres Lebens bereitgestellt zu bekommen, macht FÜNFER bereit, sich mehr auf das Leben einzulassen und es nicht immer nur aus der Distanz zu beobachten und anschließend darüber zu reflektieren. Wenn sie sich auf Menschen und Situationen einlassen, erlauben sie dem Leben, ihr Lehrmeister zu sein, den Gott eigens für sie bestellt hat. Sie vertrauen darauf, daß Gott durch vorbereitende Ereignisse und Erfahrungen dafür sorgt, in jeder Situation vernünftig handeln zu können. Darüber hinaus lockt er sie, durch die Zusammenarbeit mit anderen gemeinsam Aufgaben in Angriff zu nehmen. Das unbeschwerte Vertrauen in die göttliche Vorsehung stellt für FÜNFER eine Umkehr ihres Denkens dar. Sie erfahren sich zu einem Sprung des Glaubens eingeladen, sich Gott auf eine ganz praktische und konkrete Weise zu überlassen, weil er für alle ihre Bedürfnisse Sorge trägt, damit sie das Leben meistern.

Nur indem FÜNFER sich auf Menschen einlassen, werden sie wirklich erfahren, was um sie herum geschieht; denn echtes Leben kann nur durch persönliche Anteilnahme und Beziehungen erfahren werden. Das macht das Leben zu einem »Geheimnis«.[28] Bücher lesen oder das Leben aus der Distanz beobachten, bringt einen Menschen niemals dazu, sich dem tiefen Geheimnis des Lebens zu öffnen. Indem FÜNFER das Leben selbst zu ihrem Lehrmeister erwählen und sich auf soziale Beziehungen einlassen, werden sie fähig, mit dem in Berührung zu kommen, was man die »Zeichen der Zeit« nennen kann, die in den Wünschen, Hoffnungen und Sehnsüchten vieler Menschen rund um den Erdball erwachen, als ob ein unsichtbarer Lehrer zu einer bestimmten Zeit in der Weltgeschichte vielen Menschen von unterschiedlicher Herkunft und aus vielen Kulturen dasselbe Ziel vor Augen stellt. Es ist, als ob eine große unterirdische Quelle gleichzeitig die Brunnen vieler Menschen nährt und zum Strömen bringt. Indem FÜNFER mit anderen Menschen Beziehungen aufnehmen und damit auch zum Geschenk für andere werden, entdecken sie in sich einen solchen Schatz an Weisheit, den sie niemals für möglich gehalten hätten. Der in ihnen wohnende Geist Gottes wirkt von innen her auf die verschiedenen Lebenslagen, mit denen sie konfrontiert werden. So entdecken sie in sich selbst eine Weisheit, die man nicht aus Büchern lernen kann, sondern die direkt in das menschliche Herz eingesenkt ist.

Sechser sind in der Falle der Sorge um ihre Sicherheit gefangengehalten. Sicherheit wird ihrer Meinung nach durch Gehorsam gegenüber den zuständigen Autoritäten (Personen und Normen) gewährleistet. Treue Gefolgschaft gegenüber einer Führungsperson garantiert ihnen Schutz in ihren Selbstzweifeln und ihrer Unentschlossenheit. Furcht blokkiert ihre Freiheit, wirklich zu sich selbst zu finden, und sie sind in allem übertrieben vorsichtig und gehemmt. Durch ihre »Rechtgläubigkeit« täuschen sie Mut vor; ihre Autoritätsgläubigkeit erweckt den Eindruck von Entschlossenheit. Wird es für sie unerträglich, allen Erwartungen zu entsprechen, rebellieren Sechser, indem sie ihren Groll und ihre Vernachlässigung von Vorschriften und Normen auf andere projizieren. Hinterfragt man die Ideen oder Handlungsweisen einer Sechs oder der Gruppe, zu der sie gehört, empfindet sie das als persönlichen Angriff, weil sie sich in übertriebenem Maße mit ihren eigenen Gedanken identifiziert. Da sich eine Sechs als Personifikation ihrer Gruppe fühlt, gilt jegliche Kritik an den Gruppenwerten für sie als persönlicher Affront.

Die Einladung zum Vertrauen auf Gott kann Sechser aus der Falle ihres zwanghaften Strebens nach Sicherheit befreien. Vertrauen ist die Antwort des Menschen darauf, daß Gott uns seinen Sohn und damit die »Fülle des Lebens« anvertraut hat, damit er allen, die ihm glauben, ein festes Fundament sei, auf dem wir unser Leben aufbauen können. Diese aus Gottvertrauen erwachsende Sicherheit beruht auf dem »Bund« der göttlichen Annahme an Sohnes Statt. Durch die Einladung zum Vertrauen auf Gott erkennen Sechser, daß sie von Gott her kommen und zu ihm zurückkehren; nichts kann sie im tiefsten bedrohen, nicht einmal der Tod; denn sie sind Gottes geliebte Kinder. Vieles von der Botschaft des Neuen Testaments, vor allem in den Paulusbriefen, scheint geschrieben zu sein, um Menschen aus der Falle der Zwanghaftigkeit von der Art der SECHSER zu befreien. Diese Zwanghaftigkeit sucht nach letzter Sicherheit in der institutionalisierten Religion mit ihren Vorschriften und der äußeren Gesetzeserfüllung. Gott verheißt jedoch eine neue »Sicherheit«: Erlösung und Befreiung durch Gottes Bund der Annahme an Sohnes Statt, der allen äußeren Vorschriften und Geboten oder Traditionen vorausliegt. Sich Gott zu überantworten, heißt für SECHSER, sich der väterlichen und mütterlichen Liebe Gottes anzuvertrauen als der letzten Sicherheit ihres Lebens.

7

SIEBENER sind in der Falle ihres Idealismus gefangen, der sie dazu zwingt, alles Schmerzliche zu verdrängen. Sie leben wie in einem »Wolkenkuckucksheim« und sagen sich, wie nett alles war und sein wird. Darüber versäumen sie es, in der Gegenwart zu leben und zu handeln. Sie sind von innen heraus gedrängt, alles Dunkle durch ihr gewohnheitsmäßiges Lächeln zu verbannen. Sie erfahren bereits im Planen der Zukunft ihre Erfüllung, so daß sie oft versäumen, ihre Pläne in die Wirklichkeit umzusetzen. Sie finden alles interessant, vor allem, wenn sie darüber sprechen können.
Die Einladung zur Mitgestaltung der Schöpfung kann sie aus der Falle des Idealismus befreien. Mitgestaltung der Schöpfung bedeutet: mit Gott zusammenwirken, um so in dieser Welt die Neuschöpfung heraufzuführen. Dies geschieht in unserer Welt offenbar durch das Pascha-Mysterium Jesu. Darin zeigt sich, daß aus dem Tod neues Leben entsteht. Aus dem Sich-selbst-Sterben und aus mit Geduld ertragenen Schmerzen erwächst Freude. Jesus verglich das Kommen des Gottesreiches mit Geburtswehen, die der Geburt vorausgehen (Joh 16,20–22). Die gegenwärtigen Leiden und Schmerzen sind wie ein Saatkorn, das sterben muß, um zu einer reichen Ernte heranwachsen zu können (Joh 12,24). Paulus sah die gesamte Schöpfung in Wehen liegend

und erkannte darin ein Zeichen der kommenden Herrlichkeit (Röm 8, 18–25). Der innere Ruf zur Mitgestaltung der Schöpfung durch das Pascha-Mysterium führt Siebener dahin, die unvermeidbaren Unannehmlichkeiten bei der Verwirklichung ihrer Ideale hinzunehmen und damit das Leben zu fördern. Das Sicheinlassen auf Gottes kreativen Prozeß schließt auch die Annahme von Mühen, Enttäuschungen und Leiden ein, anstatt diese Seite der Realität zu verdrängen, wie es der Sieben aufgrund ihres Ideals ständigen Frohsinns naheliegt. Sie lernen, ihr Kreuz als Preis für ein angestrebtes Gut hinzunehmen. Darin besteht für Siebener ihre eigentliche Glaubenshingabe.

8

Achter haben sich in der Falle ihrer persönlichen Auffassung von Gerechtigkeit verfangen. Sie sind überaus empfindsam gegenüber allem, was ihre eigenen Rechte beschneidet, und sind darauf aus, sich Würde und Respekt in den Augen anderer zu sichern. Überall spüren sie Ungerechtigkeiten auf und versuchen, die Waage der Gerechtigkeit ins Gleichgewicht zu bringen. Was als ungerecht zu gelten hat, bestimmen sie selbst. Werden sie von jemandem zur Rede gestellt, hören sie selten darauf. Sie biegen Situationen und Beziehungen nach ihren Zielen zurecht und erwarten von anderen, daß sie sich ihnen beugen.
Die Einladung zu tieferem Mitgefühl kann sie aus der Falle ihrer eigenen Idee von Gerechtigkeit befreien. Das Erbarmen Jesu offenbart Gottes Maßstäbe von Gerechtigkeit, nach denen er mit uns Menschen verfährt. Indem Jesus seinen Jüngern Erbarmen und Mitleid vorlebte, stellte er ihnen seinen Abba als Vorbild vor Augen. Nach Jesu Worten sollen wir ähnlich wie Gott handeln, der seine Sonne auf Gute und Böse scheinen und es über Gerechte und Ungerechte regnen läßt (Mt 5, 45). Indem Achter sich Gott anheimgeben und sich darauf einlassen, nach Gottes Vorbild

erbarmend mit dem Übel in der Welt umzugehen, werden sie von ihrem Hang befreit, über andere zu richten. Desgleichen erfahren sie eine Korrektur ihrer überzogenen Selbstsicherheit, in jedem Fall zu wissen, was gerecht ist. Jesus sagt: »Richtet nicht, damit ihr nicht gerichtet werdet!« (Mt 7,1). Damit rät er uns, nicht über andere zu richten und anderen nicht die eigene Auffassung von Recht und Gerechtigkeit aufzuzwingen. Für ACHTER besteht Glaubenshingabe im wesentlichen darin, sich Gott und seinem Walten in der Welt anheimzugeben und Gott Richter und Herrscher sein zu lassen. Gottes Erbarmen zeigt sich gemäß der Offenbarung gerade in einer bestimmten Einstellung gegenüber den Feinden. Diese Einstellung drückt sich in Erbarmen, Vergebung, Gewaltlosigkeit und Toleranz aus.

9

Unerlöste NEUNER befinden sich in der Falle zwanghafter Selbstherabsetzung. Sie neigen dazu, sich schlechter zu machen, als sie sind, und sehen keinen Wert in sich selbst. Da es ihnen an echter Selbstliebe mangelt und sie sich nicht ihres Wertes als Mensch bewußt sind, meinen sie, ihre Antriebsenergien müßten in jedem Fall von außen kommen. Von dorther erhoffen sie sich mehr Lebendigkeit. Sie erfahren in ihrem Leben jedes Ereignis als gleichrangig, so daß NEUNER allem – Trivialem und Wesentlichem – die gleiche Bedeutung zumessen.
Die Einladung zu bedingungsloser Liebe befreit NEUNER aus der Falle der Selbstherabsetzung. Sie brauchen die tiefe innere Erfahrung, daß Gott sie bedingungslos liebt und ihnen seinen Geist ins Herz gegeben hat. Das darf jedoch nicht bei einem bloßen Für-wahr-Halten bleiben, sondern muß für sie ein Handlungsprinzip werden, damit sie von der durch schwaches Selbstwertgefühl verursachten Trägheit befreit werden. Der Gedanke bedingungsloser Liebe muß sich zur existentiellen Gewißheit verdichten, damit sie sich selbst

als wirklich liebenswert erfahren, gerade, weil sie so sind, wie sie sind. Nur so lernen sie, liebend über sich selbst hinauszuwachsen. Für sie gilt wie für keine andere Persönlichkeitsgestalt, daß sie andere nur dann lieben können, wenn sie sich selbst lieben. Die Gewißheit der bedingungslosen Liebe Gottes fordert sie heraus, ihre eigene Liebenswürdigkeit zu erkennen. Haben sie einmal aufgrund bedingungslosen Geliebtwerdens echte Lebendigkeit in sich entdeckt, können sie auch auf andere zugehen und halten sich nicht länger vom Leben und tatkräftigem Einsatz zurück. Für NEUNER heißt Glaubenshingabe: die bedingungslose Liebe Gottes, von der sie umfangen sind, entdecken.

6.2 *Bekehrung des Herzens: Heilung der Wurzelsünde durch eine »Frucht des Geistes«*

Eine Folge der intellektuellen Bekehrung, d. h. des »Umdenkens«, ausgedrückt in der existentiellen Antwort auf eine je spezifische Einladung von Gott her, ist die Bekehrung des Herzens oder die affektive Umkehr. In diesem Umkehrprozeß wird die Entstellung des Menschseins aufgrund der Wurzelsünde durch die Entfaltung einer je spezifischen Frucht des Geistes (Tugend) geheilt. Abb. 17 zeigt die für jede Persönlichkeitsgestalt typische Wurzelsünde, wie sie in Kapitel 4 als Aspekt des unausgeglichenen Selbst ausführlich dargestellt wurde. Abb. 18 verdeutlicht die je eigene Frucht des Geistes, die sich im Prozeß der Herzensumkehr in jeder der neun Persönlichkeitsgestalten entfaltet.
Die Bekehrung des Herzens ist eine Folge des Umdenkens (intellektuelle Bekehrung); denn das Herz antwortet mit liebender Entschlossenheit darauf, was zuvor durch den Prozeß des Umdenkens als kostbarstes Ziel und Erfüllung entdeckt wurde. Die persönliche Erfüllung wird fortan mit dem Wirken Gottes in Verbindung gebracht. Durch die Glaubensübergabe wird das Selbst von der Verformung

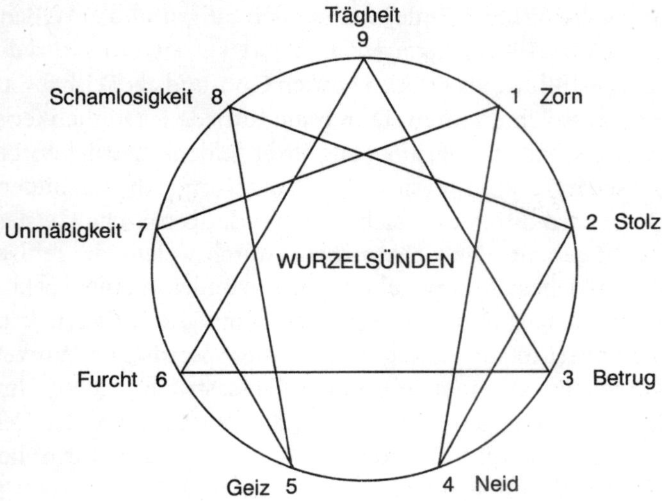
Trägheit
9
Schamlosigkeit 8
1 Zorn
Unmäßigkeit 7
2 Stolz
WURZELSÜNDEN
Furcht 6
3 Betrug
Geiz 5
4 Neid

Abb. 17

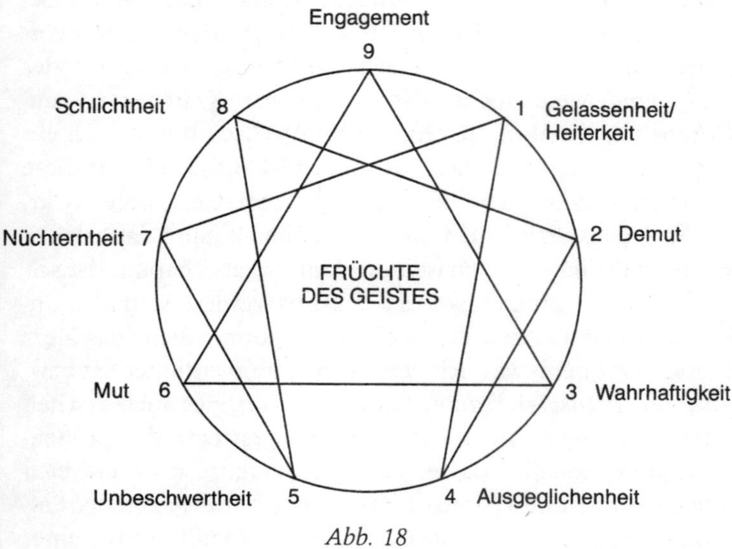
Engagement
9
Schlichtheit
8
1 Gelassenheit/
Heiterkeit
Nüchternheit 7
2 Demut
FRÜCHTE
DES GEISTES
Mut 6
3 Wahrhaftigkeit
Unbeschwertheit
5
4 Ausgeglichenheit

Abb. 18

durch die Wurzelsünde, wie sie sich aufgrund des Willens zur Selbsterlösung herausgebildet hat, befreit. Nun wird die Selbsterfüllung als Erlösung durch Gott und als Teilhabe an seinem Reich erfahren. Durch die für jede Persönlichkeitsgestalt spezifische Fehlleitung ihrer leidenschaftlichen Lebensenergie konnte sich die Wurzelsünde herausbilden. Diese wird durch eine sich entfaltende spezifische Geistesfrucht geheilt. Die Geistesfrucht, durch welche die fehlgeleitete Liebesfähigkeit geheilt wird, gründet in einer spezifischen Disposition des Herz-Zentrums. Affektive Bekehrung bedeutet: die Bewegung aus einer spezifischen Wurzelsünde, hin zu einer je eigenen Geistesfrucht. Diese Umkehrbewegung geschieht, indem die Wurzelsünde der Geistesfrucht weicht. Letztere ist eine Ausdrucksform der Liebe, die Gott selbst ist.

1

In der Bekehrung des Herzens bewegen sich EINSER von der Wurzelsünde des Zornes hin zur Geistesfrucht heiterer Gelassenheit. Ihre leidenschaftliche Energie richtete sich vordem auf Perfektion. Daher reagierten sie verärgert oder grollend, wenn nicht alles perfekt war. Kraft ihrer Glaubenshingabe akzeptieren sie, daß Wachsen und Reifen ein prozeßhaftes Geschehen ist und daß Gott gerade auf diese Weise an der Vervollkommnung seiner Geschöpfe wirkt. Die gegenwärtigen Unvollkommenheiten sind dann leichter erträglich, weil Phasen der Unreife als charakteristisch für jeden Wachstumsprozeß erkannt werden. Statt alle Unvollkommenheiten der Welt aufzuspüren, sucht das Herz nun nach dem, was sich bereits an Gutem entfaltet hat bzw. im Begriff ist, sich zu entfalten, so winzig es auch erscheinen mag; denn oft ist das Gute gegenwärtig in der Größenordnung eines Saatkorns, das noch verborgen im Erdreich ruht. Ruhe und Heiterkeit können sich im Herzen der EINSER ausbreiten, wenn sie einsehen, daß die Zukunft immer

offen ist auf zunehmende Reife und Vollkommenheit hin und Umkehr für jeden Menschen möglich ist. Wenn sie sich all das Gute bewußt machen, das sie erfahren, werden EINSER sich in wachsendem Maße der wunderbaren Harmonie der Schöpfung bewußt, die einem Zusammenspiel einander anziehender Gegensätze gleicht.
Sie selbst erfahren sich in diesem großen Zusammenhang angezogen von der Kraft einer alles umfassenden Liebe.

2

Durch die Herzensumkehr lassen ZWEIER von der Wurzelsünde des Stolzes ab, so daß sich die Geistesfrucht der Demut entfalten kann. Sie waren stolz auf sich selbst wegen ihrer übertriebenen Helfertätigkeit, die ihnen wichtiger war als alles andere. Sie entwickelten einen regelrechten »Messias-Komplex«, als ob sie alle Welt retten könnten. Nun kommen sie zur Einsicht, daß sie Gottes Liebe niemals verdienen können; sie beginnen, sich selbst als wertvolle Menschen zu sehen, unabhängig davon, ob sie anderen helfen oder nicht. Sie akzeptieren dann auch bewußt ihr Bedürfnis, von anderen geliebt zu werden, und widerstehen der Versuchung, ihren Selbstwert nur an ihrem Einsatz für andere zu messen. Demut ist ihr persönlicher Weg zur Selbsterfüllung. Sofern sie ihre Begrenztheiten und Bedürfnisse erkennen und akzeptieren, nehmen sie auch die Hilfe anderer an. Sie finden Erfüllung darin, wenn sie die Liebe, die man eigentlich nie verdienen oder manipulieren kann, als Geschenk annehmen lernen. Wenn Liebe nicht als Geschenk erfahren wird, sondern als Gegengabe für erwiesene Dienste erwartet wird, kann sie das Herz nicht erfüllen. Gottes Liebe und jede echte Liebe ist wirklich bedingungslos.

3

Für Dreier bedeutet die affektive Bekehrung, daß sie sich von ihrer Wurzelsünde der Unwahrhaftigkeit (List) um des Erfolges willen abwenden und die Geistesfrucht der Wahrhaftigkeit in sich wachsen lassen. Solange sie ihre letzte Erfüllung in Leistung und Konkurrenzkampf sahen, suchten sie sogar unlautere Mittel zu rechtfertigen, wenn es nur ihrem Fortkommen diente. Glaubenshingabe hat für die Drei zur Folge, daß sie sich dem Walten Gottes in der Welt überlassen kann. Dann entwickelt sich in ihr das Gespür für Wahrhaftigkeit, Offenheit und Lauterkeit; denn sie sieht ein, daß dem Wohl aller, an dem ihr nun sehr gelegen ist, am besten gedient ist, wenn jeder »mit offenen Karten spielt« und nicht dadurch, daß man geschickt darauf aus ist, andere auf jede nur mögliche Weise zu übervorteilen. Nur durch Wahrhaftigkeit wird zwischen Personen oder Gruppen der Gesellschaft ein gegenseitiges Vertrauen aufgebaut. Dreier werden fähig, Zusammengehörigkeitsgefühl und gegenseitige Hilfsbereitschaft zu fördern, um sich dadurch wirksamer für das Allgemeinwohl einzusetzen.

4

Durch die Umkehr des Herzens werden Vierer aus der Wurzelsünde des Neides und der Eifersucht befreit, und es wächst in ihnen die Geistesfrucht der Ausgeglichenheit. Sie lenken nicht mehr andauernd die Aufmerksamkeit auf sich selbst, indem sie ihre Einzigartigkeit zur Schau tragen, und sind nicht länger neidisch, wenn anderen Aufmerksamkeit geschenkt wird. Ihr Gefühlsleben wird ausgeglichener, selbst in Streßsituationen. Eine solche Gelassenheit erwächst aus der Sensibilität, in jedem Ereignis des alltäglichen Lebens Gott zu begegnen und zu erkennen, daß er in jedem noch so gewöhnlichen Ereignis um ihre Antwort bittet als freie Erwiderung auf das Geschenk des gegenwärtigen

Augenblicks. Sie erfahren ihre Erfüllung darin, in das Geheimnis des Lebens hineingenommen zu sein, dessen Mittelpunkt Gott selber ist. Sie erwarten nicht mehr, daß andere einsehen und verstehen, was sie an Ungewöhnlichem, Dramatischem und Tragischem im Laufe ihrer Lebensgeschichte erfahren haben.

5

Bekehrung des Herzens bringt FÜNFER weg von der Wurzelsünde des Geizes, hin zur Geistesfrucht der Loslösung aus der Zurückgezogenheit in ihre private Denkwelt. Sie hatten vordem ein unersättliches Verlangen nach Alleinsein und Zurückgezogenheit, um sich ungestört dem Studium und der Reflexion hingeben zu können. So suchten sie ihr Bedürfnis nach Wissen und Weisheit zu stillen, um ja niemals als unwissend oder dumm zu erscheinen. Indem sie das Leben selbst als ihren Lehrmeister akzeptieren und sich unbeschwert auf das gegenwärtige Erleben einlassen, werden sie fähiger, sich mehr aus ihrer Privatwelt zu lösen. Sie können Abstand nehmen von ihrem Drang, Wissen und Kenntnisse anzuhorten, um für die Zukunft oder möglicherweise an sie ergehende Anforderungen vorbereitet zu sein. Nun können sie aus jenem Reichtum schöpfen, den das Leben ihnen Tag für Tag schenkt. Sie werden auch fähiger, andere an ihrem Leben und ihrer reichen Innenwelt teilhaben zu lassen; denn sie haben eingesehen, daß dies die einzige Möglichkeit ist, dem Geheimnis der Verbundenheit mit anderen auf die Spur zu kommen. Das ist eine Wirklichkeit, die nur durch persönliche Anteilnahme erfahren wird.

6

In der Bekehrung des Herzens lösen SECHSER sich von der Wurzelsünde der Angst und öffnen sich für die Geistesfrucht des Mutes. Indem sie ihre Sicherheit in der Annahme an Kindes Statt finden, entdecken sie, daß viele ihrer Ängste und Befürchtungen verschwinden. Strukturveränderungen, Entscheidungssituationen und sogar subversive Aktivitäten anderer werden weniger bedrohlich für sie; denn sie erkennen nun, daß das, was Gott von ihnen erwartet, niemals ganz von menschlichen Institutionen und Vorschriften eingeholt werden kann. Sie werden sensibler für das, was Gott von ihnen erwartet, um echte Werte verwirklichen zu können, und verlassen sich dabei nicht mehr ausschließlich auf überkommene Vorschriften und Normen. Wissend, daß nichts sie von der Liebe Gottes trennen kann (Röm 8,35–39), entwickeln sie in sich selbst den Mut, Neues zu wagen und selbst Entscheidungen zu treffen, auch dann, wenn es sich um Übergangslösungen oder um risikoreiche Angelegenheiten handelt.

7

Durch Herzensumkehr wenden SIEBENER sich von der Wurzelsünde der Unmäßigkeit ab, hin zur Geistesfrucht der Nüchternheit. Hatten sie vormals aus dem Vergnügen einen Götzen gemacht, alles Unangenehme ausgeblendet und in einer Phantasiewelt gelebt, öffnen sie sich nun den Realitäten des Lebens und werden fähig, sich der mitunter mühevollen Aufgabe der Mitgestaltung der Schöpfung zu unterziehen. Sie werden nüchtern und besonnen, ein ernstes Lebenswerk zu verwirklichen. Das ist für sie die praktische Umsetzung der Forderung Jesu, täglich sein Kreuz auf sich zu nehmen (Lk 9,23). SIEBENER kommen zu der Einsicht, wie wichtig nüchterne Besonnenheit ist, wenn es darum geht, Mühen und Anstrengungen in Kauf zu nehmen, um so zumindest einige ihrer Träume und Ideale zu verwirklichen. Sie brauchen nicht mehr jeden Schmerz zu verdrängen und nur nach Freuden zu haschen, sondern können sich engagieren, auch wenn es Leiden und Frustration mit sich bringt. Auch lernen sie, ernste und besonnene Menschen, die sich gern mit Problemen auseinandersetzen, besser zu verstehen und zu tolerieren.

8

ACHTER werden in der Bekehrung des Herzens von der Wurzelsünde der Anmaßung erlöst, und es wächst in ihnen die Geistesfrucht der Schlichtheit. Haben sie ein für allemal das letzte Urteil Gott überlassen und versuchen sie, die Einstellung Jesu gegenüber dem Unrecht nachzuahmen, können sie Dinge und Situationen so einschätzen, wie sie wirklich sind, ohne andere sofort der Heuchelei zu verdächtigen. Sie werden einfühlsamer gegenüber den Bedürfnissen anderer und gönnen ihnen ihre Werte und Fähigkeiten. Jesu Wort vom »Werden wie die Kinder«, um in das Reich Gottes einzugehen (Mt 18,3), wird für ACHTER Wirklichkeit, wenn das »Naturkind« in ihnen mehr zum Zuge kommt. Sie intensivieren ihren Einsatz für die Gerechtigkeit, wenn sie sich mit Gottes Gewaltlosigkeit, wie sie in Jesus offenbar geworden ist, identifizieren. Dann sehen sie auch deutlicher die Weisheit und den Einfluß passiven Widerstandes als Mittel zur Konfrontation und zur Demaskierung von Unterdrückung.

9

NEUNER werden in der Herzensumkehr von ihrer Wurzelsünde der Trägheit erlöst, und es entfaltet sich in ihnen die Geistesfrucht tatkräftigen Engagements. Die persönliche Erfahrung der Liebe Gottes setzt in ihnen neue Energien frei, so daß sie ihren wahren Selbstwert entdecken. Dann beginnen sie, nach echter Verwirklichung ihrer selbst zu streben. Vormals waren sie geneigt, nichts zu tun und die Hände in den Schoß zu legen. Sie dachten, daß das, was sie einzubringen hätten, ohnehin nicht der Rede wert sei. Wenn sie einmal von ihrem Selbstwert überzeugt sind, arbeiten sie an der Entfaltung ihrer Fähigkeiten. Sie akzeptieren die Tatsache, daß es dazu Tag für Tag, Stunde um Stunde der Bereitschaft bedarf, Anstrengung auf sich zu nehmen. Aus Dankbarkeit für die Liebe Gottes suchen sie zur Gestaltung einer besseren Welt beizutragen; denn ihre persönliche Erwiderung auf empfangene Liebe drückt sich im bedingungslosen Dienen aus. Es ist erstaunlich, wie bei NEUNERN aus passiven Zuschauern geduldige, systematisch vorgehende, engagierte Menschen werden. Gottes Liebe motiviert sie dazu.

6.3 *Entfaltung geistlicher Instinktsicherheit: Geistliche Unterscheidung*

Wenn wir auf Menschen oder in Situationen reagieren, drücken sich in unserem Verhalten meistens jene Verteidigungsmechanismen aus, die in unserer Zwanghaftigkeit verwurzelt sind. Sind wir jedoch Menschen und Situationen gegenüber zu einer Antwort fähig, dann ist das nur aufgrund einer fundamentalen geistlichen Bekehrung möglich. Es geht um ein Wachsen der »Früchte des Geistes«, wie Paulus sie nennt: Liebe, Freude, Friede, Langmut, Freundlichkeit, Güte, Treue, Sanftmut und Selbstbeherrschung (Gal 5,22 f.). Diese Früchte des Geistes werden als lebensfördernd und tröstend erfahren. Gleichzeitig sensibilisiert sich die Wahrnehmung für die entgegengesetzten inneren Bewegungen des lebenshemmenden, blockierenden Mißtrostes. Infolge der intellektuellen (Umdenken) und der affektiven Umkehr wächst das Verlangen, die inneren Bewegungen bei sich wahrzunehmen und zu unterscheiden, was denn wirklich dem integrierten Menschsein hilft und es fördert bzw. was dem hinderlich entgegensteht. Geistliche Unterscheidung meint also, daß ich die inneren Bewegungen von Trost und Mißtrost wahrnehmen, prüfen und ihre Richtung erkennen kann, um mich für das zu entscheiden, was dem erlösten Menschsein dient, und das zu lassen, wodurch es verhindert oder blockiert wird. Wenn man auf dieser tiefen Ebene der geistlichen Instinktsicherheit lebt, d. h. der inneren Weisung des Geistes Gottes folgt, erfährt man inneres Wohlbefinden und tiefe innere Freude.

Die inneren Erfahrungen von Trost und Mißtrost stellen sich spontan in der Seele ein; denn sie gründen in einem unmittelbaren Gespür für das, was mit dem echten erlösten Menschsein übereinstimmt und was diesem widerspricht. Ist der Mensch in der Glaubenshingabe mit Gott vereint, wird Gott als Quelle der Erfüllung erlebt, als derjenige, der die durch Zwanghaftigkeit verursachte Verengung und Verformung des Menschseins heilen kann. Es entfaltet sich dann eine immer größere Sensibilität für das Gute, Richtige, Erfüllende. Ignatius von Loyola drückt dies in seinem Exerzitienbuch folgendermaßen aus: »Der gute Geist dagegen stärkt und ermutigt, tröstet und regt an, schenkt Frieden und motiviert zu klaren Entscheidungen. Ein gutes Leben zu leben, löst Freude und Wohlbefinden aus, und kein Hindernis erscheint so unüberwindlich, als daß man es nicht in den Blick nehmen und überwinden kann. Der gute Geist bewirkt dadurch weiterhin den Fortschritt auf dem inneren Weg eines Menschen.«[29]

Ignatius sagt also nichts anderes, als daß es guttut, gut zu sein, d. h. dem echten Menschsein Raum zu geben. Andererseits stört es das innere Wohlbefinden, dem Willen Gottes entgegenzuhandeln, d. h. dem echten Menschwerden zu widerstehen, und das wird als Mißtrost erfahren. Ignatius spricht von der Erfahrung des Mißtrostes mit dem Begriff der Versuchung: »Der böse Geist stellt uns alle möglichen Bewegungen und Schwierigkeiten, ein gutes Leben zu führen, vor Augen. Er versucht, eine falsche Traurigkeit über das hervorzurufen, worauf man künftig verzichten muß. Er weckt die Angst, daß man aufgrund der eigenen Schwäche nicht durchhalten wird, und türmt vor dem inneren Auge unzählige Hindernisse auf, die mit dem Weg des Herrn verbunden seien. Und so versucht uns der böse Geist durch Entmutigung und Betrug davon abzubringen, in einem Leben mit und aus Christus zu wachsen.«[30]

Die »Unterscheidung der Geister« nach Ignatius weist drei unterschiedliche Erfahrungen von Trost auf[31]:

1. Da gibt es die Erfahrung inneren geistlichen Feuers (heilige Begeisterung). Alles wird in Beziehung zu Gott gesehen und erfahren. Kein Mensch oder irgendeine innerweltliche Gegebenheit stehen der Glaubenshingabe an Gott hindernd im Wege. Es wächst eine wohlwollende Liebe zu allen Menschen, d. h. man liebt Gott in den Menschen. Das wird in der Seele als ein das ganze Sein durchdringender Trost erfahren, der so deutlich spürbar und tiefgreifend ist, daß man sich nicht täuschen kann.

2. Eine andere Erfahrung des Trostes ist Dankbarkeit. Sie stellt sich ein, wenn mir bewußt wird, wer Gott ist und wer ich bin, und ich mich dennoch von Gott bedingungslos geliebt weiß. Diese Erfahrung tiefer Dankbarkeit wird gelegentlich durch eine tiefgehende Erkenntnis der eigenen Sündhaftigkeit, d. h. der lebenszerstörenden Tendenzen in mir, ausgelöst, und dennoch weiß man sich auch in dieser Verfassung unendlich von Gott geliebt und angenommen. Tränen können diese Trosterfahrung begleiten, weil man über die eigene Untreue Gott gegenüber erschüttert ist, der doch so unbegreiflich gut ist und uns niemals fallenläßt.

3. Eine dritte innere Bewegung des Trostes wird als Frieden und innere Kraft erfahren. Man spürt, daß Glaube, Hoffnung und Liebe in der Seele wachsen. Gott zu dienen mit den von ihm zugedachten Möglichkeiten und Fähigkeiten, ist mit Freude und tiefem inneren Frieden verbunden, weil man sich in Gott geborgen erfährt.

Diesen drei Erfahrungen von Trost stehen drei entgegengesetzte Erfahrungen von Mißtrost[32] gegenüber:

1. Da gibt es die innere Bewegung, daß man sich in Aufruhr und geistlicher Verwirrung verstrickt erlebt, oder daß eine massive Niedergedrücktheit sich im Innern ausbreitet. Es handelt sich dabei um eine überwältigende Erfahrung; denn dieser Aufruhr, diese Verwirrung oder Niedergedrücktheit sind wie ein reißender Strudel, dem man hilflos ausgeliefert zu sein scheint.
2. Die Erfahrung von Mißtrost kann sich auch in innerer Unruhe, Widerwillen und Überdruß äußern. Man ist unfähig zu Stille, Gebet und Meditation. Glaube, Hoffnung und Liebe scheinen zu schwinden und dem Kleinglauben, der Hoffnungslosigkeit und dem Egoismus immer mehr Platz zu machen.
3. Schließlich gibt es noch eine Erfahrung von Mißtrost, die sich in innerer Rebellion, Verzweiflung und Selbstsucht äußert, d. h. einer intensiven Erfahrung totaler Ich-Verfangenheit. Man ist überhaupt nicht mehr empfänglich für Gott und möchte sich am liebsten ihm und dem Leben verweigern.

Diese drei gegensätzlichen Paare von Trost und Mißtrost entsprechen den charakteristischen inneren Bewegungen der drei Reaktionszentren. Die Erfahrung des inneren geistlichen Feuers und die innere Verwirrung (Aufruhr, Niedergedrücktheit), die zu nichts mehr fähig ist, sind charakteristisch für die Persönlichkeitsgestalten 8 – 9 – 1, die aus dem Leibmitte-Zentrum leben.

Tiefe Dankbarkeit einerseits und Widerwillen (Überdruß, Unruhe) andererseits sind die charakteristischen Erfahrungen emotionalen Hin- und Hergerissenseins der Persönlichkeitsgestalten 2 – 3 – 4, die vorzugsweise aus dem Herz-Zentrum reagieren.

Tiefer, anhaltender innerer Friede hat mit einer inneren geistigen Haltung zu tun. Selbst wenn äußerlich alles drunter und drüber zu gehen scheint, spürt man eine ruhige Gewißheit inneren Gleichgewichts, das aus dem rechten Handeln erwächst. Als Gegenstück hierzu kennen die Persönlich-

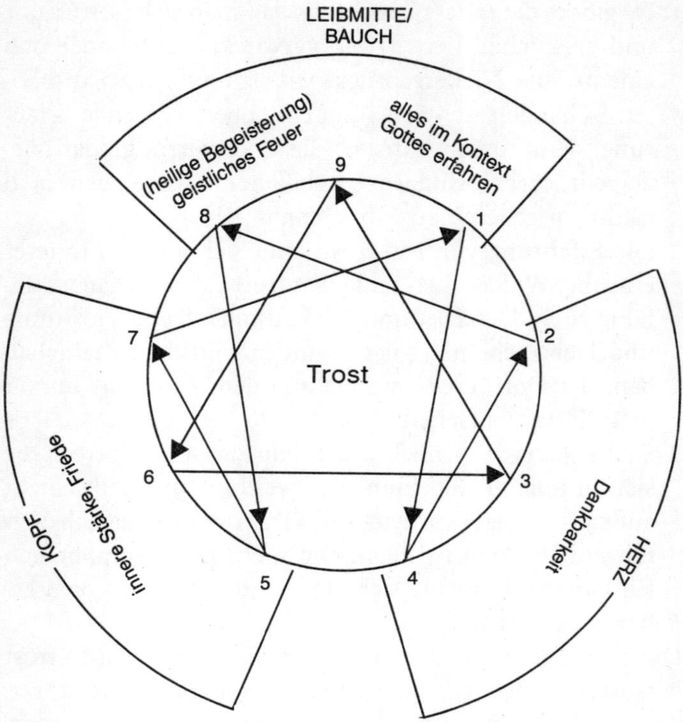

Abb. 19

keitsgestalten 5 – 6 – 7 die Erfahrung von Verzweiflung und Ich-Verfangenheit. Sie können dann sehr unzugänglich sein.

Diese Zuordnung der drei unterschiedlichen Erfahrungen von Trost und Mißtrost auf die drei Reaktionszentren ist in Abb. 19 in bezug auf die Erfahrung von Trost und in Abb. 20 in bezug auf die Erfahrung von Mißtrost dargestellt.

Man könnte annehmen, daß die inneren Bewegungen, die den Trost bzw. Mißtrost jeder Persönlichkeitsgestalt verursachen, dem eigenen bevorzugten Reaktionszentrum entspringen. Dem ist jedoch nicht so. Wirkliche innere Befreiung und Umkehr lassen den Menschen nicht einfach im

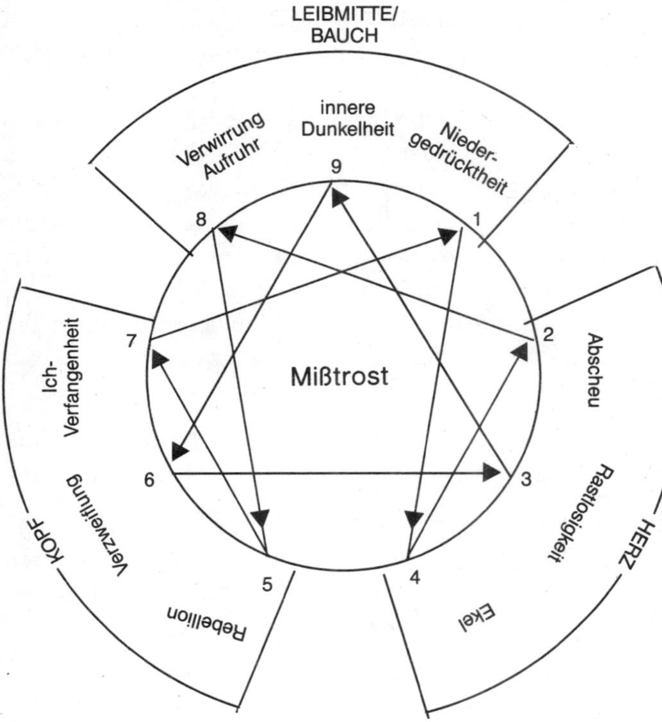

Abb. 20

eigenen Reaktionszentrum verharren. Auf dem Wege der Bekehrung erfährt der Mensch dadurch Befreiung und Ausgeglichenheit, daß er sich gegen die Pfeilrichtung von der eigenen Zwanghaftigkeit abwendet. Die Erfahrung inneren Trostes ist eigentlich eine Bestätigung und zugleich ein neuer Ansporn, entgegen der Pfeilrichtung auf mehr Heilsein bzw. Integration hinzustreben. Das bedeutet zugleich die Annäherung an jenes Reaktionszentrum, auf das man sich gegen die Pfeilrichtung hinbewegt und aus dem heraus die betreffende Persönlichkeit mehr leben sollte, um auf dem Weg der Integration voranzuschreiten.

Umgekehrt gilt: Wenn man sich mit der Pfeilrichtung in

noch größere Zwanghaftigkeit begibt, wird das als Mißtrost erfahren, der für das betreffende Reaktionszentrum charakteristisch ist.
Wenn nun versucht wird, die inneren Erfahrungen des Trostes und Mißtrostes der neun Persönlichkeitsgestalten zu beschreiben, gilt es, ein Dreifaches zu vergegenwärtigen: 1. das von jeder Persönlichkeitsgestalt bevorzugte Reaktionszentrum, 2. das um der Integration willen anzustrebende Reaktionszentrum (gegen die Pfeilrichtung) und 3. jenes Reaktionszentrum, auf das sich die betreffende Persönlichkeitsgestalt in Pfeilrichtung hinbewegt, d. h. in der Richtung der Desintegration.

1

Die Trosterfahrung der Eins besteht im inneren Frieden, der charakteristisch für die Persönlichkeitsgestalten 5 – 6 – 7 (Kopf-Zentrum) ist. Die Eins erfährt ihn, wenn sie sich gegen die Pfeilrichtung auf die Sieben zubewegt. Dann können sich Einser z. B. weiterhin anstrengen, sind jedoch gleichzeitig dabei entspannt. Sie erfahren, daß sie Tag für Tag auf dem Weg zu wachsender Vervollkommnung sind, und bewahren dennoch dabei den inneren Frieden durch die Gewißheit, daß man nicht schon heute den höchsten Vollkommenheitsgrad zu erreichen braucht.
Die Erfahrung des Mißtrostes der Eins liegt im Herz-Zentrum (2 – 3 – 4); denn sie bewegt sich mit dem Pfeil in Richtung der Vier. Wenn das geschieht – meistens unter innerem oder äußerem Streß –, erfährt die Eins Widerwillen und Unruhe. Sie fällt in Mutlosigkeit und gibt dann auf, in allem fehlerfrei und vollkommen sein zu wollen. Sie hört auf, sich überhaupt noch anzustrengen, und wird niedergedrückt und depressiv. Sie hat das Empfinden, daß es sich nicht lohnt, sich anzustrengen, und sagt sich: »Mir reicht es! – Aber ein einziges Mal sollte ich es vielleicht doch noch versuchen!«

2

Die Erfahrung von Trost liegt bei der Zwei im Herz-Zentrum (2 – 3 – 4). Inneres Wachstum erreicht die Zwei, wenn sie gegen die Pfeilrichtung auf die Vier hinstrebt. Ihre Trosterfahrung äußert sich in tiefempfundener Dankbarkeit. Die Zwei erkennt dann, daß sie weder sich selbst noch Gott beweisen muß, alle Bedürfnisse der Menschen erfüllen zu können, was im letzten nur Gott kann. Diese Einsicht befreit sie dazu, sich ihrer eigenen Bedürfnisse mehr und mehr bewußt zu werden, dazu zu stehen und sich in lebensförderlicher Weise dafür zu entscheiden, für sich selbst Sorge zu tragen.
Mißtrost erfährt die Zwei hingegen im Leibmitte-Zentrum (8 – 9 – 1), wenn sie sich in Pfeilrichtung auf die Acht zu bewegt. Während Zweier, getragen von der Erfahrung des Trostes, Freunden und Feinden gleichermaßen Gutes tun, erfahren sie im Mißtrost eine tiefe Dunkelheit, so daß sie völlig unfähig werden, auf die Bedürfnisse anderer einzugehen. Sie haben dann das Gefühl, daß selbst Gott ihren Einsatz und all ihre Mühen nicht mehr akzeptiert.

3

Die Trosterfahrung der Drei hat ihren Ursprung im Kopf-Zentrum (5 – 6 – 7). Wenn sie gegen die Pfeilrichtung zur Sechs hinstrebt, erfährt sie tiefen inneren Frieden, wird aber auch zu gesundem Selbstzweifel fähig und kann sich gelassen sagen: »Ich muß nicht alles erreichen, und es muß auch nicht alles von mir getan werden.«
Mißtrost erfährt die Drei von ihrem Leibmitte-Zentrum (8 – 9 – 1) her; denn sie bewegt sich mit der Pfeilrichtung zur Neun hin. Ihr Mißtrost äußert sich darin, daß sie in den Sog der Verzweiflung und des Aufruhrs gerät. Dann treten Dreier auf der Stelle, verausgaben sich in nutzlosen Aktivitäten und verlieren sich in Unwesentlichem.

4

Bei der VIER kommt die Trosterfahrung vom Leibmitte-Zentrum (8 – 9 – 1) her, weil sie sich gegen die Pfeilrichtung auf die EINS hinbewegt. VIERER erfahren sich dann zutiefst von innerem Feuer (heiliger Begeisterung) erfaßt. Sie werden von ihrem natürlichen Hang zur Schwermut befreit und sind eher bereit, Aufgaben zu übernehmen und sich zu engagieren. Sie werden von einer tiefen inneren Überzeugung motiviert, sich für etwas Sinnvolles einzusetzen.
Die Erfahrung des Mißtrostes der VIER gründet in ihrem eigenen bevorzugten Reaktionszentrum, dem Herz-Zentrum (2 – 3 – 4), da sie sich in Pfeilrichtung auf die ZWEI hinbewegt. Die VIER, von Natur aus kontemplativ veranlagt, erfährt in Phasen des Mißtrostes einen ungeheuren Widerwillen gegen das Beten, Meditieren und alles geistliche Tun. Die ihr eigene innere Unabhängigkeit löst sich in einem riesigen Sumpf des Selbstmitleides auf.

5

Die FÜNF erfährt Trost vom Leibmitte-Zentrum (8 – 9 – 1) her, wenn sie gegen die Pfeilrichtung auf die ACHT zustrebt. Indem sich die FÜNF auf die alltäglichen Realitäten einläßt, wird sie von tiefer innerer Überzeugung getragen und von Kühnheit und innerem Feuer (heiliger Begeisterung) beseelt.
FÜNFER erfahren Mißtrost, wenn sie in ihrem eigenen bevorzugten Reaktionszentrum, dem Kopf-Zentrum (5 – 6 – 7) verharren. Das geschieht, wenn sie sich in Pfeilrichtung zur SIEBEN hinbewegen. Sie erfahren das als aussichtslose Ich-Verfangenheit, fliehen vor der Wirklichkeit und ziehen sich immer mehr in ihren Kopf, d. h. in ihre Gedankenwelt zurück. In solchen Phasen konzentrieren sie sich nur noch auf sich selbst und ihre eigenen Theorien.

6

Die SECHS erfährt Trost vom Leibmitte-Zentrum (8 – 9 – 1) her. Sie entfaltet sich positiv, wenn sie gegen die Pfeilrichtung auf die NEUN zustrebt. Ihre Trosterfahrung besteht darin, daß sie alles im Kontext Gottes zu sehen vermag, der alle liebt. Sie erfährt durch ein inneres geistliches Feuer (heilige Begeisterung) größere Selbstsicherheit, so daß sie sich spontaner geben und sich begeistern kann.
Die Erfahrung des Mißtrostes kommt bei der SECHS aus dem Herz-Zentrum (2 – 3 – 4), wenn sie nämlich in Pfeilrichtung auf die DREI hinsteuert. Dann wird sie von Widerwillen und Unruhe umgetrieben und verpulvert ihre Energien in sinnlosen Aktivitäten. Sie ist in solchen Phasen selbst bei genau umschriebenen Aufgaben unsicher und schwankend. Ihr Beten kann dann zu einem fanatischen »Bibel-Forschen« werden.

7

Die SIEBEN erfährt Trost in dem von ihr bevorzugten Kopf-Zentrum (5 – 6 – 7), wenn sie sich gegen die Pfeilrichtung auf die FÜNF hin ausrichtet. Dadurch erfährt sie innere Kraft. Ihre unreflektierte Gottesvorstellung wandelt sich und wird zu einem tragfähigen Fundament. Die vordem z. T. erträumte Gottesbeziehung wird dann durch die Realität bestätigt.
Mißtrost erfährt die SIEBEN vom Leibmitte-Zentrum (8 – 9 – 1) her, da sie sich in Pfeilrichtung zur EINS hinbewegt. Das äußert sich bei ihr in der Erfahrung von innerer Dunkelheit, Verwirrung und Aufruhr. Sie sucht Trost, und wenn sie ihn nicht findet, versucht sie, ihn in ihrer Phantasie herbeizuplanen. Sie kann sich mit Hilfe ihrer Phantasie in Gefühle hineinsteigern und dabei sich selbst und auch einen geistlichen Begleiter täuschen, wenn sie z. B. ihre Gebetserfahrungen beschreibt. Sie kann auch in Phasen des

Mißtrostes ein ausgezeichnetes Bild von sich zur Schau tragen und sich der Illusion hingeben, daß ihr das Böse nichts anhaben kann. Wenn sie sich tatsächlich ihrer Erfahrung des Mißtrostes stellt, geht es der SIEBEN zunächst wie einem zerplatzten Luftballon. Ätzende Verbitterung sickert in ihr Bewußtsein und kann die Beziehungen zu denen zerstören, die ihr am nächsten stehen.

8

Bei der ACHT hat die Trosterfahrung im Herz-Zentrum (2 – 3 – 4) ihren Ursprung; denn sie bewegt sich gegen die Pfeilrichtung auf die ZWEI zu. Die für sie charakteristische Trosterfahrung besteht in tiefer Dankbarkeit. Die ACHT stellt sich äußerst ungern der Tatsache, daß sie trotz ihres äußerlich kraftvollen Verhaltens innerlich doch sehr verwundbar ist. In Phasen des Trostes überschüttet ihr treuer Gott sie mit unverkennbaren Zeichen seiner Zuneigung. Gestärkt durch Gottes bedingungslose Liebe, kann die ACHT weiterhin ihrer unpopulären prophetischen Berufung treu bleiben und ist dankbar dafür, auserwählt zu sein, auch wenn das oft ein undankbares Geschäft ist.
Die Erfahrung des Mißtrostes der ACHT liegt im Kopf-Zentrum (5 – 6 – 7), wenn sie sich in Pfeilrichtung auf die FÜNF zu bewegt. Dabei erfährt sie sich vollständig in sich selbst gefangen. Sie gibt es auf, sich stark zu präsentieren, fällt in sich zusammen wie ein Häufchen Elend und verschwindet im Schmollwinkel.

9

Die Trosterfahrung der NEUN kommt vom Herz-Zentrum (2 – 3 – 4) her. Sie entwickelt sich positiv, wenn sie gegen die Pfeilrichtung zur DREI strebt. Dabei empfindet sie tiefe Dankbarkeit. Sie erfährt sich als von Gott bedingungslos geliebt, so wie sie ist, auch wenn sie nicht mit großen Erfolgen aufwarten kann. Die Antwort auf Gottes bedingungslose Liebe zu ihr ist tiefe Dankbarkeit. Sie akzeptiert sich selbst als liebenswert und wird so auch fähig, andere zu lieben. Mißtrost erfährt die NEUN vom Kopf-Zentrum (5 – 6 – 7) her, sofern sie sich in Pfeilrichtung auf die SECHS ausrichtet. Das äußert sich bei ihr als Selbstzweifel, der ihr Selbstwertgefühl zu ersticken droht, und kann schließlich in der Verzweiflung enden.

6.4 *Ausklang: Tiere und Farben als Symbole für die Persönlichkeitsgestalten im »erlösten« Zustand*

Die folgenden Abbildungen mögen als Abschluß der Darstellung des Enneagramms ein Lächeln auslösen; aber es kann dadurch möglicherweise den einen oder anderen Aspekt der einzigartigen Stärke und Schönheit jeder der neun Persönlichkeitsgestalten noch einmal bestätigen oder vertiefen.
Abb. 21 (S. 226) zeigt das Enneagramm mit den Tiersymbolen der »erlösten« Persönlichkeitsgestalten. Abb. 22 (S. 227) ordnet jeder Persönlichkeitsgestalt eine spezifische Farbe zu.

1

Integrierte EINSER haben etwas von der Ameise in sich. Ameisen sind extrem fleißig und bewundernswert in ihrer Organisiertheit und Zweckorientiertheit. Jede hat ihre spezielle Aufgabe zu erfüllen. Sie sind fähig, enorme Traglasten zu bewältigen, oft das Vielfache ihres eigenen Körpergewichtes. Mittels ihrer Fühler treten sie mit ihren Artgenossen in Beziehung.
Wie die Ameisen sind erlöste EINSER gut organisiert. Sie sehen sofort, was zu tun ist, und arbeiten bereitwillig mit anderen zusammen, um ein Ziel zu erreichen. Sie sind nicht aufdringlich, sondern treten mit anderen auf »Fühler-

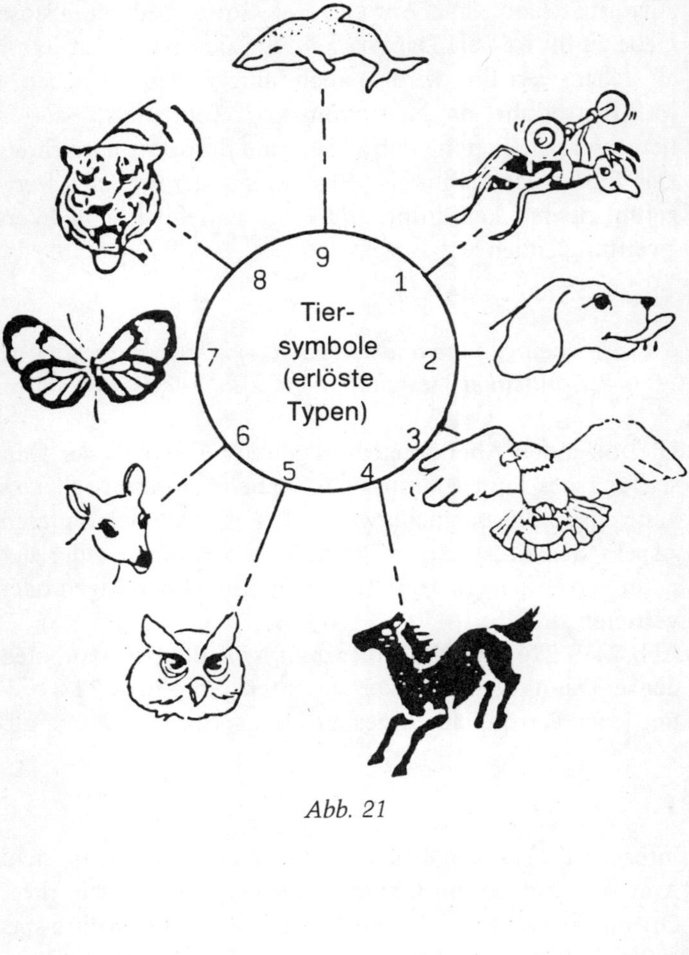

Abb. 21

Länge« in Verbindung und laden sie ein, einem Ideal zu folgen, anstatt sie zu nötigen oder unter Druck zu setzen. Die symbolische Farbe der EINSER ist Silber. Ihre Persönlichkeit gleicht einem glänzenden, reflektierenden Licht. Sie erwecken den Eindruck einer klaren, integren, hellwachen Präsenz.

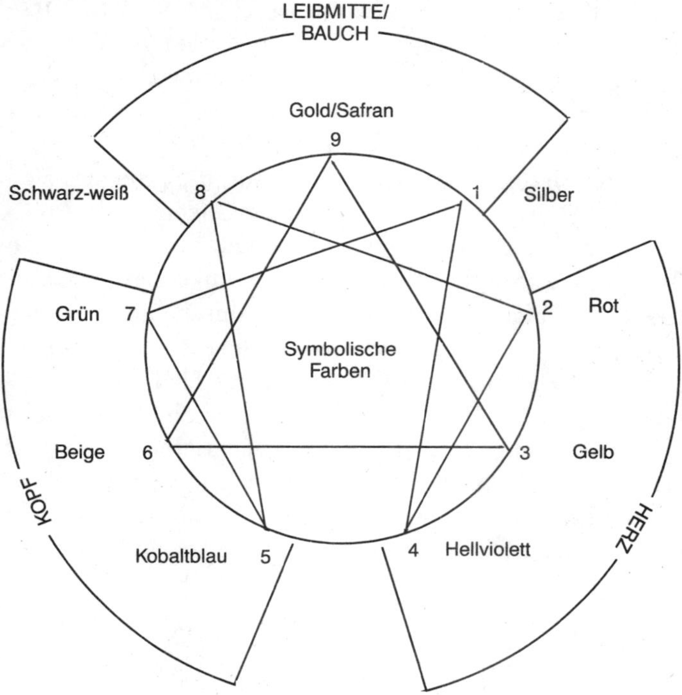

Abb. 22

2

Erlöste Zweier sind einem irischen Setter vergleichbar. Das warme Braun und der seidige Glanz seines Felles ziehen die Aufmerksamkeit auf sich. Sie strahlen etwas Warmes aus, und sie erinnern sich an die Menschen, denen sie zugetan sind. Der Setter ist ein treues Tier und geht selten auf jemanden in feindlicher Gesinnung los. Er hat eine starke emotionale Ausstrahlung. Außer sich vor Freude über eine unverhoffte Begegnung, kann er einen »umwedeln« und zu »Tode« lecken. Setter sind immer bereit, einem freundlich gesonnenen Menschen zu folgen.

Die symbolische Farbe der Zwei ist Rot, die Farbe des Herzens, der Wärme, des Gefühls und der Leidenschaft. Andererseits gibt es auch ungünstige Bedingungen, unter denen Rot nicht wahrnehmbar ist. In der Dunkelheit erscheint das Rot als blau und bleibt ziemlich unscheinbar. In gleicher Weise sind integrierte Zweier fähig, sich in ihrer Intensität zurückzunehmen. Infolge ihrer Heilung und Bekehrung sind sie fähig, Wärme und Liebe ohne egoistische Hintergedanken zu schenken. Sie respektieren die Freiheit anderer und sind offen für die Ausdrucksformen zwischenmenschlicher Beziehungen, die andere ihnen zu schenken bereit sind. Sie antworten darauf mit Wärme und Dankbarkeit; dadurch bereichern sie wiederum andere.

3

Erlöste Dreier ähneln einem kahlköpfigen Adler. Ausgewachsene Adler sind mit ihrer Flügelspanne bis zu zwei Metern einfach eindruckerweckend. Ihre Erscheinung hat etwas Majestätisches an sich, obgleich ihr Federkleid gar nicht besonders farbenprächtig ist; wohl wirken die unterschiedlichen Brauntöne auch attraktiv. Der weiße Kopf und die weißen Schwanzfedern verleihen ihnen ihre unverkennbare Identität. In ihren Bewegungen sind sie gemessen und schlagen mit ihren Flügeln kraftvoll und zugleich sanft. Sie halten lebenslange Beziehungen aufrecht, bleiben einem Partner treu und gehen alljährlich zum Brüten und zur Aufzucht ihrer Jungen in ihr ursprüngliches Nest zurück. Obgleich sie das Aussehen eines Raubtieres haben, ernähren sie sich vielfach von toten Fischen.

Wie Adler fühlen sich integrierte Dreier an dem Platz

wohl, wo sie gerade sind. Aufgrund ihrer Bekehrung richten sie sich auf Gott und sein göttliches Walten in der Welt aus, anstatt andere zu manipulieren und sie für ihre eigenen Zwecke zu gebrauchen. Sie haben echte Treue zu ihren Freunden entwickelt.
Die symbolische Farbe der DREI ist ein helles, leuchtendes Gelb, eine Farbe, die nicht zu übersehen ist. Sie kann unter allen Bedingungen wahrgenommen werden, selbst im Nebel oder in der Dunkelheit. Es ist keine prachtvolle Farbe, aber doch sehr zweckmäßig und funktionsgerecht. Wie das leuchtende Gelb ziehen erlöste DREIER die Aufmerksamkeit anderer auf sich.

4

Erlöste VIERER haben etwas von einem Rappen (»Black Beauty«) an sich. Diese dunklen Pferde mit ihren schlanken Beinen bewegen sich ausgenommen graziös. Von freiheitsliebendem Wesen, lassen sie ihre Mähne im Winde wehen. Sie galoppieren, springen, sind ausgelassen, können auch plötzlich anhalten und stehen majestätisch aufrecht. Sie haben eine Vielzahl verschiedener Gangarten, von denen jede einen besonderen Namen hat. Sie schauen Menschen an und kommen mit selbstbeherrschter, gelassener Grazie auf sie zu. Sie haben gern Zucker, ziehen jedoch Äpfel vor, die eine besondere Art von Zucker enthalten.
Wie Rappen, haben auch integrierte VIERER ein Flair von Exklusivität und selbstbeherrschtem Charme. Sie leben in dem Bewußtsein, einzigartige Geschöpfe eines liebenden Gottes zu sein. Sie sind zu der Gewißheit gekommen, daß, wie auch immer sie sich fühlen, es der gegebenen Situation entspricht. Sie haben eine hohe Sensibilität für das entwikkelt, was gerade »dran« ist.
Die symbolische Farbe der VIER ist das Hellviolett der Malve. Obwohl sie zur violetten Farbskala gehört, kann diese Farbe dennoch nicht eindeutig festgelegt werden. VIE-

RER sind feinnervig und zurückhaltend, keineswegs aufdringlich; damit ist das Besondere ihres Wesens angedeutet. Sie kleiden sich meistens auffallend schlicht, aber sehr geschmackvoll, oft in vornehmem Schwarz.

5

Der erlösten FÜNF ist im Enneagramm die Eule zugeordnet. Eulen haben zwei Grundhaltungen: eine wachsame, umsichtige Ruhe, während sie mit großen Augen wahrnehmen, und einen lautlosen Flügelschlag beim Sturz auf ihre Beute. Sie setzen erst dann zum Flug an, wenn sie ihre Beute klar im Blick haben; dann gehen sie geradewegs auf ihr Ziel los. Ihre Augen und Ohren sind so sensibel, daß sie sogar im Flug Informationen aufnehmen können. Alles an ihnen ist für lautlose, unauffällige Bewegung wie geschaffen. Sie haben eine erstaunliche Fähigkeit, relativ große Beutetiere zu bewältigen. Von ihrer Nahrung behalten sie nur das Brauchbare bei sich und würgen die unverwertbaren Teile wieder heraus.

Wie Eulen, können integrierte FÜNFER sich entspannt ausruhen und doch ganz wach da sein. Aufgrund ihrer Umkehr sind sie sich bewußt, daß sie keineswegs alles und jedes wissen und verstehen müssen und daß Gott sie zu aktivem Einsatz geschaffen hat.

Die symbolische Farbe der FÜNF ist ein tiefes, intensives Blau (Kobaltblau). Kobalt wird oft der »Dämon der Berge« genannt. Tief verborgen im Erdinnern, erkannten die Menschen seinen Wert nicht und unterließen es, dieses Mineral abzubauen, da es ihnen zu beschwerlich war.

6

Erlöste SECHSER sind einem Reh vergleichbar. Rehe sind sehr wachsame Tiere. Mit ihren Ohren können sie sogar Geräusche filtern. Sie haben lange Nasen für sensibles Wittern. Die Farbe ihres Felles ist anpassungsfähig; auch können sie ihr Fell bewegen, um z. B. beißende Stechfliegen abzuwehren. Ihre Läufe gleichen Sprungfedern, bereit, auf jede Gefahr zu reagieren, und es braucht nur einige graziöse Sprünge, um sich selbst in Sicherheit zu bringen. Von dort aus behalten sie alle Eindringlinge und Störenfriede gut im Auge. Rehe sind einzigartig ausgestattet, um zu überleben. Im Winter, wenn es kein frisches Laub gibt, sind sie fähig, sich von Baumrinde zu ernähren. Eine verhungernde Hinde ist imstande, einen ihrer zwei Fetusse vor der Geburt abzustoßen, um auf diese Weise wenigstens das Leben eines der Kitze zu retten.

Wie Rehe, sind integrierte SECHSER immer wachsam und bereit, jede Gefahr zu meiden. Sie haben eine stark ausgeprägte Überlebensfähigkeit trotz aller Erschwernisse des Lebens; denn sie schöpfen Kraft und Stärke aus ihrer Gruppe. Sie haben gelernt, in entspannter Weise zu leben aufgrund der Erfahrung, daß Gott treu ist und daß ihre Erlösung nicht ausschließlich von ihnen selbst abhängt.

Die symbolische Farbe der SECHS ist Beige. Wie die beige Farbe, so können sich SECHSER überall gut anpassen. Obgleich nicht aggressiv und vornean, gleichen sie sich doch nicht vollständig ihrer Umgebung an.

7

Erlöste SIEBENER gleichen einem Schmetterling. Obwohl Schmetterlinge von wunderschöner Farbenpracht sein können, sind sie eigentlich monochromatisch. Ihre Farbenpracht entsteht durch Reflexion des Sonnenlichtes auf den Facetten ihrer Flügel. Schmetterlinge sind äußerst zart und lassen sich sanft nieder. Sie haben hochsensible Fühler. Die Blumen brauchen die Schmetterlinge zum Überleben; denn sie bestäuben die Pollen. Ihre Entwicklung vollzieht sich in einem langwierigen Prozeß. Erst nach mühevollem Kampf schlüpfen sie aus der Puppe und gelangen zum Leben.

Erlöste SIEBENER haben erkannt, daß sie ihre faszinierende Ausstrahlung nicht aus sich selbst haben – ähnlich den Schmetterlingen –, sondern daß sie ein Widerschein der Gegenwart Gottes ist, die sich in den Freuden und Leiden des Lebens reflektiert. Sie wissen, daß Gott für sie sorgt, auch wenn es gilt, Schmerzen und Leid durchzustehen. Trotz allem sehen sie immer einen Grund zur Hoffnung.
Die symbolische Farbe erlöster SIEBENER ist Grün, die Farbe des Lebens und der Vitalität.

8

Integrierte ACHTER haben etwas vom Wesen eines Tigers an sich. Tiger sind seltene Tiere. Sie sind relativ groß. Trotz ihrer Größe und Stärke tragen sie zum Schutz eine Tarnfarbe. Sie nähern sich behutsam und warten auf den richtigen Augenblick, bevor sie über ihre Beute herfallen. Sie sind fähig, große Beutetiere zu erlegen, und sind äußerst wählerisch in dem, was sie zu sich nehmen. Sie sind gute Schwimmer und fühlen sich wohl unter verschiedensten Umweltbedingungen, sei es im Schnee, sei es in den Tropen. Sie sind ihren Geschlechtspartnern treu und spielen zärtlich mit ihren Jungen.
Erlöste ACHTER gleichen Tigern. Sie haben etwas Majestätisches, Schönes, Kraftvolles an sich. Wenn sie sich bekehrt haben, haben sie es nicht mehr nötig, ihre Stärke zur Schau zu tragen. Sie sind treu und einfühlsam gegenüber ihrer Familie und ihren Freunden. Sie sind fähig, auf kindlich-spielerische Art kreativ zu sein. Nachdem sie die gerechte Herrschaft Gottes akzeptiert haben, sind erlöste ACHTER bereit, das zu werden, wozu sie berufen sind. Sie fühlen sich überall zu Hause. Sie verfügen über innere Stärke und Einfluß, sind jedoch maßvoll und kontrolliert in deren Einsatz.
Die symbolischen Farben der ACHTER sind Schwarz-Weiß, zwei gegensätzliche Farben. ACHTER sind »Entweder-Oder«-Menschen.

9

Bekehrte NEUNER haben etwas von einem Delphin an sich. Delphine sind verletzbare Tiere, da sie zwei unterschiedliche Naturen in sich vereinen: die der Fische und die der Landtiere. Sie schwimmen mit regelmäßigen, kraftvollen Bewegungen. Sie machen einen intelligenten Eindruck und sind ungewöhnlich lernfähig. Sie kooperieren bereitwillig mit anderen. Sie stehen in dauernder Kommunikation mit ihresgleichen. Bekannt als »Friedensstifter des Meeres«, locken sie Haie von badenden Menschen weg.
Wie Delphine, haben integrierte NEUNER die Fähigkeit, sich zu entspannen und zugleich in allen Situationen wendig zu sein. Sie sind sich ihres Eigenwertes bewußt. Sie leben gern in einer Gruppe; dadurch erfahren sie Bereicherung und können intensiver am Leben teilnehmen. Wo immer sie auftreten, wirken sich die vermittelnden Fähigkeiten eines Friedensstifters wohltuend aus.
Die symbolische Farbe der NEUNER ist Gold oder Safrangelb. Safrangelb ist die Farbe der buddhistischen Mönche. Es ist ein beruhigendes Gelb. Gold ist als Edelmetall selten und kostbar, jedoch nicht ganz leicht zu gewinnen. NEUNER werden erstaunt sein, daß sie mit Gold in Verbindung gebracht werden; denn sie haben eine geringe Meinung von sich selbst. Nachdem sie Gottes Liebe erkannt und sich darin als reich beschenkt und liebenswert erfahren haben, können sie sich selbst als ein wertvolles Geschenk an die Welt ansehen.

Epilog

Ein Zulumädchen lebte in einem Dorf in Afrika, in dem alle Mädchen im heiratsfähigen Alter eine Halskette trugen. Die ihre war schöner und kostbarer als die der übrigen Dorfmädchen. Deshalb waren sie neidisch auf sie.
Eines Tages, als das Zulumädchen allein am Fluß spazieren ging, stieß es auf eine Gruppe von Dorfmädchen. Die erzählten ihr, sie hätten ihre Halsketten als Opfer für den Flußgott in den Fluß geworfen. Sie bedrängten das Mädchen, das gleiche zu tun. Da nahm das Mädchen sein Halsband und warf es in den Fluß. Darauf lachten die Dorfmädchen schallend, nahmen ihre Halsketten aus der Tasche und liefen schadenfroh davon.
Traurig ging das Mädchen am Fluß entlang. Auf einmal hörte es eine Stimme im Innern, die sagte: »Spring hinein!« So sprang sie auf der Stelle in den Fluß. Auf dem Grund des Flusses kam sie in eine Höhle, in der eine alte Frau wohnte, die in ihrem Leben viele Verletzungen davongetragen hatte. Die Frau sagte zu ihr: »Küsse meine Wunden und Narben!« Das Mädchen sagte: »Das will ich gern tun.« Als das Mädchen das getan hatte, war die alte Frau plötzlich von ihren Wunden geheilt und sah jung und schön aus. Die Frau sagte zu dem Mädchen: »Weil du das für mich getan hast, will ich dich unsichtbar für die Dämonen machen, so daß sie dir nicht schaden können.« In dem Augenblick hörte das Mädchen einen Dämon, der rief: »Ich rieche Fleisch! Ich rieche Fleisch!« Der Dämon konnte jedoch das Mädchen nicht sehen und rauschte vorüber. Dann gab die Frau dem Mädchen eine neue Halskette, noch schöner und kostbarer als jene, die es in den Fluß geworfen hatte.
Das Mädchen ging in das Dorf zurück. Als die Dorfmädchen sie sahen, waren sie sehr erstaunt und fragten, woher sie die wunderschöne Halskette habe. Sie erzählte ihnen, daß sie traurig am Fluß entlanggegangen sei, nachdem sie

alle davongelaufen seien. Da habe sie auf einmal eine Stimme vernommen, die ihr befohlen habe: »Spring hinein!« Also sei sie an der Stelle in den Fluß gesprungen und zu einer Höhle gekommen. Dort sei ihr eine alte Frau begegnet, die habe ihr die Halskette geschenkt.
Neugierig erkundigten sich die Dorfmädchen nach der Stelle, an der sie in den Fluß gesprungen sei, und sie erzählte es ihnen.
Da liefen alle Mädchen zum Fluß hinunter und sprangen an der besagten Stelle ins Wasser. Sie kamen zu der Höhle und begegneten der alten Frau mit den vielen Wunden. Diese flehte die Mädchen an, ihre Wunden und Narben zu küssen, damit sie geheilt werden könne. Die Mädchen aber waren beim Anblick der Frau von Abscheu erfaßt und weigerten sich, ihr diesen Wunsch zu erfüllen. In demselben Augenblick hörten sie die Stimme des Dämons, der raunte: »Ich rieche Fleisch! Ich rieche Fleisch!« Und da sie alle sichtbar waren, verschlang sie der Dämon.

Auf dem Weg mit dem Enneagramm Selbsterkenntnis und Selbstfindung zu suchen, heißt zu riskieren, sich in eine ähnliche Lage wie das Zulumädchen zu begeben, das seine Halskette in den Fluß warf. Es bedeutet, etwas aufzugeben, was einem bisher zur Aufrechterhaltung des eigenen Stolzes und der eigenen Würde überaus wichtig erschien. Der einsame Weg hin zum wahren Selbst führt uns zur Erinnerung an Wunden und Verletzungen in der Vergangenheit, vor allem aus den Jahren der frühen Kindheit. Damals wurde die eigene Persönlichkeitsgestalt geprägt und geformt als eine Reaktion auf Enttäuschungen, auf Empfindungen des Zu-kurz-gekommen-Seins und der Vernachlässigung durch die Menschen. Diese Verletzungen tragen wir noch immer in uns. Es gilt, sich mit ihnen vertraut zu machen, wie auch mit ihren Folgen im späteren Leben. Die Kraft, vergangene Wunden zu heilen, erwächst daraus, daß sie in der Erinnerung noch einmal aufleben dürfen und daß dies in vergebender und einfühlsamer Weise geschieht. Das bedeutet, die Wunden zu küssen, wie es in der Geschichte geschieht. Diese emotionale »Abrüstung« im eigenen Gefühlsleben kann vergangene Verletzungen heilen, so daß unser wahres Selbst daraus hervorgehen kann und mit ihm ein neues Gespür für echten Stolz, Selbstwert und gesundes Selbstvertrauen. All dies erwächst aus einer tiefen Einsicht in unser Wesen und hilft uns, von der lebenszerstörenden, dunklen Seite in uns befreit zu werden. Als Folge davon bildet sich eine neue Gewißheit, nicht mehr von der dunklen, bedrohlichen Seite in uns verschlungen zu werden. Die zwanghaften Antriebe sind dann zwar immer noch spürbar, aber man weiß, daß man ihrem zerstörerischen Zugriff nicht mehr ausgeliefert ist.

Anmerkungen

[1] Sam Keen, »A Conversation about Ego Destruction with Oscar Ichazo, »Psychology Today«, Vol. VII, No 2, July 1973, p. 64.

[2] J. G. Bennet, The Enneagram, Coombe Springs Press, England 1974. In der Einführung werden die dem Enneagramm-Symbol zugrunde liegenden mathematischen Gesetzmäßigkeiten erläutert, d. h. die Bedeutung der Null sowie der Summe periodischer Dezimalzahlen aus der Division 1:3 bzw. 1:7.

[3] Paulus versteht unter Sünde eine Macht, die den Menschen versklavt (Röm 7, 14–23).

[4] Vgl. Sam Keen, a. a. O. 67.

[5] Nach christlichem Verständnis ist Befreiung von Sünde nur möglich, wenn sich der Mensch als Sünder erkennt. Damit ist der Weg zur Heilung von der Sünde geöffnet, weil man erst dann die Bedürftigkeit für die Vergebung und Heilung erkennen kann; vgl. 1 Joh 1, 8–10.

[6] Diese Aussagen wurden aus einer unveröffentlichten Dissertation von Jerome P. Wagner übernommen, »A descriptive, reliability, and validity study of the Enneagram personality typology«; Dissertationen, Loyola Universität, Chicago, 1981; Internationales Dissertationen-Verzeichnis: 1981, 41, 4661 A.

[7] Vgl. ebd.

[8] Vgl. ebd.

[9] Vgl. ebd.

[10] Vgl. ebd.

[11] Vgl. ebd.

[12] Vgl. ebd.

[13] Vgl. ebd.

[14] Vgl. ebd.

[15] Vgl. ebd.

[16] Orthodoxer Glaube, Bd. 2, lect. 1. Frühe christliche Autoren zeigten auf, daß in der Vereinigung des göttlichen Logos mit unserer Menschennatur das Wesen unserer Erlösung liegt. Wenn daher irgendein Teil des Menschseins nicht vom Logos aufgenommen worden wäre, könnte dieser Teil nicht erlöst, d. h. mit dem Göttlichen vereinigt werden. Diese Aussage richtete sich vor allem gegen jene, die die volle Menschheit Jesu leugneten. Die Väter bestanden darauf, daß Jesus nicht nur einen menschlichen Leib hatte, sondern auch menschliche Gedanken, Gefühle, wie z. B. Ärger, Freude, Furcht, Trauer und Zuneigung.

[17] Vgl. Mt 21, 12 f.; Mk 11, 15–17; Lk 19, 45 f.

[18] Vgl. Joh 8, 28; Mt 27, 54; Apg 2, 36–38.

[19] Sam Keen, a. a. O., 67.

[20] Tad Dunnes in diesem Buch verwendetes Material ist den Vorlesungen über das Gebet entnommen, die er an der Creighton Universität, Omaha/Nebraska, im Sommer-Semester 1980, gehalten hat. Die Tabellen 1 und 2 sind aus dieser Vorlesung übernommen.

[21] Ebd.

[22] Ebd.

[23] Sam Keen, a. a. O., 67.

[24] Diese Abbildung wurde von John Lilly und Joseph E. Hart, »The Arica Training«, in: C. Tart (Hrsg.), Transpersonal Psychologies, Harper & Row, New York, 1975, S. 333, übernommen.

[25] Vgl. Pyotr Ouspensky, In Search of the Miraculous, Harcourt, Brace & World, New York, 1949, p. 114.

[26] Im Konzilsdokument des II. Vatikanums »Gaudium et spes« ist dies folgendermaßen ausgedrückt, daß Gott den Menschen als Selbstzweck erschaffen hat; GS 24.

[27] Die Bezeichnung »Sakrament des Augenblicks« wurde von Jean-Pierre de Caussade SJ geprägt in seinem posthum veröffentlichten Werk »Abandonment to Divine Providence«, Image Books, New York, 1975.

[28] Gabriel Marcels Definition von »Geheimnis« ist bekannt geworden. Nach ihm ist Geheimnis dasjenige, was nur durch Teilhabe an seiner Wirklichkeit erkannt werden kann. Vgl. Sam Keen, Gabriel Marcel, John Knox Press, Richmond/Virginia, 1967, 20–22.

[29] David L. Fleming SJ, The Spiritual Exercises of St. Ignatius: A Literal Translation and A Contemporary Reading, Institute of Jesuit Sources, St. Louis, 1978. »Guidelines for the Discernment of Spirits«, 315.

[30] Ebd.

[31] Ebd., 316.

[32] Ebd., 317.